中国国有企业改革：
基本思路与宏观效应

银温泉 著

人民出版社

序　言

　　从 1978 年中共十一届三中全会开启改革开放道路以来，中国的国有企业改革一直是经济体制改革的重要内容。20 世纪 80 年代到 90 年代上半期，主要推行放权让利、扩大企业自主权、承包经营责任制。改革的重点是扩大企业的生产经营自主权，包括劳动报酬分配权。1993 年中共十四届三中全会通过的《中共中央关于建立社会主义市场经济体制若干问题的决定》，明确提出国有企业要建立"产权清晰、权责明确、政企分开、管理科学"的现代企业制度。1993 年年底，《公司法》颁布实施，国企改革开始走向公司制，探索建立现代企业制度。随后，国企改革发展过程中采取了抓大放小、大公司大集团战略等很多政策措施，但无疑都没有脱离公司化的方向。中共十五大报告提出，"公有制为主体、多种所有制经济共同发展，是我国社会主义初级阶段的一项基本经济制度"。中共十五届四中全会作出国有经济战略性布局调整的战略部署。中共十九大报告将完善产权制度和要素市场化配置作为经济体制改革的重点，要求完善各类国有资产管理体制，深化国有企业改革，发展混合所有制经济。十九届四中全会通过的《中共中央关于坚持和完善中国特色社会主义制度 推进国家治理体系和治理能力现代化若干重大问题的决定》，将公有制为主体、多种所有制经济共同发展，按劳分配为主体、多种分配方式并存，社会主义市场经济体制都作为社会主义基本经济制度，提出探索公有制多种实现形式，推进国有经济布局优化和结构调整，发展混合所有制经济，增强国有经济竞争力、创新力、控制力、影响力、抗风险能力，做强做优做大国有资本。深化国有企业改革，完善中国特色现代企业制度。2020年《中共中央国务院关于新时代加快完善社会主义市场经济体制的意见》，提出积极稳妥推进国有企业混合所有制改革，加快完善国有企业法人治理结构和市场化经营机制，健全经理层任期制和契约化管理，完善中国特色现代企业制度。简要回溯可见，在政策层面，实行公司化改造、建设现代企业制度，是多年来国有企业改革的主基调。

笔者从20世纪80年代末开始关注和研究国企改革，硕士和博士论文都是关于企业改革方面的。一直以来致力于运用马克思主义政治经济学的理论，结合产权理论、新制度经济学，研究中国国有企业改革问题。在1996年，利用参加吴敬琏老师"总体改革"课题组研究的时机，到澳大利亚新南威尔士大学做为期半年的访问学者，其间向谭安杰教授学习了公司治理有关理论，自费参加了奥利弗·哈特在澳大利亚国立大学讲授其新著《企业、合同与财务结构》的讲习班，为研究公司治理提供了良好的基础。参加原国家计委经济研究中心大型企业发展课题组研究工作，到大型企业集团调研咨询，加深了对中国国有企业的了解和研究。从2005年年初开始在辽宁工作8年期间，对东北国企状况和改革有了较为深入的认知。参与国企混合所有制改革工作的经历，使我更加感到当前国企改革形势的迫切性和任务的艰巨性。

历经数十年的改革，国有企业机制不活、活力不足的问题逐步缓解。但同时应当看到，国有经济布局不合理、国有企业股权结构不合理、"一股独大"、治理机制不健全、委托代理问题突出、激励机制不完善等问题仍然困扰着国有经济和国有企业改革。很多问题尽管已经耳熟能详（作者多篇论文也从不同角度加以剖析），但时至今日仍然没有彻底解决，需要进一步深化研究。厘清国企相关问题，梳理相关研究成果，认真贯彻落实习近平新时代中国特色社会主义思想，加大国企改革力度，加快市场化改革步伐，对于建设社会主义现代化强国具有十分重要的意义。基于此，笔者将自己的有关国企改革研究成果，围绕国企改革的基本思路、治理机制改革、国有企业集团的改革与发展、国企改革的宏观效应和国企改革再出发共五个主题编辑成册，供读者参考。

多年的研究，需要感谢的老师、同学、研究同行、同事、企业届的朋友实在是多，挂一漏万，很难一一列举，但仍要提出特别需要感谢的，他们是吴敬琏老师、庄次彭老师、李云老师，还有周小川研究员、郭树清研究员、邵宁研究员、林兆木研究员、王一鸣研究员、樊纲研究员、臧跃茹研究员，谭安杰教授。还要特别感谢朱之鑫研究员。最后，非常感谢我的家人，特别是我夫人董彦彬女士，她的认真督促并以一人之力承揽所有家务，给我创造了研究写作的动力和时间。

银温泉
2020 年 7 月于北京西城南草厂街 1 号

目　录

国有企业改革的基本思路

国有企业治理机制改革

国有企业集团改革与发展

国有企业改革的宏观效应

国有企业改革再出发

国有企业改革的基本思路

　　国有企业改革一直是中国经济体制改革的重点，多年来我们曾经探索放权让利、承包制、股份制等多种改革方式，并于1993年党的十四届三中全会首次提出将建立现代企业制度作为我国国有企业改革的方向，冲破了把股份化、股权多元化作为私有化的思想樊篱。党的十八届三中全会仍然强调要推动国有企业完善现代企业制度。党的十九大报告更是把完善产权制度作为下一步经济体制改革的重点，习近平总书记指出：建设现代企业制度是国有企业改革的方向，必须一以贯之，产权清晰是现代企业制度的核心。本篇中作者回归分析了中国国有企业改革的历程，对放权让利、承包制和股份制改革进行了比较分析，提出公有制有多种形式，股份制改革是国企改革的方向和重点。对于国有企业改革产权结构、迈向现代企业制度的研究提出了路径选择和过渡安排。

关于国有企业产权制度改革的几个问题 [①]

中国的经济改革已历经多年，市场经济地位的确立、国民生产总值年均两位数字的增长，充分说明改革获得了很大的成功。与整个改革的其他一些领域相比，国有企业虽经多次改革，仍显得相对滞后，国有企业的绩效也不尽如人意。要改变这种相对滞后局面，增强国有企业的活力，关键在于改革国有企业的产权制度，逐步实行公司化转轨，最终过渡到以法人持股和法人交叉持股为主的企业制度。

一、国有企业产权制度变革重要吗？

在中国经济体制改革中，不少人认为国有企业的改革深化必须从产权改革入手，改革国有企业的产权结构，包括实行产权重组、组建新的国有产权管理部门等（吴敬琏等，1993）。也有一部分学者（包括一些西方学者）认为产权改革并不重要，企业具有活力的关键是企业的治理和市场竞争压力（阿尤布、赫格斯特德，1986；高鸿业，1994）。还有一些人认为国有企业的产权是明晰的，不能变动国有企业的产权，不能转让国有企业的股权，不能出售国有企业，否

---

① 原载于《经济社会体制比较》，1995 年第 2 期。

则就是企图私有化，动摇社会主义（江一帆，1991）。

笔者对第一种意见持赞同态度。对于第三种观点，只要指出这样一点就够了，即产权如上所述是一复数词，指的是一组权利，不仅仅指资产归谁所有（排他性地占有）。自1978年改革以来，（1）国家所有者一直试图寻找恰当的、既有动力也有能力行使所有权的代理人，如政企分开、建立国有资产管理局，等等；（2）资产的收益权实际上在某种程度上部分归属于内部人（经理与工人），在力求强化经营权、弱化所有权的改革措施如承包制中，尤其如此。因此，我国国有企业的产权制度已经实行了部分改革，并且因现有产权安排并未导致有效率的结果而需要进一步变动。在产权制度的改革深化过程中，如果产权构成中的诸项权利的重新安排仍在国家所有者内部（不同代理人之间）加以调整，如下放企业自主权，强化经理人员的决策权力，就如我国国有企业体制改革过程中一直采取的政策那样，根本不存在私有化问题。如果涉及国有产权向其他公有制成分转移（不管有偿还是无偿），则是在公有制内部调整，也不存在私有化问题。即使部分产权有偿转移到私人手中，那也只能是一小部分；何况出售所得如用于国有资产再投资，结果只能是壮大国有经济。所以，认为国有企业产权无须改革、改革必然导致私有化的观点是站不住脚的。这里主要针对第二种观点加以分析，本文认为，国有企业的产权改革对于形成有效的企业治理结构和具有竞争力（活力）至关重要。

所谓公司治理结构，是指在股东、经理人员、职工及贷款人、供应商甚至包括消费者等与公司有重大利益关系的当事人（stake holders）之间的一种权利安排，公司治理结构的核心是所有权结构及在此基础上的制衡结构。在治理结构中，董事会代表在公司有重大利益关系的当事人的利益，经理人员受董事会委托对企业进行经营管理。由于股权结构（股票持有者的构成）、董事会与经理人员的权力（利）安排的不同，公司的绩效会有很大的差别。对美国、日本和德国的治理结构差异及其影响的详细研究证明了这一点（劳什、麦克福，1991；银温泉，1994）。

美国目前最重要的股东是机构投资者，也就是一些从事有价证券投资的法人机构，如养老基金、人寿保险基金、互助基金以及大学基金、慈善团体等。这些机构投资者持有的普通股占全部上市普通股的比例在 1955 年为 23.7%，1965 年为 28.9%，1975 年为 37.9%，1980 年为 35.8%，有逐渐增加的趋势。机构投资者的总资产也从 1950 年的 1070 亿美元上升到 1990 年的 58000 亿美元。尽管机构投资的收益或股票的收益不归机构本身，而属于信托受益人、保险客户，这些机构并不拥有股票的所有权，但这是一种投票权的集中，它使机构有可能掌握公司股权或投票的权利，影响企业经理人员的选择。不过，在实际生活中，在其所持股的公司经营不善时，机构投资者常常不是直接要求召开股东大会或董事会议，修改公司经营战略，改变人事安排，而是改变自己的股票组合，卖出该公司股票。

日本公司制度的基本特点是法人持股和主银行体制。在日本，控制企业股权的主要是法人，即金融机构和实业公司。法人持股的比率（金融机构 + 事业法人等）从 1960 年的 40.9% 增长到 1984 年 64.4%，到 1989 又增加到 72.0%，增长速度非常快。法人持股，也就是法人相互持股，即公司与公司之间、银行与公司之间相互持股。这种交叉持股基本上限于集团内企业，整个集团持股合计成为一个大股东，集团的总经理会就是一个大股东会。日本企业制度的另一个重要特点在于主银行体制。在日本，特别是在二战后至70年代，公司投资以间接融资为主，主要靠向银行借款来扩大生产规模。银行也被允许持有非金融性公司的股票，银行拥有的股票在公司公开发行的股票总额中占20%左右。而且，一般由一个或少数几个有影响力的城市银行拥有一个公司的最多或近于最多份额的股票，这种成为一个公司主要股东的城市银行被称为主银行（Main Bank）。除向公司提供资金外，主银行的重要职责是监督公司的运转。主银行对企业的资金流动密切关注，所以能提早发现财务问题，并采取行动，例如事先通知有问题的企业采取对策，如果公司绩效仍然恶化，主银行就能通过大股东会、董事会来更换经理人员（Aoki，1990）。主银行也可以向其持股比例较大或贷款较多的企业派驻人员，包括董事等。借助于这些手段，主银行就成了有关公司的一个重要的监督者。

在德国，最大的股东是非金融公司、创业家族、保险公司和银行等一些组织，持股一般比较集中。更重要的是，银行除直接持有股票外，还是其他一些股东所持股票的保管人。在1988年，在德国银行储存的股票达4115亿马克，约为当时德国国内股票市场总值的40%。这样，加上银行自己持有的股票，银行直接间接管理的股票就占德国上市公司股票的50%左右。银行可以代表储户用其储存在银行中的股票进行投票。按照德国的传统做法和有关法律，拥有公司10%股权的股东有权在监事会（也就是美、日公司中的董事会）中占有一个席位，有权对股东大会选举的某些审计员提出反对意见，并有权请求法庭指派另外的审计员；如果公司或公司的经理有不良行为（如诈骗、严重违法或违反公司章程）或不良行为嫌疑，这些股东也有权要求法庭指定特别调查员，这就使得大股东在公司绩效下降时有可能影响经理人员的行为，使其按自己的意图行事。这些大股东的持股相对说来比较稳定，不因公司绩效的暂时下降而迅速出售股票。

美、日、德三国企业股权结构亦即所有权结构的这种差异直接导致公司治理结构运转的效率，进而影响企业的行为。在美国，作为持股主体和监督主体的机构投资者比较重视自己的投资收益，股息、股价因此就成了评价企业经理人员能力的有力信号。这样一来，企业的盈利就向股息、分红倾斜，分红越多，表明经营越好，经理越有能力；而且，分红还直接影响到股票市场的行情。所以，美国的经理人员对股息、分红、股市行情这些与股东直接有关的指标十分敏感和重视，从而重视企业的现期利润。在利润剩余的支出安排中，绝大多数公司要把 1/2 以上的利润作为分红用资金，而不是用于公司发展项目。在日本和德国，持股主体则是包括金融机构和实业公司在内的法人，它们并不重视股息和股价的高低，基本上只从企业绩效如利润的角度评价经理人员。这种注重长期的做法还有利于增强经理人员的职业稳定性。经理人员在经营中可能投入了大量精力，他（们）所得到的经验和地位可能是本公司所专有的，一旦离开本公司，这种专用资本的价值就会大打折扣。如果股权交易频繁发生，经常出现敌意接管，经理人员就会感到自己的职业前程不稳定，从而过度利用自己的权力，强求及早得到专用性人力资本的收益，使企业行为短期化。在相互持股的情况下，因为股东持股比较稳定，注重长期绩效，敌意接管很少发生，经理人员就可以从长计议，投资长期项目。

企业治理状况直接涉及企业的效率，这正是竞争力的基础。美国由竞争力委员会与哈佛商学院主持、25 位专家参与的一项课题认为（波特，1993），美国与日本和德国相比竞争力下降的一个重要原因在于美国实业界投资行为短期化。产生这种短期化的根本原因之一在于公司内部和公司之间投资资本的整个配置制度。他们认为，在美国，大众持股公司是建立在暂时性的（transient）所有权基础上的，这一基础由作为投资者代理人的养老基金、互助基金等组成，它们对公司绩效的评价手段是通过股票指数的对比进行季度或年度评价，追求的是股票的短期评价，他们所持股票的交易非常活跃，持有一种股票的时间平均不到两年。这样，公司的外部资本供应者提供的资金就呈暂时性状态。这就促使经理人员根据外部资本市场的信号而行动，追求短期财务收益最大化。在日本与德国，占主导地位的股票持有者是委托人，而不是代理人，他们更多注重公司长期行为，而不管季度或年度内的财务收益状况。经理人员因此可以不管股票市场即外部资本市场信号，专注于长期行为，重视研究与开发投资，等等。他们提出，改革的一个重要方面是从制度入手，除了将机构投资者行为长期化外，还要拓宽所有权概念，鼓励外部所有者在公司中持有更多股本，起更主动、更有建设性的作用。同时，把公司所有者的涵盖范围也从单纯的资本供应者（股东和贷款人）扩展为包括董事、经理人员、雇员，乃至供应商和顾客（消费者）在内的多种利益主体，鼓励公司利益的共同性。

总之，所有权结构、产权制度是企业乃至整个国家竞争力的基础。合理的产权制度是企业有活力、增加竞争力的非唯一但极重要的制度保证和前提。这对各国都不例外。

二、国有企业产权改革的目标是什么？

强调产权改革的重要性，并不意味着产权怎么界定和配置都可以。在产权重组过程中，必须注重产权的生产率，也就是产权行使的效率。如果持有产权或行使产权的当事人缺乏财产权利行使能力，这种产权安排就是低效率的。因此，产权改革的根本目标是寻找有能力也有动力行使产权的当事人（包括机构和一些社会阶层）。

在我国过去的企业改革过程中，占主导地位的有两种思路，一是"放权让利"，即基本保持国有国营的体制，让企业拥有一定的经营权，所有权和企业重大决策的经营权仍掌握在国家手中。1978—1984年的利润留成改革就属于这一范围。这一改革并没有脱离国有国营的弊端，没有消除传统体制下国有企业的低效率，并使企业的行为更加短期化。因此，酝酿并于1987年实行了第二种改革思路，即承包经营责任制，实行所有与经营完全分离，企业仍是国家所有，但经营则基本上由企业自主决定。这种两权分离并以剩余索取权（收益权）分割为基调的改革一直持续下来，包括1992年颁布实施的《全民所有制工业企业转换经营机制条例》，后者至今仍然适用。第二种改革思路实质上形成了企业的"内部人"（经理人员和工人）控制，形成了国有非国营模式，因而实质上是一次产权制度的变革。

在这种结果实质上形成了内部人控制的产权制度改革中，特别是在承包制中，由于经理人员的任期规定，也由于外部环境的不确定性，所有者对企业的评价和对经营者的报酬设计都是以当期绩效为基础的，呈短期化偏好。经理人员与职工为了追求自己的当期效用最大化，往往过度使用资产，不注意长期投资项目如研究与开发（R&D）、重大技术改造等。同时，由于信息非对称性，经理人员与工人能够通过利益权衡，隐瞒收益或虚报收益，来增加自己的收入和享受的福利，侵犯所有者的利益。

对于国有企业产权改革，还有一种较有影响但国内较少见诸文字的建议是主张由居民个人拥有资产。中东欧一些国家和俄罗斯采取的向居民发放股权认购证（Voucher）的方法就属于这种类型。这种做法的目的是迅速彻底地改变传统国有制的产权制度，建立以私人财产为基础的产权制度，以促使国有企业迅速适应市场，提高效率。但从实践经验看，这种做法并未成功：既没有实现财产向私人的迅速转手，也没有实现原国有企业的转轨，甚至加速了效率的降低，导致整个国民经济绩效恶化（Poznanski，1994；阿巴尔金等，1994）。之所以出现这种问题，一个重要原因是这样做并不能形成恰当运转的产权制度。现代公司制度的基本特征是所有权与控制权的分离。控制（经营）公司资产运用的经理人员有可能为了自己的效用最大化而牺牲所有者的利益，导致所有者利益受损，也就是产生代理成本。这就需要有一种能约束经理人员行为的制衡机制。如果像经济发达国家走过的道路那样，由众多个人分散持股，就不可能做到这一点。因为个人由于持股的数量较小，在对公司关注所带来的收益中，自己只能享有相应的很小部分，更多的收益溢出，呈外部性，所以就没有动力这样做。即使想参与，也由于对公司信息了解有限，不太可能明达地参与公司决策。这正是大众持股逐渐为机构性组织持股所替代的一个重要原因。在向市场经济转轨过程中，不管出于何种理由，都不宜重复这种已为历史证明无效的产权制度形式。

那么，能不能假设不管初始如何界定产权，自由交易都能使产权最终达到最优配置，因而在改革伊始，首要的是界定产权归属，不管归属何种当事人都可以呢？实际上，这一假设也是主张国有产权流向个人手中的理论依据之一。从理论上说，正如科斯定理所讲的，不管产权初始如何界定，自由交易都能使产权最终配置最优化。但是，这里的前提是新古典经济学充分信息（交易成本为零）假定，即当事人知道产权的价格，知道交易对方的行为。一旦走出这个理想境界，就会发现，现实世界远不如纸上谈兵那么令人如意，在这里，由于信息不完全，由于有限理性，及因此产生的机会主义行为，产权的初始界定就可能导致低效率，并且由于交易成本的原因，这种既已存在的产权制度甚至会出现路径依赖（Path Dependence），而长期存在下去，导致整个社会生产率呈递减之势（诺斯，1990）。

总之，在交易成本大于零的世界里，产权制度的初始选择非常重要。在国有企业改革过程中，应当慎重设计和建立恰当的产权制度结构。

三、国有企业产权制度改革能否迅速完成？

在中国自 1992 年开始的新一轮改革浪潮中，国有企业的产权改革被放到一个重要位置。中共十四届三中全会通过的《中共中央关于建立社会主义市场经济体制若干问题的决定》中，就明确把"产权清晰"作为国有企业改革的一个重要内容，随后，有关部门开始国有企业改革试点，一些领导人和权威部门又宣布 1995 年改革以国有企业改革为重点。所有这些，都将有利于国有企业改革的深化，进而利于社会主义市场经济体制的建立和顺利运转。不过，不应期望产权改革及在此基础上的国有企业转轨能在近期内迅速完成。这不仅仅有所谓意识形态方面的原因，更重要的是制度变迁内在的制约因素。

1993 年诺贝尔经济学奖得主、新制度经济学派代表人物之一道格拉斯·诺斯（1990）认为，制度是规制人们的选择空间、约束人们相互关系的一系列规则，由社会认可的非正式约束和国家强制实施的正式约束组成。其中，正式约束包括一系列政策法则，如政治法规、经济法规、合约等。非正式约束是人们长期交往过程中无意识形成的文化部分。正式约束可以在一夜之间发生变革，可以采取一种激进的方式，非正式约束的变动则只能是一个比较缓慢的渐进过程。而且，即使正式约束变更了，正式约束的实施过程也不能迅速完成，而要和非正式约束部分结合起来进行。这种理论描述基本上为制度变迁史所证实，目前中东欧和俄罗斯的经济转轨提供了又一证实材料。

中东欧在 1989 年巨变之后，一些国家实行了激进的转轨政策，也就是众所周知的"休克疗法"。这一转轨方案包括三个重要方面，即经济稳定化、市场（价格与国际贸易）自由化和国有企业私有化。从实践结果看，出乎方案设计者的预料，效果不太理想，所有这些国家都经历了剧烈而较为持久的产出下降。究其原因，有人归结为过量的或不坚定的货币紧缩，有人归结为存货调整，即停止生产原有产出中许多无销路产品，有人归结为外部冲击即经互会的瓦解和随之而来的成员国之间贸易的下降。但是，在那些坚定实施货币紧缩政策或没有实行这种货币紧缩的国家中，同样出现了时间较长的大幅度的产出下降；原体制属于公认的科尔奈所说的短缺经济，令人对存货调整及其影响程度提出疑问；至于经互会，它在 1991 年正式瓦解之前一年左右就已经不那么重要了，即使有影响，也不至于造成这么深远的严重后果。实际上造成产出下降的主要原因是不恰当的私有化方式。由于国有资产规模庞大、私人企业及居民资金有限、资本市场不发达以及经营管理人才的缺乏，中东欧的私有化不可能迅速完成并大大改善原国有企业的绩效（银温泉，1993）。如果期望并力求尽快完成，那么，在国有企业私有化方案实施过程中，将出现"财产真空"，造成国有资产无人负责、流失严重。而且，财产关系的剧烈变动还使经济当事人不适应，不能根据实际经济信号采取行动。这既推动了产出下降，也推动了物价的上涨，加剧了宏观经济的不稳定。

中国农村的家庭联产承包责任制的实施过程也许可以作为转轨经济中制度变迁能够迅速实现的论据。的确，农村联产承包责任制自 1978 年开始出现，到 1983 年年底，全国农村实行联产承包责任制的生产队已占生产队总数的 99.5%，其中包干到户的生产队占生产队总数的 97.8%。从出现到在全国普及，仅仅经历了四五年的时间，制度变动过程十分迅速。不过，家庭联产承包责任制之所以能够迅速普及并获得有效结果，重要原因之一在于家庭经营在中国具有深厚而广泛的文化基础和组织基础，因而恰恰为制度变迁理论提供了一个佐证。

因此，80 年代农业生产中的家庭联产承包责任制，如果单从生产经营体制上看，也许更可以看成是向原有的家庭经营的一种"回归"。尽管土地制度、政治环境、物质装备水平等都与过去具有根本的或很大程度上的不同。在这种制度"回归"中，许多人（特别是老农民）曾经历过家庭经营，对于这种体制毫无陌生之感，立即融合在一起，很好地运用自己的技能及制度提供的空间。从这个意义上讲，中国 80 年代农业生产的制度结构变迁表面上是一种激进的过程，实质上仍是一种家庭经营的逐渐演化，如果说是激进，那也是对 50 年代末农业生产关系无效率地激进过渡的一种激进式的反动。中国传统的、一直延续未止的家庭经营传统，才是农业生产的制度结构在 80 年代实现激进变革的根本的制度性基础。

四、中国国有大中型企业可选择何种产权制度及过渡安排？

我们在前面强调了制度演化的渐进性，但这并不意味着不能事先设计改革方案。目前我们已有近20年的改革经历，一些深层次的矛盾愈加暴露出来，对国外经济体制的运作也越来越了解，对现代市场经济知识也越来越熟悉，因而可以对下一步改革的总体方案和具体实施提出比较具体的意见。

如上所述，国有企业产权改革的目标是找出有能力并有动力行使所有权的当事人。传统体制的低效率证明了国有国营（通过行政层级制运营）的体制是不可行的；转轨经济中国有资产流失严重、企业绩效较差的事实说明了企业由内部人控制同样达不到资源的有效配置；近现代发达资本主义国家的股权结构演变及产权的经济分析理论也表明，以个人掌握股权的分散化、原子化的股权结构、会导致出现很高的代理成本，所有者权益受损，公司低效运转。当然，由于企业经营规模、产品性质、技术装备水平的不同，以及委托人的监管能力和经营者人力资本特性（能力、职业道德等）的不同，不能认为国家所有、国有国营、内部人控制、原子化持股对任何企业都绝对不可行。但毋庸置疑的是，这些产权结构，无论哪一种，都不应成为占统治地位的制度，对大中型企业尤其如此。

那么，国有企业的改革可选择哪种产权制度呢？目前较为流行的意见是将国有企业的产权逐步过渡到以法人（包括企业和金融中介机构）持股为主。本文对这种意见持赞同态度。在向这种产权制度的转轨中，应选择什么样的具体方案呢？目前有一种意见认为（周小川、银温泉，1993；吴敬琏等，1993；周小川等，1994），可以选择一种两级持股制度，即设立有限数量的控股公司，由它们拥有企业的股权，行使对企业经理人员的控制；在这些持股公司（子持股公司）之上，再设立有限数量的控股公司（母持股公司），由后者拥有前者的很大份额的股权，并行使对其管理部门的控制：母持股公司包括一些大的投资公司和大银行，他们最终由人大常委会下设立的公有制委员会控制。两级持股公司之间、每一级持股公司之间可以相互持股。

对于这一方案，目前主要有两点不同意见，一是认为这种设立程序将非常复杂和烦琐，耗时太久；二是认为这种两级控股很可能导致行政过度控制的重演（青木昌彦，1994）。

首先来看第一点意见。如方案设计的，可以通过股权认购证、债务—股本转换设立持股公司，由于这种产权重组是在国有产权框架内进行的，所以即使不对国有企业的产权进行市场评估，也不会引起国有资产、国家所有者收益的流失，这就不仅不显得烦琐，反而简便、直观、易行。如果涉及非国有机构，产权重新安排必须通过市场评估。由于转轨过程中资本市场是不完善的，难以形成合理的产权价格，对国有资产（产权）的评估就难以有效进行：此时国有资产向非国有转让也势必导致一对一的讨价还价的谈判。由于国有资产管理机构对企业信息掌握有限，它们对国有企业资产处理的能力也是令人怀疑的。庞大的国有资产被抛向市场，也容易形成"买方市场"，人为造成国有产权的市场价格过低。所有这些都很可能导致国有资产大量流失，实践中也已经出现了这些问题。而且，对3万余家国有企业的产权价值进行重估也是一个任务繁重、耗时很久、成本很高的过程。

再看第二点意见。这种意见主要针对母持股公司，认为母持股公司远离企业，对企业的信息所知有限，必然出现武断的干预。但如方案所设计的，母持股公司主要针对子持股公司，并没有直接监督企业的责任。子持股公司对企业也只履行监督和重大决策权力，并不干预企业的日常运营。因此，过分干预情形可能不会发生。而且，子持股公司之间的相互持股及对于企业的交叉持股（企业之间也可以交叉持股），依照国际类型（如日本）的经验，可以对企业经理人员形成竞争性的外部压力，促使经理人员专注企业绩效的改善。

两级持股机构模型还有其他一些优点。首先，它利于保持国有企业政策的连续性，保持国有企业的平稳运转。国有企业的改革经历表明，如果政府对企业的政策变动频繁，企业（经理人员和职工）对未来缺乏可预测性，就不利于企业的长期行为。中东欧经济转轨中国有企业产出下降，一个重要原因也在于企业经理人员和职工对于自己在私有化过程中的位置无法确定。而在两级持股方案中，国家所有权不变，涉及企业的只是从过去的主管部门管理转移到持股公司管理，国家对企业生产经营、人事等方面决策权力的改革措施仍可持续和深入下去，企业对自己的未来位置比较确定。这将有利于企业正常平稳地运转。

其次，与上一点相联系，利于减少通货膨胀压力。在转轨经济中，要有效地治理通货膨胀，诚然需要实施有效的货币政策和财政政策，但这只是在需求方面，另一个重要方面是供给一方，重点是增强企业活力，增加产出。因此，企业生产经营的平稳进行，是保证宏观经济稳定的一个重要条件。两级持股公司方案中国有产权在国有框架中的重新安排，还能防止，至少能够减少国有资产的流失，这也间接地增加了国家所有者的收入，减少了向非国有经济和个人的收入转移，从而有助于减轻物价上涨压力。

最后，两级持股公司模型是开放性的，不是封闭的。可以比较容易也比较渐进地向法人持股为主的产权制度过渡。这是因为在持股公司创立时，就可以把一些金融中介机构和大银行包括在内，利用它们在企业债务关系中的特殊位置（主要债权人）、在金融市场上的经营能力和经验等，组织实施国有企业的产权重组和结构重组，并在企业以后的运营中起积极股东、积极参与者的建设性监督作用，如具备主银行性质的作用（关于这一点，参见周小川等，1991），还有，一旦两级持股公司开始建立和运转，资本市场与其相应机构、制度性规则和经营管理人才也会随之而发展成长起来，这些都为国有产权的市场交易提供了基础，为国有产权的有效配置与重组提供比较真实的市场信号。如果随后出现一些非国有金融机构和金融中介机构，也可以将国有资产股权按照真实价格出售给他们，从而可以平稳而顺利地实现向法人（不管是否国有）持股为主的产权结构的转变。

总之，两级持股公司制度比较有利于国有企业向市场经济方向渐进而平稳地转轨，并有利于减少宏观经济的不稳定性，这种模式的开放性质也使国有企业可以进一步选择其他产权安排形式，因而是一种比较可行的转轨方案。

五、结论

全文分析说明，产权制度改革对于国有大中型企业改革至关重要，是企业具有竞争力的制度性前提。作为正式制度因素，如首先实行公司化，并将现国有资产股权转交给一些持股公司、投资基金或其他一些金融中介机构，产权结构重组可以迅速（如在几年时间里）进行。但主要由于非正式制度因素的影响，不应期望这种产权重组能够迅速完成，并产生迅速、明显的改善企业绩效的作用。而且，在公司化过程中，限于资本市场的不发达，国有企业的产权重组在初期宜局限于国家拥有所有权的框架内，如运用两级持股公司制度，这既可以保持国有企业政策的一致性，保持生产稳定性，又有利于减少国有资产流失，降低通货膨胀的潜在压力，保持宏观经济稳定性。一旦需要并具备经济可行性（如投资基金等中介机构和资本市场发展起来），再做进一步变动。

国有企业改革三种基本思路的理论分析 [①]

中国的国有企业改革，如果从 1956 年算起，至今已有 30 多年，"文化大革命"使包括企业改革在内的经济改革陷入停滞状态，1978 年中共十一届三中全会，改革之风再临中华大地。从 1978 年至今改革也已经历了 14 个年头了。综观这一阶段的改革实践和学术界关于国有企业改革的争论，本文认为，国有企业大体是按照三种思路进行改革的，其一为放权让利为主式的改革，其二为以承包经营责任制为代表的改革，其三为所有权多元化。以下就沿着这三种思路逐步展开分析。

一、放权让利式的改革思路及理论评价

这一思路的特点是，基本保持国有国营的体制，让企业拥有一定程度的经营权，但所有权和关于企业重大决策的经营权，都掌握在国家手中。从实践过程来看，国有企业的改革，在 1956 年到 1966 年期间，主要是实行了利润留成制度；1979 年开始实施的国企改革，1979—1984 年的改革也是以利润留成为基础的。这种以放权让利为基础手段的改革，基本上保留着国家所有者对企业的绝对权

① 原载于《经济研究》，1993 年第 9 期。

利，因而属于这种放权让利式改革的策略范围。

在 70 年代末 80 年代初开始的这一次改革以前，经济理论界对传统体制及其改革进行了许多的分析。薛暮桥（1959）从市场和货币关系入手，论述了国营企业之间的交换部分地包含着商品交换的性质，认为正是由于这一点企业就要求考虑到自己的物质利益，要求劳动在交换中得到补偿。他甚至提出，国营企业在不违反国家经济计划、经济制度的条件下，要适应市场需要。孙冶方（1961）提出对企业实行"大权独揽，小权分散"的管理方式，以资金价值量作为划分大权和小权的标准。他认为，属于大权，也就是扩大再生产权利范围的，国家必须管住管好，不然会出乱子；属于小权，也就是简单再生产范围的，必须留给企业去办，不然就会过严，企业就会被卡死。

80 年代以来，对于实际上仍然实行国有国营的放权让利式的改革思路，已有许多文献分析过它的弊端（薛暮桥，1980；吴敬琏，1984、1987；厉以宁，1987）。这些分析更多的是从整个体制改革战略与策略的选择的角度，对放权让利策略提出质疑的，因而结论一般是，放权让利式的改革不能脱离经济体制其他方面，尤其是不能脱离市场价格体系的改革而单项推进，否则，改革不可能成功。本文承认，这些分析是正确的，但也认为，这种分析对于分析放权让利式改革的缺陷也是不够的。因为它不能说明放权让利思路的根本缺陷。

在传统体制下，整个社会被当作一个大工厂，实际上是把一切经济活动都"内部化"到一个企业，不经市场进行。当然，企业和市场都是配置资源的重要机制，在资源通过市场配置所需要的交易成本比较高时，资源配置活动就内部化，进入企业，由企业进行。

但是，企业内配置资源也需要成本（即组织成本），如果组织成本高于交易成本，资源配置就经过市场进行。因此，企业的规模不能无限扩张，企业规模的边界处于边际组织成本与边际交易成本相等的那一点上（科斯，1937）。传统的国有国营、将所有经济活动内部化到一个企业的做法，虽然使市场交易成本几乎不存在了，但却使企业内的交易成本或组织成本高昂起来。组织成本的高昂主要是两个原因造成的：一是缺乏恰当的信息机制，使信息成本高昂；二是缺乏恰当的激励机制，使监督成本及由此而来的代理成本非常高（吴敬琏，1991）。

从放权让利改革的实践过程看，一系列措施都主要是围绕激励机制和监督机制的设立与变化而来的。从激励机制看，放权让利式的传统改革思路的一个基本思想是，利润分享能刺激企业增加投入。我们认为，这种目的的实现是需要一定前提的。首先需要分析获取利润的手段，即分析利润从哪里来。从具体的经营活动来看，增加利润可以有很多的途径，主要包括：增加投入品，提高资产利用效率或过分利用资产，提高价格，降低成本，提高劳动生产率或增加劳动投入等。企业的收益可以表示为 $R=F(K, L, I, P, U)$，其中，R 表示收益，K 表示资产，L 表示劳动，I 表示投入品，P 表示价格，U 表示其他的不确定因素的贡献。如果 I、P、K 都有利于利润的增加，那么 L 不变时，利润也会增加。如果企业是垄断型的，对价格有很大的乃至决定性的影响，提价就能得利。企业也可能使设备超负荷运转，通过损害 K 的长期生产能力来换取现期盈利的增加。总之，在无法确定利润的来源，无法根据企业的劳动贡献确定其报酬时，利润分享不可能诱使企业合理利用资源。其次，必须确定增加的利润剩余归谁所有。利润不是全部归属于企业，企业所得比例只

占小部分。企业利润不是企业奖励基金的唯一来源，企业奖励也不
仅仅是在货币方面，非货币奖励如精神奖励与物质奖励也是存在的。
这样，企业就会在各种收益渠道之间作一个权衡，进行成本收益分
析，如果靠增加利润取得的分成数额大于其他收入渠道得来的收益，
企业就会增加利润。如果通过会计手段或其他策略手段得到的支配
收益比从增加利润以获取分成得到的收益多，两者又可能发生冲突
时，企业就会选择前者。再次，要看这部分利润分成资金是个人得
到还是职工共同得到。如果把整个企业看成协作生产的一个大团队，
把经理人员看成是团队活动的监督者，那么很明显，队员相互之间
的劳动在总成果中的贡献份额是不容易度量的，个别队员的偷懒行
为也是不易区别出来的。如果把利润分成资金分配给经理人员所有，
他就会愿意强化对每个队员的监督，以防止个别队员偷懒，自己得
到至少是大部分剩余（监督使逃避减少带来的剩余），如果监督而来
的剩余人皆有之，由大家共同支配和分配，那么，就可能没有人愿
意监督其他队员的行为，反而可能相互偷懒（Alchian and Demsets，
1972）。因此，这样共同平均支配剩余收入的制度很难刺激人们增加
利润的积极性。最后，要看利润分享收入在职工工资收入中占有多
大比例。如果利润剩余分配在职工收入中占较大比例，那么，利润
的变动对职工利益关系重大，职工将会关注利润的增长，利润留成
有可能激发职工全体增加利润的积极性。如果利润分配只占职工收
入分配的一小部分，那么，这种改革设想的成功可能性就很难判断
了。由此也可以推论，以利润刺激鼓励企业制订较紧的生产计划和
增加盈利的目的很难实现。

从监督机制分析，放权让利式的改革使监督陷入两难困境。由
于国家作为委托人和经理人员作为代理人具有不同的目标函数，其

利益之间就可能有冲突。为了防止企业过多追求自己的利益，国家可以采用指标管理，建立数项、十几项甚至几十项计划任务指标和考核指标，命令企业必须完成。同时对企业的日常活动详加规定，严格规定企业的行为规则，划定企业的自主活动或相机抉择空间，尽量不留下丝毫机会给企业主动偷懒。例如，在资金开支上，甚至百元基建费开支都要上级审批，经理不能做主；奖金也规定有最高限额。但是，指标的制定和监督实施需要大量的信息，是以一定的信息成本为代价的。而且，不能完全排除有时很严重的信息扭曲和信息校正成本问题（例如，中国的全国财务大检查所耗费的人力、物力和财力就极为可观）。另外，这种对具体生产过程的直接的严格监督控制，意味着中央代替企业经理进行经营，使企业不能根据具体的生产条件和需求状况安排和组织企业的生产经营活动，也没有创新的条件和意识，这样，监督的代价无形中就大大增加了。

在监督成本（包括直接成本和机会成本）极其高昂的情况下，国家就会寻求新的监督方式，这就是过去放权让利式的改革中经常采取的方法，即给企业留下更大的活动余地。

在企业有了较大活动余地的情况下，由于企业与国家的目标函数和实现目标函数的手段的选择不一致，由于企业和国家之间的信息不对称性，企业就能够有更大的权力（利）追求自己的目标函数，更容易产生一些策略行为，诸如隐瞒生产能力、突击完成计划等。在企业自利活动、偷懒等问题严重侵犯了国家利益，从而使中央机关认为放权得不偿失时，中央机关就往往又增加指标、限定企业的自由活动范围，结果使监督考核成本再次变得高昂起来。总之，在增加指标和减少指标控制之间，国家往往进退维谷，指标制定陷入两难境地。从实践过程看，矛盾的解决一般是国家或中央机关修订和完善指标，或者增加或者减少旨在矫正企业行为偏差的指标，但遗憾的是，矛盾的每次"解决"都为下一次的冲突留下了空间，从而又期待着新一轮的解决。如果把指标的增加、国家控制手段的增加和控制程度的提高称为"收"，把指标减少、企业活动余地扩大、自主权力增加称为"放"，那么，过去的企业改革往往陷于放—收、收—放这样的循环，在这一循环的道路上，看不到尽头和希望。

二、承包经营责任制为主的改革思路

这种思路主张在国有企业实行所有与经营（控制）的完全分离，在保持国有不变的前提下，经营由企业自主决定。就是说，国家拥有所有权，企业的经理人员拥有经营权。除特殊的重大决策外，企业的日常经营由企业自行决定。这种观点认为，传统国有制改革的出路是评估企业资产，弱化所有权对企业经营的直接干预，建立企业家阶层，把国有资产的增值和收益同企业家的利益结合起来。按照这种逻辑，资产经营责任制、承包经营责任制都是比较好的企业制度改革的模式（范茂发等，1986；华生等，1986；王小强，1985、1988）。

1984 年中共中央十二届三中全会通过的《中共中央关于经济体制改革的决定》，指出对国有企业的所有权和经营权适当分离。1986—1987 年在一些地方实施的资产经营责任制，1987 年开始的企业承包责任制，1988 年颁布实施的《全民所有制工业企业法》和1992 年制定实施的《全民所有制工业企业转换经营机制条例》，都是以企业拥有主要的甚至全部的经营权为目标的，这可以称为以国有非国营为目标的策略。由于承包经营责任制是目前我国大中型企业的主要经营方式，所以，我们的分析就集中在承包经营责任制上。

承包制的基本原则是"包死基数、确保上交、超收多留、欠收自补"。由此可以看出，承包制乃是承包人与国家所有者（或其代表）以增量分享的分配原则为基础设计的动力机制。在关于资产的其他权利方面，如资产让渡权、使用权上，根据承包合同，也是由承包人与国家所有者（或其代表）分享的。这与原来的放权让利式的改革思路并无本质上的差别。

这种以权利分割，特别是剩余索取权的分割为基础的制度，要合理运转，就要解决好这样两个问题：（1）基数的确定与调整；（2）为承包者设立恰当的激励机制和监督机制。

首先，承包基数的确定和调整有很大的随意性和主观性。目前承包基数的确定原则上仍以历史数据为依据，以简单的百分比递增为手段。为了适应实际经营情况的复杂性，在确定承包基数的过程中，必然加进许多讨价还价的成分，甚至各种行政力量都可以施加影响，使得承包制依然不能摆脱传统计划经济的讨价还价的色彩，甚至有过之而无不及。进而言之，按照承包制的规定，一般不得少于三年。第二轮承包一般为五年。这使得按照市场变化估算承包基数成为不可能的事情。因为要在五年前预测企业的经营状况，预测市场的需求，以及宏观经济的发展情况，就一个企业而言显而易见是不可能的，特别是在竞争激烈、技术进步很快的行业里，就越发困难了。

这种外部环境的不确定性使对未来的预期十分困难或不可能，为减缓外部不确定性的冲击，增强承包合同的适应性、稳定性和有效性，承包合同最好是短期的。但承包合同的短期化，会给发包和承包双方带来不利影响。

对发包方（资产的所有者或其代表）来说，第一，合同短期化会使资产利用极其不合理。短期合同一般在现存资产条件下容易完成，承包者超额完成合同定额会给自己带来利益，资产由此会有被过度使用的危险。由于机器设备的磨损不易计量，防止资产过度利用的措施也就不易采取或缺乏有效性。第二，资产增值困难。承包中，在资产被过度利用的情况下，所有者诚然因缺乏有效计量等而无法要求承包者（设备利用者）给予一定补偿，但在资产发生增值时，所有者也通常不会给承包者以一定补偿。由此，在短期合同履行时，承包者一般不愿进行固定资产投资，尤其不愿进行基础设施类的固定资产投资，以免新增资产当期效用（承包期内所能发挥出来的效果）不尽人意或后期效用（承包完成后的效果）过多。第三，资产收益被挪用和被侵占的危险增大了。承包者在承包期内，为刺激工人增加劳动投入，一般给予过高的个人收入分配，这往往通过挪用生产基金、侵占本属于所有者的剩余取得。最后需要指出的是，中国企业干部事实上的终身制或职位终身制加剧了这三种危险。

合同短期化对经营者也有不利影响。合同改动过于频繁，间隔时间过短，影响承包者未来利益的不确定性就会增大，就不利于经营者做长期投资安排。从承包者角度讲，其利益系于企业的发展与成功，更系于他与企业关系的连续性，如果这种关系是连续的和稳定的，那么，影响承包者（经营者）利益的就只有企业是否发展和成功这一个因素了，经营者会因此致力于企业的生产经营活动，积极制定企业发展的战略与策略。但需要指出的是，如果为了减少未来不确定性而增加承包指标，甚至维持固定价格、固定利率与汇率等，则等于维持了传统体制，失去了进一步发展市场、健全政府间接调控体系的可能（周小川，1988）。而如果不考虑这种不确定性，将外部环境人为固定，将或者使所有者的利益（资产增值和资产收益增加）受损，或者使经营者的收益（创新收益等）被侵犯。这样，承包指标、期限的确定就会陷入两难的境地：如果承包合同是一种不封闭的或开口的契约，发包者与承包者共担不确定性带来的风险，则容易导致双方共同偷懒，双方利益都会受到损失，资产所有者的利益损失当会大些；如果契约是封闭性的，不考虑不确定性，也会出现或者损害所有者利益，或者损害承包者的利益。在承包制实施伊始的一份调查（杜海燕，1987）就指出，承包指标和承包期的确定面临着这种两难选择。

　　与基数问题相比更为重要的是，承包制不可能建立有效的激励机制和监督机制。承包制实质上是由国家和企业共同分享企业创造的剩余，在一定程度上，企业经营者与职工具有了直接所有者的身份。在这种体制下，同一份资产有两个事实上的所有者——一个是在场所有者，即根据《企业法》拥有占有、使用、处置权的"企业"（实际上往往是指企业的经理人员），另一个是不在场所有者，即号称掌握着"最终所有权"的国家，两个所有者都有剩余索取权。产权经济分析说明，剩余索取权是诸项产权项目中最重要的权利，它归属于对剩余有决定性影响的经济主体（Barzel，1989）。如果资产所有者把剩余索取权的一部分转让给别的经济主体如经理、社会团体、工人集体等，假如是永久性转让，则等于把资产一部分让渡出去，如果不是永久性转让，则这种归属会使非国有主体掠夺性经营，因为损失只能最终由国家所有者承担。因此，承包制运用国家所有者与企业经理人员和职工分享利润的方式，必然使经理人员和职工发生侵占国家利益的行为，而国家有关部门为了保护国家所有者的利益，往往不得不增加承包指标，或施加其他一些限制条件，增加摊派以增加所有者的利润剩余所得。结果，相互侵权的行为普遍发生（吴敬琏，1989）。某些企业经理人员用不提折旧、不恢复固定资产原值或进行掠夺式经营等机会主义行为侵犯资产所有者的权益。一项大型调查也证实了这些分析：在承包制中，企业很容易在价格上做文章，利润分配也向职工倾斜，企业行为出现短期化倾向（杜海燕、郑红亮，1991）。而上级行政主管机关为了保护和增加资产，对抗经理人员的机会主义行为，往往增加附加的承包条件、增收各种摊派，这实质上是上收权力，重演过去的改革思路。

总之，承包制虽然较原来的企业改革措施更加强化了企业的自主地位，但它内在的缺陷远没有使企业行为合理化，没有消除传统体制的弊端。

三、所有权多元化的改革思路

在本文中，所有权多元化是指将国有企业中原有的国家所有者单独拥有的所有权，改变为由国家所有者、其他企业法人、金融机构以及个人分别拥有企业资产的所有权，其中，不排除国家所有者作为大股东或作为拥有绝大多数股票（权）的股东存在。具体途径是将原国有企业改造成为股份公司，将企业中原有的国有资产折算为国家所有者持有的股份，同时，培育金融中介机构，允许国有企业（股份公司）相互持股，允许金融机构和居民个人持股。从理论界争论情况看，尽管同样都赞成实行所有权多元化，但具体方案上却有很大差别。本文赞成以法人机构持股为主而建立股份公司制度的方案。

法人持股为主是指在国有企业改造成为股份公司以后，股本或股权主要为法人组织拥有和支配，以及事业法人交叉持股和循环持股。法人组织包括保险公司、养老金基金、共同基金等，也包括公司本身（吴敬琏，1989、1991），不包括受限制的一些公司持股的情形，如子公司反过来持有母公司的股票，本法人持有本法人的股票等。

我们认为，法人持股为主的公司化（corporatization）的企业改革方案，有以下几个优点：首先，它消除了国家行政机构直接干预企业的基础，从而消除了国有国营的传统体制的根本弊端，使国家所有者不再为高昂的监督成本和信息成本所困扰。其次，它符合现代市场经济中股份公司发展的趋势。在美国、西欧和日本，目前已有60%—70%的股本掌握在机构投资者或公司这些法人组织手里。因为这些组织拥有经过训练的专家和比较完整的信息系统，比私人预见性强，因而投资风险较小，也更具长期性。法人持股为主的改革方案实施的难点在于，如何将国家作为所有者转变为法人组织所有者，法人股本（权）怎样形成？怎样保证经理人员在法人相互持股时不相互勾结，侵占公司资产和损害公司利益？等等。

这里需要指出的是，在笔者看来，在对公司化的研究中，也出现对法人企业的误解。有的经济学家认为，法人企业即股份公司真正拥有独立的财产，能够独立地对这部分财产行使所有权。而法人企业或股份公司的出资人或投资者不是企业财产的所有者，股东在购买股票、得到股权时，已经放弃了这部分资产的所有权（韩志国，1987）。实际上，这种观点是对现代股份公司制度的误解。所有权和控制（经营）权的分离现在已经成为股份公司的最鲜明的特征，原先由所有者行使的一些权利，如决定生产什么、怎样生产和为谁生产（向哪些市场提供产品）等，现在很大程度上由经理人员掌握了，经营者已经成为一个独立的经理阶层了。股东们的地位和作用受到了削弱，他们不仅不能直接指挥生产，而且也不能轻易更换现有经理人员（贝利、米恩斯，1932；加尔布雷思，1973）。但是，股东在作为委托人把资产委托给经理人员（作为代理人）管理时，股东并没有放弃自己对企业资产的所有权，他们可以用手直接投票，或通过董事会监督经理人员，也可以用脚投票，在代理权争夺战中出售手中的股票。这都是股东表达对自己资产处理、安排意见的渠道。在接管中，接管者或入侵者首先要得到一定份额的股票。如果认为股东们在得到股票时放弃了对资产的所有权，经理人员得到了法人资产的所有权，那么，为什么接管者在购买了股票或股票投票权后就有权利（力）更换经理人员呢？为什么经理人员还采取主动行动来防止被接管，尤其是被敌意接管呢？很明显，经理人员只是代理人而已，他们拥有的只是公司的经营权，而且是有约束的经营权，因为公司的一些重大决策权如公司股本的增减、利润的分配（包括宣布股息）、公司的合并、解散和重组等，仍需要股东大会即全体股东或其代表来行使。

另外值得说明的是，有一种观点认为，国有企业是国民经济的骨干力量，只有保持国有，才能保证国家对国民经济的领导有一个物质基础。其实，在一个高度货币化、市场化的经济即市场经济中，国家对经济的调节有时虽然也通过直接的物质手段进行，但主要是通过间接调控手段进行的。因此，在向市场经济转轨以后，我国的经济中没有必要一定保持国家对企业的直接控制权。具体从财政收入角度看，也得不出只有控制企业才能稳定财政收入的结论。主要原因在于：其一，在国有企业的产出占社会总产出的比例很大时，财政收入的很大比例只能来自国有企业，而如果国有企业产出在社会总产出中的比例下降到很小的数字时，财政收入来自国有企业的比例也很小。国有企业改为非国有企业后，在其他条件不变的情况下，国家财政收入当然就来自非国有企业了。因而企业改革本身并不会使利税收入不稳定。其二，我国现行的财政税收体制不合理。在传统体制下，财政是统收统支，财政收入主要通过企业上缴形式征收。目前我国虽然采取了利改税等改革措施，但财政收入主要来自国有企业利润的税基不合理的状况却一直没有太大改变。因此，在进一步的改革中，应当把增值税、个人收入税作为重点，对所有经济类型的企业都征税，对居民征税（麦金农，1991）。

四、小结

综合以上分析可见，在传统国有制下，所有经济活动都内部化到一个企业，整个社会成了一个"社会大工厂"。这时，国家只能插手企业经营活动，为企业规定具体的经济指标，并以指标的完成与否作为考核企业绩效的标准。由于信息成本和激励、监督成本的高昂，这种体制注定没有效率。即使实行放权让利和承包经营责任制，企业能够分享一定的资产所有权，但由于国有资产所有权安排没有发生实质性的改变，以及国家和经理人员（包括职工）之间在目标函数和实现目标函数的手段上的不同，国家为了自己利益的最大化，仍要对企业进行直接的监督与控制。由于放权让利和承包经营责任制使企业自主活动余地增大，经理人员斟酌决定权增强，以及信息不对称性，国有资产被侵蚀的可能性增大了。因此，这种改革不可能建立有效的企业制度，改革不可能成功。企业制度改革的方向只能是进行所有权多元化，建立现代股份公司制度。

积极探索公有制的有效实现形式 [①]

中共十五届四中全会通过的《中共中央关于国有企业改革和发展若干重大问题的决定》明确指出，国有企业改革和发展的一个重要指导方针是，"调整和完善所有制结构，积极探索公有制多种实现形式，增强国有经济在国民经济中的控制力，促进各种所有制经济公平竞争和共同发展"。同时对从战略上调整国有经济布局、改组国有企业以及建立现代企业制度等一系列重大问题做出了明确的阐述。这就为国有企业改革进一步指明了方向，对于推动国有企业与市场经济的有机结合以及社会主义市场经济体制的建立与完善，具有重大的理论和现实意义。

一、所有制与所有制的实现形式是两个密切相关但不完全相同的概念

所有制和所有制的实现形式既密切相关，又不完全相同，必须区分开来。所有制指的是在生产资料的占有、使用和处置基础上的生产关系的总和，是一个比较抽象的概念。所有制的实现形式，则是指在一定的生产资料所有制前提下财产的组织方式。所有制的本

---

① 原载于《宏观经济研究》，1999 年第 12 期。

质将通过其实现形式体现出来，但实现形式可以是多种多样的。

从历史上看，由于所处的生产条件、地域环境、文化背景的差异，所有制的实现形式具有多层次、多样性的特点。而且，随着人类生产水平的不断提高，贸易往来的增加，所有制的实现形式有日益多样化的趋势。在奴隶社会，典型的就有中国商周时期的奴隶制度和欧洲古罗马的奴隶制度的区分。在封建社会，中国是典型的中央集权制的地主制度，皇帝是最大的地主，"普天之下，莫非王土"。而在欧洲，则是农奴制度、庄园制度。到了资本主义阶段，由于生产力的迅速发展，私有制的实现形式也更加丰富多样。在其原始积累时期，资本家组织资本的形式基本上是业主制企业，建立在一家一户的私人财产基础上，另外还有合伙制企业，即若干业主或投资人共同组建企业，每个投资者都对企业的债务负无限责任。随着企业规模的扩张，特别是投资规模的扩大和投资风险的提高，单个或不太多的投资者的资本无法启动企业运转，股份制就应运而生。即使股份制企业，其主要形式也分两种：一种是有限责任公司，其基本性质是由若干出资人共同出资设立，各出资人以其投资额为限对公司承担责任，公司以其全部资产对公司债务承担责任；二是股份有限公司，其全部资本分为等额股份，股东以其所持股份为限对公司承担责任，公司以其全部资产对公司的债务承担责任。

股份制企业自其诞生之日起，就因其筹资快、资本流动性强、风险分担、经济民主（一股一票）等特点而迅速发展，并在发展中不断增添自身的许多活跃色彩。其中最典型的是从家族企业逐渐演变成股权分散、所有权与经营权相分离的现代公司制度。

在股份制发展的初期，企业创始人及其最亲密的合伙人（家族）一直控制着大部分股权，并保留高层管理的决策权，特别是在有关财务政策、资源分配和高层经理人员的选拔方面，更是如此。这时的企业基本上是家族式企业，是资本主义发展初期的最典型的资本组织形式。在企业创立和发展需要大笔外部资金时，提供资金的金融机构通常在公司的董事会中派出兼职代表，分享高层决策权，甚至起主导作用。列宁在《帝国主义是资本主义的最高阶段》这一著作中，对这种由金融资本控制的企业状况做过较详细的论述。随着企业规模的扩大，特别是企业内部生产经营范围的多样化，企业已由多个部门和多种经济活动组成，经营管理分工越来越细，管理变得越发技术化、职业化，同时，股权也更为分散，所有权与经营权因此出现了分离。此时的企业不再由家庭和银行家实际控制，股东已不具备参与高层管理的影响力、知识、经验或义务，他们把日常经营管理和未来发展的计划工作都交给职业经理负责。这种由支薪职业经理控制的多单位企业，就是现代公司。经理式企业的诞生，取代了家族式和银行家控制的企业。这被称为资本主义的又一次革命。到 21 世纪二三十年代，经理式企业已成为大公司、大企业集团的主导形式，目前《财富》杂志所列"世界 500 强"工业企业绝大部分都是如此。

从企业的实际运转看，所有制实现形式的多样性更为明显。现代企业制度的核心内容之一是公司法人治理结构。由于经济、政治和文化等方面的差异以及历史演进轨迹的不同，不同国家和地区的公司治理结构呈现出明显的差异。发达国家的现代企业法人治理结构主要有三种模式，即美国式、日本式和德国式。这种差异主要表现在股权结构和控制方式上。股权结构方面，在美国，公司最大的股东是机构投资者，如养老基金、人寿保险、互助基金等，其中养老基金所占份额最大。在 90 年代初，机构投资者控制了全国大中型企业 40% 的普通股，20 家最大的养老基金持有上市公司约 10% 的普通股。但一般而言，一家养老基金在一家公司中的持股比例不超过 10%。由于股权比较分散，对公司经理人员的一个重要控制途径是依靠资本市场，主要是接管与兼并。在日本，60 年代以来，控制着企业股权的一直主要是实业公司（法人）和金融机构。法人持股的比率在 1960 年为 40.9%，1984 年为 64.4%，1989 年增加到 72.0%。在 1985 年，主银行持有企业 4.1% 的股本。整个金融机构拥有的股票占公司公开发行股票总额的比例在 20 世纪 90 年代后期一直在 40% 以上，其中银行占 20% 左右，保险公司占 18% 左右。日本的法人持股主要是集团内企业的交叉持股或循环持股，整个集团形成一个大股东会。1989 年，三井、三菱、住友、芙蓉、三和、第一劝业银行六大集团内成员公司交叉持股率平均为 21.6%，其中前三者（旧财阀系）平均为 27.5%，后三者（银行系）平均为 15.8%。在日本的公司中，对经理人员的监督和约束主要来自两个方面，一是来自交叉持股的持股公司，一个企业集团内的企业形成相互控制关系。另一重要监督来自主银行。主银行一般有三个特点：提供较大份额的贷款、拥有一定的股本（5% 以下）、派出职员任客户企业的经理或董事。在公司业绩较好、企业运转正常时，主银行不进行干预，但在公司业绩很差时，就行使其控制权力，要求企业采取对策，甚至更换经理人员。在德国，则是全能银行持股为主。银行持股在 1984 年和 1988 年分别为 7.6% 和 8.1%，如果加上银行监管的投资基金的持股（同期分别为 2.7% 和 3.5%），则银行持股达 10.3% 和 11.6%。而且，银行持股的大部分是由德国三家最大的银行即德意志银行、德累斯顿银行、商业银行持有。据 1987 年 5 月德意志银行月报，三大银行持有的国内股票占所有德国银行持有国内股票的 50% 左右。在 90 年代初，德意志银行直接拥有 70 多家公司的 10% 或更多的股份，包括奔驰公司 28% 的股份。公司的控制权因此也就主要由银行掌握。在德国，银行的控制方式主要是通过向监事会派出代表和控制投票权。据德国垄断委员会统计，1974 年 100 家最大的股份公司的监事会中，银行在 75 家派驻代表 179 人，占监事总数的 15%，考虑到职工代表占全部监事的 1/3，银行代表就占股东代表的 22.5%。在 90 年代初，仅德意志银行的高级管理人员就分别担任 400 家企业的监事会成员。当公司经营不善时，银行往往加以干涉，改组监事会。

总之，一种所有制尽管其实质内容没有发生根本变化，但随着社会经济环境的变化、技术创新的发生等等，其实现形式都在不断变化之中。这给我们的一个重要启示是，公有制也应当不断进行制度创新，积极探索有效的实现形式，借以解放生产力，发展生产力。

二、公有制应当有多种实现形式

1997 年党的十五大报告指出："公有制实现形式可以而且应当多样化"。党的十五届四中全会通过的《决定》对这一论断做了更深入细致的论述。这是公有制理论的一个重大突破和发展。它既反映了社会主义初级阶段的发展需要，也反映了社会主义市场经济的本质要求。

第一，公有制实现形式的多样化，是社会主义初级阶段生产力发展的客观要求。

新中国经过 50 年的建设，特别是经过改革开放 20 年来的努力，已从新中国成立初期的"一穷二白"发展到目前的 GDP 跃升到世界第七位。同时，已经建立了比较独立完整的经济体系，一些主要工农业产品生产能力和产量居世界前列。但同时应当看到，我国人口多，底子薄，地区发展不平衡，生产力不发达的状况还没有根本改变。我国人均 GDP 在世界排名中比较居后，产业结构和国民经济整体素质还不高，科技教育文化总体水平也比较低。因此，整体而言，我国目前正"处在社会主义初级阶段，就是不发达的阶段"（《邓小平文选》第 3 卷，第 252 页 ）。

在社会主义初级阶段，我们的最重要任务是发展生产力，把发展生产力始终放在首位，一切都必须服从生产力发展的要求。就一般意义上讲，所有制和所有制的实现形式并没有低级和高级之分，只要适应生产力的发展，它就有生命力。新中国成立以后的很长一段时期，由于"左"的错误，追求"一大二公"、纯而又纯的公有制，违背了生产关系必须适应生产力性质的规律，结果不仅没有使生产力迅速发展，反而延缓了经济发展的步伐，甚至对生产力产生了破坏作用。因此，在社会主义初级阶段，必须适应生产力多层次的特点，发展以公有制为主体的多种所有制结构，公有制实现形式也要多样化。党的十五大报告明确指出，决定我国现阶段所有制结构的原则是："第一，我国是社会主义国家，必须坚持公有制作为社会主义经济制度的基础；第二，我国处在社会主义初级阶段，需要在公有制为主体的条件下发展多种所有制经济；第三，一切符合'三个有利于'的所有制形式都可以而且应该用来为社会主义服务。""公有制实现形式可以而且应当多样化。一切反映社会化生产规律的经营方式和组织形式都可以大胆利用。要努力寻找能够极大促进生产力发展的公有制实现形式。"这些重要论述，是调整和完善所有制结构、探索公有制实现形式多样化的基本指导思想。

第二，公有制实现形式的多样化，是建立社会主义市场经济体制、使公有制与市场经济有机协调结合的需要。

我国经济体制改革的目标是建立社会主义市场经济体制。公有制经济特别是国有经济的改革是整个经济体制改革的中心环节。改革开放前，公有制实现形式比较单一。在城镇，从1956年对资本主义工商业和个体手工业的改造基本完成起，就逐步形成了从小集体到大集体，再到全民所有制的过渡形式。适应计划经济体制的需要，建立了国有制为主体的所有制结构。国有企业基本上是行政附属物，政府部门实行人财物、产供销高度集中统一，企业没有自主权。仍然保留的城镇集体企业也基本上按照国营经济（全民所有制）的办法进行管理，当时称这种经济成分为"二全民"或"二国营"。在农村，从1953年开始，用短短几年的时间，完成了从互助组到初级社再到高级社的过渡，1958年又普遍建立了人民公社体制，直到1978年改革开放。同时，对农村的大部分主要农产品实行统购统销。这种体制，对当时集中资金用于重点项目、迅速推进工业化、摆脱"一穷二白"的贫困落后局面发挥了历史作用。但随着经济的发展，这种统得过多、过死的体制越来越不适应生产力的发展。

从1978年开始，我们率先从农村开始改革，并迅速推向全国，取得了举世瞩目的伟大成就。在农村，通过探索和完善农村公有制的有效实现形式，充分尊重农民的首创精神，废除人民公社体制，实行土地集体所有、家庭承包经营、所有权与经营权分离，建立统分结合的双层经营体制，理顺了农村最基本的生产关系，初步构筑了适应社会主义市场经济发展要求的农村新经济体制框架。与此同时，国有企业改革从扩大企业自主权开始，到后来实行承包经营责任制，通过放权让利，初步激发了企业的活力。但总的说来，国有企业体制和机制不适应社会主义市场经济要求的问题并没有根本解决。从 1993 年开始，全国又开始股份制试点。1993 年党的十四届三中全会明确以建立现代企业制度为国有企业改革的目标，使企业成为自主经营、自负盈亏的法人实体和竞争主体，不断增强市场应变力、竞争力和开拓创新能力。

20 世纪 90 年代后期，我们在国有企业改革与发展方面重点抓了三方面的工作，一是进行现代企业制度试点。国务院确定了 100 户试点企业，各地确定的试点企业达 1000 多家。试点企业按照《公司法》的要求，初步建立了公司法人治理结构框架，推进了企业投资主体的多元化。二是优化资本结构试点。试点的城市达 110 多个，在兼并、破产、减员增效、下岗分流和实施再就业工程等方面取得了积极的进展。国家累计安排用于国有企业兼并破产和减员增效的银行呆坏账准备金核销规模 900 亿元。通过"贷改投"、兼并破产、呆账核销，111 个试点城市国有企业平均资产负债率下降了约 8 个百分点。三是实施大公司、大集团战略，抓好关键的少数。国家确定了 512 家重点支持企业和 120 家试点企业集团，剔除交叉重叠因素，共计 564 家，推行了主办银行制度和扩大企业投融资权等一系列政策，大公司、大集团发展步伐明显加快。但国有企业累积的矛盾并未能得到彻底解决，机制转换、思想观念转变仍尽如人意，众多国有企业市场竞争力不强、经济效益不佳已成为困扰我国经济发展的一个突出问题。

总之，经过 20 年的改革，我们已经在农村成功找到了公有制与市场经济结合的有效实现形式，但国有企业的改革还没有取得根本性的突破，必须进一步解放思想，深化改革，积极探索适应社会主义市场经济要求的国有经济有效实现形式。

三、探索国有企业适应社会主义市场经济要求的有效实现形式

中共十五届四中全会明确提出了国有企业改革和发展的主要目标和指导方针，强调国有经济在国民经济中的主导作用主要体现在控制力上。要从战略上调整国有经济布局和结构，改组国有企业，实行公司制改造。这就为国有企业改革和发展、积极探索国有制的多种有效实现形式，明确了具体目标，确定了工作重点。

第一，国有经济要进行战略性布局调整和改组。

由于长期的计划经济"大一统"体制的影响，加上重复建设等因素，国有经济目前遍布国民经济各个行业和各类大中小型企业，战线过长，整体素质不高，资源配置不合理。我国工业的 608 个小类行业中，就有 599 个行业有国有企业。根据 1995 年全国第三次工业普查的数据，国有企业占很大比重的制造业中，生产能力利用率在 80% 以上的只占 29.5%，利用率在 60%—80% 的占 36.2%，利用率在 60% 以下的占 34.3%。机床制造、印染布、货车、彩卷等行业的过剩状态更加突出。

同时，国家财力也无力支撑过于庞大的国有经济。改革开放前的国有企业主要靠国家财政拨款建立和进行技术改造。改革开放以来，特别是 1985 年国家实行"拨改贷"以来，国有企业新建和技改主要依靠银行贷款，国家财政无力向国有企业注入足够的资本金，企业负债不断上升。国有工业企业的资产负债率，1980 年是 30%，1985 年是 40%，1990 年是 60%，1998 年达 65% 左右。同时，相当一部分国有资本分布在大量竞争性领域和中小企业。据统计，1998 年底，23.8 万户国有企业拥有资产总额为 134780 亿元。其中国民经

济基础性行业的国有企业资产总额为 56722.4 亿元，占 42.1%；一般生产加工业、商贸和服务业等行业的国有企业资产总额为 78057.6 亿元，占 57.9%。从企业类型看，1998 年，国有企业（不含国有金融企业）共 23.8 万户，其中，大型企业 9357 户，约占 4%，中型企业 3.3 万户，约占 14%，小型企业 19.5 万户，约占 82%。中小企业中的国有资产占国有资产总额的 43.6%。必须考虑到国家财力和国民经济各行业的特点，坚持有进有退、有所为有所不为的原则，适当收缩国有经济战线。国有经济应当逐步退出一些非关系国民经济命脉的竞争性行业和产品生产、流通领域，首先是退出资金规模和技术要求不高、进入门槛低、竞争十分激烈而又并非国有经济必须占支配地位和能够发挥优势的领域。同时，在关系国家安全的行业、自然垄断型行业、提供重要公共产品和服务的行业，以及一些支柱性产业和先导性产业，强化和有效发挥国有经济的作用。另外，在落后地区的开发过程中，国有经济应当发挥先导作用。实施西部大开发战略，要充分发挥国有资本特别是国家财政资金的引导作用，吸引非国有资本积极参与。要以大公司、大型企业集团为依托，通过并购和资产重组改善企业组织结构，盘活存量资产，优化资源配置。

第二，积极利用一切反映现代社会化大生产规律的各种财产组织形式和经营方式，积极探索国有制的多种有效实现形式。

在计划经济体制下，国有企业的财产组织形式和经营方式是单一的国有国营。改革开放 20 年来，大量国有企业通过种种方式进行了改制和改组，采取了国有控股、国家参股、国有民营、中外合资及企业相互参股等方式。特别是大量的中小型企业，在放开搞活中采取了改组、联合、兼并、租赁、承包经营和股份合作制、出售等多种形式，并取得良好的效果。

国有企业特别是国有大中型企业改制的一种最主要形式是公司制，这也是现代企业制度的一种典型形式。美国经济史学者钱德勒在《看得见的手——美国企业的管理革命》一书中，详细分析了现代公司制的发展历程。他指出，在19世纪末至20世纪初，随着大规模生产和大规模销售体系的出现，企业规模越来越大，出现了所有权与经营权的分离，产生了一批职业经理。这种由职业经理管理的企业就是现代公司（Modern Corporate）。现代公司是社会化大生产和市场经济发展到一定阶段的必然产物，是企业赢得市场竞争优势的一种有效组织形式和运营方式，资本主义社会可以用，社会主义社会也可以用。国有企业特别是国有大中型企业，适合搞公司制的，都要通过各种方式改造成为公司制企业。

对国有企业实行公司制改造，培育多元投资主体，塑造股权多元化格局，能够吸收组织更多的社会资本，放大国有资本的功能，提高国有经济的控制力、影响力和带动力。同时，实行公司制或股份制改造，增加直接融资比重，有助于减少国有企业对银行借款的过分依赖，改善资本结构，降低资产负债率，减少财务成本，增强市场竞争力，推动国有企业加快脱困和发展步伐，完成到20世纪末使大多数国有大中型亏损企业摆脱困境、大多数国有大中型骨干企业初步建立现代企业制度的任务。党的十五大以来，国有企业改制和上市的速度明显加快，截至1999年8月底，在深沪两地交易所上市的公司已达920家，股票1000多只，其中国有企业改制上市646家。1998年底，国有控股企业吸纳的非国有经济成分的资本已达3930多亿元。一批国有大中型骨干企业如鞍钢、首钢、一汽、二汽等，通过股票市场筹集了大量资金，有力地支持了企业的技术改造和重点项目建设，增强了市场竞争力。

对于关系国家安全的行业、提供重要公共品的行业或企业，可能仍要保持国有独资的格局。至于处在竞争性领域的大量国有中小型企业，则可以采用租赁、承包等形式，或通过员工和经营者持股，实行股权多元化。

第三，切实采取有效措施，加快现代企业制度规范化建设步伐。

国有企业改革的目标是建立现代企业制度，这是实现公有制与市场经济相结合的有效途径，是整个经济体制改革的关键环节。十五届四中全会通过的《决定》对现代企业制度建设提出了具体的要求和工作安排。认真贯彻落实《决定》精神，切实采取有效措施，加快现代企业制度建设步伐，意义重大。

近年来，国有企业在公司制改造、政企分开、公司法人治理结构建设等方面都取得了积极进展。据对全国120家试点企业集团、512家国家重点联系企业、国务院确定的100家和各地区、主管部门确定的试点企业，共计2562家的调查统计，1943家已经按照《公司法》进行了改制，占75.8%。其中，改制为股份有限公司的有612家，占已改制企业的31.5%；改制为有限责任公司的有768家，占39.5%；国有独资公司563家，占29%。从公司法人治理结构的建立和运转情况看，74.9%的董事会能够自主作出重大投资决策；50.9%的董事会可以聘任总经理，而不再由上级主管部门或组织部门直接任命；83%的董事会可以行使提请聘任或解聘公司副总经理、财务负责人的权力。改制后的企业，基本形成了股权和投资主体多元化的格局，现代企业制度已初具框架。通过这些试点和一系列探索，逐步摸清了建立现代企业制度的重点、难点所在，为进一步深化改革、实现党中央和国务院提出的"到本世纪末大多数国有大中型骨干企业初步建立现代企业制度"这一目标创造了条件。与此同时，不少企业在资本运营、人事制度和分配制度等方面的改革也取得了积极进展。

同时应当看到，由于传统体制的影响比较深，加上我们对现代企业制度的探索时间不长，目前在改革方面还存在种种问题。这突出表现在两个方面：一是股本结构及股权行使方式不尽合理。目前尽管不少国有企业进行了公司化改造，形式上明确了国有产权行使主体，但国有独资和国有资本绝对控股的企业占大多数。在23.8万户国有企业中，国有独资企业为21.4万户，占89.9%；以股份有限公司、有限责任公司及股份合作制为主要形式的多元投资主体企业为2.4万户，只占10.1%。国家确定的百户现代企业制度试点企业，70%是国有独资。在120家试点企业集团中，绝大多数集团的母公司（集团公司）是国有独资。国有产权不明晰、所有者缺位、政企不分的固有弊端还没有得到根本解决。同时，公司董事长、总经理不少仍由行政机关甚至由不同的行政机关任命或解职，随意性较大。二是公司法人治理结构尚未能形成权力有效制衡的机制。从董事会的构成和运作看，目前改制公司的董事会成员绝大多数是本公司的经理人员（内部人）。同时，董事会普遍缺乏一些辅助机构，如财务审计委员会、报酬与提名委员会等，对公司经理很难起到有效的监督作用。从监事会的构成及功能行使方面看，目前企业的监事会成员基本上是内部人员，来自企业的党委、工会等。监事会也缺乏有效的手段行使监督职能，没有独立的财务审计队伍和机构。董事会、监事会因此在很大程度上成了"橡皮图章"，无法发挥决策和监督作用，甚至出现了"一言堂""内部人控制"现象，权责严重失衡。因此，必须切实采取有效措施，进一步深化改革。

其一，明晰产权，鼓励产权多元化。股权结构合理化是公司法人治理结构有效运转的前提和基础，发达国家公司制企业发展的经验教训充分说明了这一点。要认真贯彻落实中共十五届四中全会精神，鼓励发展多元投资主体。除极少数必须由国家垄断经营的企业成立国有独资公司外，大多数企业应建立有多元投资主体的公司，国有独资公司也应尽可能由多家国有企业共同持股。股权多元化的优越性主要体现在：（1）明确了产权关系，淡化了行政干预。虽然几家股东都属国有性质，但股东以其出资额为限对公司享有权利和承担相应的责任，不干预日常的生产经营活动，从而为企业创造了宽松的发展环境。同时，出资人派出代表共同组成董事会，形成一道屏障，有助于建立一个隔离行政干预的中间带。（2）有助于企业转换经营机制。规范的公司体制使企业的经营目标比较明确，追求利润最大化。同时，按照公司法进行规范，实行董事会领导下的总经理负责制，能使企业更好地在商业化基础上运转。（3）有利于突破条块分割，打破地区、部门和所有制的界限，实现资本的跨行业、跨地区、跨所有制的结合，在更大范围内、更大规模上实现生产力诸要素的优化配置。为了构造稳定的大股东，应当鼓励发展法人持股和机构持股，特别是法人交叉持股模式。从国外国有企业股份制改造的做法看，主动构造法人和机构大股东（稳定股东）也是国际通行的做法。逐渐改变国有绝对控股的格局，在股权分散的情况下，甚至 10% 的持股也能达到控制企业的目的。在鼓励股权多元化、推动大中型骨干企业上市的过程中，新上市企业应当增加公众流通股的比重，已上市企业应当选择一些信誉好、发展潜力大的企业，在不影响国家控股的前提下，适当减持部分国有股。

其二，建立健全公司法人治理结构，形成权力有效制衡的机制。公司法人治理结构是公司制的核心。在所有权与经营权分离的情况下，股东把企业委托给经理来管理。要使经理为了股东的利益最大化而尽心尽力，单靠良心、觉悟是不够的，必须建立一套有效的监督约束和激励机制，这就是公司法人治理结构。公司法人治理结构本身是一个完整的体系，由股东会、董事会、监事会和经理层构成。公司制改革必须规范，要按照《公司法》，明确股东会、董事会、监事会和经理层的职责，使之各负其责、协调运转、有效制衡，建立健全高效运转的决策体系和执行体系。就董事会的构成与功能行使而言，需要做好两方面的工作：一是恰当选择董事，确定内部董事和外部董事的比例，增加外部董事人选。董事要充分代表股东和其他利益相关者的利益。二是在董事会下设立一些专门委员会，辅助董事会开展活动。为使董事会充分发挥职能，可以采取一些配套安排措施，如设立一些专业委员会，同时完善外部监督，增强对主要执行人员的监督审核力度，强化信息披露工作，等等。

完善企业家的培养选拔、管理、考核和监督办法，在完善监督机制的同时，建立有效的激励机制。要培育具有世界竞争力的企业，首先要培育企业家。加快培育企业家人才市场，尊重企业家的人力资本价值，对贡献突出的经营者，尤其是"一把手"，应给予重奖，包括物质奖励和精神奖励。完善企业家的报酬结构，试行年薪制、股权期权等方式，把企业家的收入与企业业绩特别是企业的中长期发展紧密结合起来。

股份公司制度发展两种形式的比较和启示 ①

目前大多数经济学家认为，在我国进行的以社会主义市场经济体制为目标的经济改革中，股份公司制度是改革国有大中型企业的主要途径。因此，探讨股份公司制度的发展过程，对我国股份公司制度的设计和发展，是很有裨益的。本文将股份公司制度的发展分为两种形式，一种是通过积聚和集中发展起来的，可以称为积聚型的发展形式；另一种形式是，在组建股份公司以前，企业已经存在并很庞大了，所以，组建股份公司所做的就是将原企业的财产权重新安排，由不同的人或团体所有，这可称为所有权分散型的发展形式。本文将对这两种发展形式加以比较和分析，试图从中得出对中国股份公司制度发展有启示意义的一些结论。

一、积聚型的股份公司发展形式

有的经济史学家认为，在古希腊和古罗马人的包税制中，就可以见到股份公司的雏形。在 15 世纪还出现了有限责任规定，在两合公司的最原始形式康孟达组织中，从事海运的航海者与出资者商

---

① 原载于《经济社会体制比较》，1993 年第 6 期。

定，出资人出资，航海者负责航海贩运，亏损时，出资人仅限于出资额。一般认为，最早的股份公司是1600年成立的英国东印度公司和1602年成立的荷兰东印度公司。这些早期的股份公司，虽有集资经营、永久投资、共担风险等特点，但要有国王的特许或政府的核准。到1807年，法国在其《商法典》中第一次对股份公司做了规定。现代股份公司的有限责任规定最初是由英国国会在1856年规定的。到19世纪，英国商人开始发展一种新的商业联合形式——合股公司。其特点是，（1）没有皇家授予的特许权，因而不同于特许公司；（2）由股票代表的企业的所有者权益可以自由转让；（3）只有经理人员被授权经营。合股公司因为所有者权益易于转让、经营有连续性、由所有者的代理人而非所有者自己来管理等法人特点，很受人们欢迎。这些公司因为没有得到特许，开始时并不被承认为法人。1834年，英国国会授权君主向合股公司发放"专利特许证书"，在1844年，国会建立了第一个合股公司注册处。美国的情况也与此类似，通过简单的政府注册来允许非公司的企业组织取得法律地位。1837年后，逐渐采用和推广了适合大多数行业的一般公司组成法，使公司在没有取得特别立法法令的情况下获得公司特许权（小博泽尔，1989）。

股份公司是随着大规模工程建设的发展而迅速壮大的。在铁路建筑尚未进行到相当程度前，股份公司并不显得特别重要。由于铁路建筑的资金需求大、建设周期长，分散资金以减少风险的需求迫切，所以，只有股份公司适合于它（克拉夫、马伯格，1989）。股份公司使铁路建设迅速发展。正如马克思所说，"假如必须等待积累去使某些单个资本增长到能够修铁路的程度，那么恐怕直到今天世界上还没有铁路。但是，集中通过股份公司转瞬之间就把这件事完成了"。反过来，铁路工程建设也推动了现代股份公司的发展。建造铁路所需的庞大资本，使任何"单个企业家、家族或合伙人的小集团几乎不可能拥有铁路；同时，如此众多的股东或其代理人也不可能亲自去经营铁路。管理工作不仅繁多而且复杂，需要特别的技巧及训练才能胜任，只有专职的支薪经理才是适当人选"。于是我们看到，一方面，只是在筹措资本、分配资金、制定财务政策，以及遴选高层经理人员时，股东或其代理人才对铁路的管理具有发言权。另一方面，几乎没有经理具有财力在他们所管理的铁路中拥有即使是少量的股票。于是兴起了一批视自己的工作为终身事业的管理人员，出现了第一个现代管理阶层（钱德勒，1977），所有与控制的分离比较彻底地完成了。

股份公司的特点在于：（1）所有权与控制或经营相分离。公司的经营者是由股东或股东代表机构——董事会——挑选出来的，股东不直接参与经营。即使股东同时也作为经理人员出现，那也是董事会选举出来的，经董事会认可的，即使这样，大多数股东仍然没有直接参与经营。当然，如果大多数股东直接参与经营，参与决策，那么，就既要求每个股东都有经营管理的才能，也要求他们之间能良好地协调一致，否则，公司决策将或者出现错误，或者议而难决，谈判费用高昂。（2）有限责任制度。所有与控制的分离，使权利与责任安排发生了变化。在共同合伙经营中，资产所有者亲自参与经营取得收益，承担全部损失，这是天经地义的事情。但在所有者把财产让与别人经营后，如果所有者仍然承担经营者失败后的全部责任，或负的外部效应，所有者将不愿意冒这种风险。于是，就出现了所有者的有限责任规定（德姆塞茨，1965）。（3）股票的可转让性是股份公司的第三个重要特征。根据经济学的假设，人是追求自己效用最大化的，因此，不同经济当事人之间的效用函数可能十分不同。在所有与控制分离时，所有者与经营者在效用函数追求上就会有冲突，经理人员在经营中可能为了自身的利益而牺牲公司的利益，牺牲所有者的利益，因此，所有者的财产就存在很大的代理风险。有限责任只能保护所有者除股本外的其他财产不受经营者的负的外部效应的波及，但不能保护他已作出的股本投资。为此，股东被授权能够出卖自己的股份。这样，在所有者（股东）的偏好与经理人员的偏好不一致时，在所有者对经理人员不满时，所有者很容易转换投资方向，变换股份。这种可转让性成了股东约束经理的一种控制手段，从而使经理更好地为股东的利益而努力。

以上我们叙述分析了积聚型股份公司发展道路及公司特点，从中可以看到：（1）股份公司发展的动力是对风险性投资的需要。无论是13世纪的康孟达海运组织，还是17世纪的皇家特许公司，直至现代股份公司，都需要很多资金，而这种投资又有很大的风险，因而非单个个人、团体所能够及愿意承担的，只能是众多的个人去投资。（2）所有者出资后，对财产的控制或经营就由专门的管理人员来掌握。当然，这对于一些家族控制型股份公司而言也许是例外，在那里，公司仍由家族的一员或其代表掌握。（3）股份公司随时都能根据法律规定而成立。只要符合有关公司成立的规定，如股本总额、股份筹集方式等，股份公司就能得到批准和组织，并得以正常运转。积聚型股份公司的这种特点，不同于我们所说的股权分散型的发展形式。

二、股权分散型的股份公司发展形式

股权分散型的股份公司发展，原因是各种各样的，例如，有的出于分散风险，有的则因反垄断的原因被分散股权，如美国洛克菲勒家族的新泽西美孚石油公司在 1911 年被美国最高法院判决强行拆散；与此类似但也有不同的是第二次世界大战后对日本财阀的解散（出于政治上根除军国主义的原因），财阀股份被出售给大众。最引人注目的，应该是 80 年代以来国际上流行的"私有化"浪潮，尤其是前社会主义国家如东欧国家的私有化政策，以及社会主义国家实行的国有企业改革政策。这里主要分析日本财阀解散、西方私有化浪潮及东欧国家的私有化措施。

（一）第二次世界大战后日本财阀的解散与"复活"

第二次世界大战后，美军在日本推行"民主化"措施，解散财阀是其中的一项重要内容。1945 年 12 月 11 日，占领军司令部下令限制财阀系统 336 家公司的资产和活动。1946 年 9 月 30 日，占领军司令部又命令解散三井总公司、三菱总公司、安田保善公司。1947 年 4 月 14 日，日本政府公布禁止垄断法，同年 7 月 3 日，司令部下令解散三井物产和三菱商事公司。最后，持股公司整理委员会根据占领军司令部命令公布的"限制公司令"，解散了 342 家公司，并对保留下来的公司少量持股进行了处理，据此夺去了财阀对系列企业的控制力。财阀总公司被解散，以总公司为中心、主要通过持有股份来组成财阀企业集团、对财阀外的企业进行控制的组织和统治机构也不存在了。财阀的股份被强行出售。例如，在解散财阀前，住友持有住有银行 35% 的股票，持有住友制造 80% 的股票，在解散财阀时都被分散了，企业甚至被禁止使用原来的名称，像住友制造就被迫改名为井原制造。当时的股票购买者主要是个人，首先是鼓励职工购买，全部股票中有 31% 卖给职工。据统计，日本在 50 年代私人持股率为 60% 左右。到了 60 年代，股份重新集中，基本上是法人相互持股。而且，原来的财阀系统内的企业（公司）重新组织成集团，它们相互持股，结为一体，整个集团合计成为一个大股东，例如，三菱集团企业持有三菱集团各成员公司平均股的29%（奥村宏，1990）。当然，企业集团的出现，并不是说财阀又复活了，因为最根本的一条是第二次世界大战前财阀总公司中处于金字塔顶、控制所属企业的持股公司已不复存在了，企业集团的组成是靠企业成员之间互持股份、互派董事等负责人，企业集团成员的经理们组成经理会，成为大股东，监督经理人员，但并不具备财阀中的集权性质（都留重人，1980）。由此可以说，日本的财阀解散基本上是成功的。

（二）西方20世纪80年代以来的"私有化"浪潮

国际上自20世纪80年代以来兴起新自由主义浪潮，西方国家纷纷将国有资产出租、出售，从而掀起国际性的"私有化"运动。撒切尔夫人在英国奉行的经济政策就是以私有化为中心的，法国从1986年底开始实施一项出售65家国有公司和银行的计划，联邦德国在1982年10月科尔政府上台后，也开始实行私有化。在第三世界的一些国家，从非洲到拉丁美洲和亚洲，政府也在推行私有化（汉克，1987）。国有企业私有化的根本原因在于国有企业效率低下，亏损严重，政府财政负担越来越沉重，国有企业没有私有企业能提高效率。例如，联邦德国铁路每年亏损40多亿马克，大众汽车公司1982年亏损3亿马克。在私有化方案中，重要的一条是将国有企业的股份出售给个人、社会团体及其他非国家组织。例如，英国电讯公司一次发售股票就使私人控制的股份超过半数，法国将一家国有玻璃及特种材料公司的50%股份出售给公众（考恩，1987），等等。

自决定私有化以来，西方各国的私有化进程相对说来是比较顺利的。1979—1986 年，英国已将国有部门的 40% 私有化了（麦克弗森，1987），联邦德国的私有化进展也比较顺利，从 1985—1988 年，在费巴、大众汽车和联合工业企业三个特大型康采恩企业中，联邦政府掌握的股份实现了完全的私有化，到 1986 年，国家间接参股的企业由最多时的 958 个减少到 463 个，到 1988 年联邦政府出售国有股份的收入总计 66 亿马克（张仲福，1990）。从私有化的效果看，以英国为例，英国电讯公司的新股东们立即获得了股利，电话服务也因私有企业经理的管理而大为改善；全部私有化的企业，加上政府股份减少的企业，在政府抽股后的 18 个月里净盈利 300 亿美元。

（三）东欧经济中的私有化政策

东欧在 1989 年以后转向市场经济，在国有企业产权制度方面积极实施私有化方案。表 1 反映了波兰、匈牙利、捷克和斯洛伐克的私有化方案。

不可否认的是，这些国家的私有化措施并没有产生像西方经济体私有化那样的效果。这些国家生产力下降，经济增长甚至降到负数，失业增加，呈现一片凋敝景象（见表 2）。据英国《卫报》援引欧洲复兴开发银行的资料，整个中东欧的国内生产总值在 1991 年剧降 11%，1992 年又下降 4%，在 1993 年头 4 个月里，情况也非常令人沮丧，整个中东欧除波兰工业产量有所增长外，其他国家的产量几乎都在下降。

表1 1991年波兰、匈牙利、捷克和斯洛伐克的私有化

	波兰	匈牙利	捷克和斯洛伐克
私有化机构	所有制改造部	国家财产局	国家财产和私有部
私有化时间	3—5年内50%	5年内50%—60%（大量的生产性资产）	5年以上50%
私有化方法	免费分配	出售，主要通过拍卖和投标，也通过股票交易所	全民分配加拍卖
出让对象	30%给公众（持股权认购证者），10%给工人，20%给养老基金，10%给银行	任何潜在买者，国内的和国外的	40%—80%给股权认购证者，其中约20%卖给外国人，约20%直接给股票持有者（包括工人）
折算给工人	折算	大约10%的股票减价，对多购买者提供含有补贴的信贷	不折算
资本评估	最初没必要	股票市场，拍卖，外部评估	对持股权认购证者用拍卖办法
股票交易所	有	有，8—12种交易活跃的股票	有

资料来源：Saul Estrin，1991，转引自瑞侠威，1992；斯塔克，1992。

表2 1990—1992年波兰、匈牙利、捷克GDP变动（%）

	1990	1991	1992
波兰	−25	−14	−12
匈牙利	−4.3	−8	−4.5
捷克和斯洛伐克	—	−12	−9

资料来源：金斯堡，1992；钱允宁，1992；杜德峰，1992。
注：波兰、匈牙利、捷克和斯洛伐克分别于1990年、1991年、1992年开始转轨。

    那么，东欧各国私有化措施未见成效的原因是什么？为什么西方国家私有化比较成功？它们之间的差别又是什么？积聚型股份公司发展道路与股权分散型股份公司发展道路之间有没有差别？如果说有差别，具体差别又是什么？以下我们将分析这些问题。

三、两种股份公司发展形式之比较

尽管在股份公司制度的治理结构方面没有太大的差别（都有股东大会、董事会等），但两种发展形式还是有很大的差别的。

首先，两者的任务不同。积聚型股份公司的建立是要解决个人或单个团体财力不足、风险分散问题，因而收集到足够的资金就可以建立股份公司。而在所有权分散型股份公司建立过程中，企业已经建立。以西方经济和东欧经济私有化为例，它们主要解决的是企业亏损问题。这种亏损的原因固然很多，但最重要的则是企业为国家拥有和直接经营。因此，这就对股权分散提出了问题，分散到何种程度才达到目的？由于不同的企业因所在行业、经理人员能力、经营条件等的不同而在绩效上有很大的差别，所以，股权分散并没有统一的比例。但是，有一点似乎是确定的，即如果国家行政机关仍然有权插手企业经营活动，则问题就可能没有得到根本解决。

其次，两者的手段不同。积聚型股份公司是要人们集资，因此，只要达到最低限额要求，股份公司就可以建立，并可正常运转；而所有权分散型股份公司则因原企业十分庞大，股权分散对资金的需要远比前者大，只有在国有股权被出售或分散到一定程度，使之在股权总额中减少到一定比例时，才能使股份公司正常运转。在此情况下，达到股份公司正常运转阶段所需时间也有可能长得多。

再次，两者对市场的要求不同。建立积聚型股份公司要求的只是有足够的股东人数、股金数量等，它所做的不过是把股份平分，每股金额相等，然后出售、集资即可。而建立所有权分散型股份公司，因分散的对象是已存在的企业资产的产权（股权），所以要求对原企业资产、企业潜在生产能力等进行市场评估。没有恰当的市场评估或市场价格，待出售的国有资产股权的价格就很有可能被高估或低估，从而使资产产权错误配置。

最后，两者遇到的其他方面的问题不同。积聚型股份公司的建立者是一些自然人、机构或团体，在公司建立时，除资金短缺（股本不足）、经营管理人才短缺等经济方面的问题外，面临的最大问题可能是国家对工商企业的审批手续及政策，因而往往要求改革国家经济管理职能。而所有权分散型股份公司的建立除遇到经营管理人才、国家行政机构的办事效率之类的问题外，还有可能遭到政府内外政治反对派的反对与抵抗，因为国有企业往往被看成是国家达到社会平等的手段，能使收入偏低者享受国有企业提供的服务；国有企业也被看成是某些市场失灵领域的补救者，诸如天然垄断行业的天然合理的生产经营者，因而分散国有股权、拆除国有企业就被视为推动私人垄断的形成。在东欧的一些前社会主义国家，国有企业还被看成是国家调节经济的物质基础，被看成是人民的财产，因而国有企业的出售和广泛分散股权可能被看成使经济走向无政府状态，并让贪婪的私人生产者掌握经济。这样看来，后者面临的政治压力比前者要大得多。

总之，如上所述，两种股份公司的发展形式具有很多不同的特点。这就要求国家在国有企业的股份公司化过程中，不能简单模拟西方私人（包括团体、机构等非国家组织）股份公司自发演进的方式，而要考虑到国有企业已经建立且规模庞大这一事实，考虑到市场条件等方面，采取主动的行动和比较详细的设计，有步骤地逐步推行。

四、所有权分散型股份公司建立的两种局面及其内在原因

在所有权分散型股份公司建立过程中，我们一方面看到了西方经济体中国有企业、垄断企业的股权分散比较顺利、效果较好，但同时也看到东欧国家国有企业进展缓慢、效果很差。如此明显的反差，主要可从四个方面加以说明。

首先，国有经济在整个经济中的地位不同。东欧国家是从集中型计划经济开始私有化的。国家几乎拥有所有工业财产，并直接加以控制，因而，国有经济在整个经济中占有绝对的统治地位；而在西方经济体中，尽管国有经济在单个部门中也可能占据统治地位，例如，1985年西德国有企业产值占部门总产值的比例，在交通部门为63.7%，在银行业为54.7%，国有企业和合营企业（其中国家参股占总股本的25%—95%）在电力生产方面为98.9%，在电力供应方面为96.4%（张仲福，1990），但在整个国民经济中，国有部门的比重还是比较低的（见表3）。

表3　一些国家国有部门的份额（占总产出的比重）　　　　单位：%

东德（1982）	96.5	意大利（1982）	14.0
苏联（1985）	96.5	英国（1983）	10.7
匈牙利（1984）	65.2	西德（1982）	10.7
波兰（1985）	92.7	法国（1982）	16.5
中国（1984）	73.6	美国（1983）	1.3

资料来源：B.Milanovie，1990，转引自瑞侠威1992。

这种国有部门在经济中的份额的巨大差异表明，东西方一些国家尽管都实行私有化，但被私有化的企业的资产规模相对说来却大不相同，因而对股份公司化所需的私人（民间）资金的需求规模

也大不相同。国有资产的庞大规模必然使出售时间拉长。这一点，即使在西方国家也是如此，例如，联邦德国之所以比法国私有化顺利，重要原因之一是德国的国有部门比较小。对于在东欧的一些前社会主义国家经济中占绝大部分份额、规模庞大的国有企业，私有化所需的时间肯定更长些。

其次，国有股份的出售对象不同。在西方主要经济体中，与国有部门同时存在的是大量的私有部门，后者的规模要大得多。这样，国有股份在出售时，面对的不仅是富裕的个人，更重要的是众多的私人企业、公司、机构，因而国有股份的出售所需要的资金供给比较充裕，私有化比较顺利。而在东欧经济体中，与国有部门同时存在的是规模比较小的个人企业（包括小农场），例如，波兰在1989年100万私人企业只雇用200万人，其中，大部分企业只能算作个人所有（或个体户）。如果按照这些国家原政府划分私有和个体所有的标准，即一般而言雇工超过7人的才算私营企业，那么，这些国家的私营企业和组织也许少得可怜。这些数量不多、规模很小的个体或私人企业，是无力购买庞大的国有股份的。从一般老百姓的角度看，尽管长期的隐性通货膨胀压力说明老百姓手中的货币是"过剩"的，即超出总供给的，但长期的低工资政策使每个人手里的过剩货币并不是很多，而且经过长期的抑制性消费后，一旦放开经济管制，消费品工业发展起来，消费品供给能力增强，家庭就会更倾向于扩大自己的消费性支出，而不是扩大投资。因此，个人向国有企业股份公司化提供的资金供给前景并不容乐观。所有这些都说明，在社会主义国家，国有企业股份公司化所需的资金供给是相对有限的，因此，国有股份的出售不可能迅速完成。

再次，国有股权出售面临的市场条件不同。在西方主要经济体中，市场经济的高度发展和私人产权（包括机构、集团产权）的大量存在，不仅存在发达的产品市场，也存在发达的资本市场（即长期债券市场和股票市场），企业之间的竞争也比较激烈，企业的竞争力在竞争中能够表现出来，在股权分散过程中，国有股权可以得到比较合理的评价，国家所有者利益不致受到太多损失，股权的再安排相对比较合理。相比之下，东欧国家经过长期的计划经济时期，即使已经进行了改革，也仍然是市场发育程度很低，市场体系不健全，市场信号扭曲严重，资本市场也几乎完全不存在，国有股权很难合理地被定价和出售、再配置。有的经济学家认为，不用等到有资本市场就能将国有产权私有化，出售的方法并不重要，应当将所有权划分开，归职工、经理人员和金融中介机构（赛克斯、利普顿，1990）。但这样一来，保证国有产权分散后的有效配置（且不管公正与否）就成了亟待解决的问题。因为，归根结底，私有化本身不是目的，根本目的是使国有产权分散后能有效配置。如果随意划分开国有资产，即使将股权分散了，国有部门不存在了，企业对国家来说没有亏损问题了，但转向私人（或更恰当地说，转向非国有经济）组织以后，如果资产的获得者不知道如何恰当地利用资产，导致股权的误配置，企业继续亏损、效率不高，那么分散股权也就没有意义了。而且，资产的免费分配或低价出售给个人还使国家财力受到削弱，经济稳定受到破坏，这也是十分糟糕的事情。

最后，管理人才方面存在差异。在西方主要经济体中，管理国有企业股份公司化资产的是那些在市场竞争环境中发展起来的企业家阶层（经理阶层）。无论对完全私有化的国有企业，还是对部分私有化的国有企业，企业家们都能利用自己的能力，在竞争中带领企业成长。人力资本市场上的竞争，也有助于保障这一点。因此，西方主要经济体中国有企业的股权分散过程，最终能使国有产权落实到那些有经营管理才能并有动力经营管理好的企业家（和经理人员）手中，从而消除企业亏损，达到与市场经济兼容的盈利水平。而在东欧国家，长期的集中型计划经济下的行政性管理，使企业经理人员缺乏竞争能力，没有或很少有市场经济所要求的企业家精神如创新意识、竞争意识等，因而，他们不可能把国有企业（不管有没有进行私有化）经营管理好。对于没有完全私有化的企业，国家通过股份公司中的董事会发挥自己作为财产所有者的影响，即使国家的要求正当（假使没有政治性和行政性的横加干涉），其权利代表也可能因缺乏经营管理能力、监督能力而无法实现这种要求。因此，即使建立了股东大会、董事会、监事会及总经理制度这一套公司治理结构，由于经营管理人才的缺乏，这套制度也可能形同虚设。这就制约了国有资产私有化的步伐，从而使私有化实质上只能缓慢进行（之所以称实质上，是因为有些行动措施给人的印象是已经私有化了，但实际上是"换汤不换药"）。

总之，考虑到国有资产的规模、股份公司化资金需求规模、市场组织条件及经营管理人才等方面的因素，笔者认为，即使同为股权分散型的国有企业股份公司化，也不存在同样的战略和结果。与西方主要经济中的私有化道路相比，东欧国家应该寻求自己的路线，否则，不仅国有企业改革达不到目的，甚至会造成整个经济和社会的不安定。目前这些国家之所以出现某些经济问题，不顾客观条件，大规模地和迅速地实行国有资产私有化，应该是其中一个重要原因。

五、对中国国有企业制度改革的几点启示

东欧国家原有的体制同我国的传统体制基本相同，因而，我们在经济体制改革过程中对它们的经历更应重视。我们应当吸收这些国家迅速地大规模私有化的教训。

中国在从集中型计划经济向市场经济转轨的过程中，国有企业制度的变革是一个重要方面。目前我国经济学界大多数人认为应当把股份公司制度作为企业改革的方向，应当积极推行国有企业的股份公司化。笔者也赞同这一观点，但笔者同时认为，考虑到以上分析指出的一系列限制条件，股份公司化并不意味着国家股权向个人手中分散，不一定首先要求立即进行全面的非国有化。这是因为：（1）目前国有部门比重仍然过大。尽管非国有部门（包括集体企业、合资企业和私营企业等）在国民经济中的比重到 1992 年已达 52%，但如表 2 所示，与西方主要经济体相比，仍然占比偏小，不能承担起国有企业股份公司化的资金供应重担。（2）非国有部门和非政府组织的发展不成熟、不规范，不能担当起组织经济活动的职能。从非国有部门主要是乡镇企业来看，它们本身也有很多缺陷，如规模过小、技术落后、管理方法落后等，无论其资金规模还是其经营管理人才，都难以担当接管国有部门的重任。而且，乡镇企业等非国有的公有经济也存在产权归属模糊、界定不清问题，它们本身也有待完善。（3）市场体系仍不完备，资本市场、劳务市场等都处于初级阶段，货物市场也没有理顺，价格扭曲仍然存在。

其次，在国家所有权的重组中，要重视所有权生产率，也就是所有权行使的效率。由于各人的能力不同，所有权分散到个人手中有可能使部分资源错误配置，因而产生较低的效率。在实行股份公

司化时，所有权（股权）过度分散造成的结果可能是大量股东只关心红利和股票价格，不关心公司的经营，因而无法形成对管理部门（包括经理人员和董事）的有效监督，使公司治理结构这种制衡机制难以正常运转。

再次，要重视建立对企业管理部门的监督机制。在以所有权与控制权相分离作为典型特征之一的股份公司制度中，所有者与经营者的目标函数是不同的，因而有潜在的利益冲突。因此，为了使经营者为实现所有者的目标函数而努力，就不仅要设置恰当的激励机制，而且要设置有效的监督机制，纠正和防止有损于所有者利益的行动。不然，所有者的利益就会受到损害。东欧经济体私有化过程中已经出现了不少这样的事件。我国在改革过程中对激励机制颇为重视，但对于监督机制却一直忽视，以至于一提企业改革便是放权让利，弱化所有权，让企业拥有所有权等，而没有看到国有企业行为短期化、国有资产流失严重之类的问题与缺乏有效的监督机制之间有着非常重要的关联。

最后，国有企业的股份公司化需要政府采取主动行动，制定统一规范和规则。国有企业的股份公司化涉及新的产权制度的建立，其中包括界定产权，划分产权归属，对资产进行评估和转让，并且与资本市场等市场基础设施紧密联系在一起，如果没有统一的规范和规则，由各地自行其是，就会出现混乱，延误国有企业改革的进程。

国有企业治理机制改革

公司治理结构是现代企业制度的核心。在公司治理机制研究中，委托代理理论是一个重要工具。本篇尝试运用委托代理理论，对国有企业治理机制存在的问题进行分析，提出明确国有资产管理总体框架，构建利益相关者有效制衡的治理机制，加强对经理层的激励和监督等相关政策建议。笔者还对美国、日本和德国的公司治理结构进行比较分析，提出可供我国国企改革借鉴的政策思路。2018年党的十八届三中全会以来，我国国有资产管理体制改革从管资产转向管资本，积极推动公司治理规范化，推进市场化选人用人、市场化薪酬和中长期激励等制度建设。本篇提出的相关政策建议，与我国国企改革的总体方向和重大思路都是一致的，对目前仍有参考意义。

代理成本、公司治理结构和国有企业改革 [①]

一、企业制度的演进及代理成本的出现

企业作为一个生产单元和交易单元，形式是多种多样的。从规模上看，有只有一个人的个体经营，也有职工数十万、分厂遍布世界的跨国公司；从组织形式上看，有独资企业、合伙企业和公司等形态。其中，独资和合伙企业在现代市场中占有数量上的绝大多数，但是，主导经济的却是公司组织。

与独资和合伙企业不同，公司是通过股本融资形成的，出资人交纳一定的资金作为股本，也可提供其他生产经营条件（如技术专利与生产场所等）折价作为股本，出资人由此成为公司的股东。这种制度的特点：第一，股东可以转让手中的股票，但不能退股，因此公司具有自我永存的性质（在资不抵债、宣布破产或解散时除外），从而避免了公司因出资人变化而改变的不稳定局面。第二，股东在公司中的权利和责任体现在出资购买的股票上，一股一票，责任有限，只以出资额（即股本额）为限，不承担无限连带责任。第三，股票是可以转让的，这种"紧急出口"式的方法保证了股东风险的可转移性。所有这些特点，都使出资人能够比较有效地降低合

---

① 原载于《天津社会科学》，1996 年第 2 期。

伙制中出现的高额代理成本（交易成本）。公司制因此发展起来，并逐渐成为支配经济生活的一个主导力量。

但股份公司因为股东众多会出现一个新问题，即如果所有股东都参与公司决策，那么，公司决策就不可能形成，或者形成过程旷日持久，股东之间协商、谈判的成本太高，而且在众多股东存在的条件下，即使一个股东费心尽力参与决策，由此带来的收益也不归他所有，从而存在很强的外部效应，这时就会存在"搭便车"现象。股东（至少是大部分股东）就放弃了自己的投票权利，由部分大股东承担起企业决策的职责。大股东因自己的股本多而得到的经营收益（或损失）也是最多的，因此有动力把企业经营好。不过，企业规模的扩大，生产活动的复杂，使得大股东经营能力越来越不足。经营者经常陷于日常经营的琐碎事物而不能自拔，缺乏维持公司持续发展的长期计划和制度（钱德勒，1971）。导致公司的协调能力、战略规划能力比较差，对长期性的供给、需求和创新的机会不太好把握。与此同时，公司规模的扩大还使股票持有越来越分散，很少有一个股东或一个家族占有全部投票权股份的情况。

结果，股东们只能雇用专职的经理人员经营企业。一些有能力的大股东可能仍在亲自管理，但已不像过去那样能够单独控制公司了，而只是作为高级管理人员（包括董事会成员）并往往占少数，那些有很少股份甚至没有股份的人加入高级管理人员的行列。于是，所有权与经营（控制）权的分离就扩大了。所有权与经营（控制）权的分离，标志着现代公司制度的形成，使股份公司在有限责任、股权可转让性等特征之后，又添加一个新特征（伯利、米恩斯，1932）。

所有权与控制权分离之后，股东与经理人员之间就出现典型的委托代理关系，股东作为所有者（委托人）把资产委托给经理人员，经理人员作为代理人掌握企业经营决策的决定权力。由于委托人要负最后责任，所以要求代理人具有与其职责相匹配的才能，要忠实，要向委托人交纳所有的利润剩余。但是，委托人和代理人作为两个经济当事人出现，具有不同的效用函数，在追求各自效用最大化的过程中，两者就可能发生冲突，代理人有可能为实现自己的效用最大化而不惜放弃对委托人效用最大化的追求。更重要的是，委托人对于代理人已完成的和将要实施的行动，可能缺乏了解，换言之，委托人对代理人的信息是不完全的。这样，对委托人而言，怎样设计出能够制约和激励代理人，使其为自己的利益而行动的制衡机制和激励机制，就成为至关重要的了。需要特别指出的是，在公司中具有委托人性质的当事人并不仅仅限于股东。银行等金融机构对某一企业可能发生重大贷款活动；长期在某一企业工作的职工在企业中积累了技能和经验，他们的人力资本具有很强的专用性；一些供应商或（和）销售商也可能是专为某一企业配套的，他们的资产也具有很强的专用性，如果这一企业存在道德风险行为，对配套企业进行敲诈，或者这一企业停止购买配套供应商的产品设备，停止对配套销售商提供产品，这些配套企业同样会遭受严重的经济损失；企业的产品消费者、企业所在的社区都与企业有很大的利害关系。所有这些当事人，即使不是企业的股东，也是与企业有重大利害关系的。他们也需要在企业中有自己的利益代表，需要将自己的目标函数纳入企业的目标函数中去。这些重大利益当事人与经理人员的关系，也是一种典型的委托人—代理人关系。这些委托人同样需要对经理人员进行恰当的激励和监督。

如果代理人的行为可以直接观察到，则委托人可以通过观察确定代理人的边际生产率，进而确定其报酬。此时，报酬制度很容易被设计出来，但在许多情况下，代理人的行为是不易观察的，激励机制的设计就比较困难，也比较关键了。进而言之，在信息不对称的条件下，代理人掌握的信息可能比委托人所掌握的信息质量高得多，在这种情况下，委托人即使清楚地观察到决策及实施过程，也不能分辨清楚决策是否合理。

因此，委托人要使代理人为自己的利益而行动，就要为代理人提供一定的激励，并对代理人的行动加以监督。这种激励和监督所需要的费用都属于代理成本的范畴。在这里，代理人为了取信于委托人，获得经理职位，有时也被迫花费一定的成本用于自律，向股东表示他将限制自己的活动，如请公众会计师等职业机构审查企业的财务账簿等。由于这笔费用最终会落到股东身上，更由于这些费用实际上是委托人潜在压力的结果，所以不应看成是代理人的约束成本（Jensen and Meckling，1976），而是委托人的监督费用。同时，在信息不对称的条件下，代理人根据自己的信息做出决策，决策过程中代理人将为了自己的效用最大化而行动；而如果委托人自己掌握了这些信息并具有与代理人同样的才能，他所采取的决策就会有所不同。因此，委托人将因信息不对称性而损失掉一部分剩余，这部分剩余的损失是委托人的委托行动的代价，因而也是代理成本的一部分。为了防止经理人员的种种机会主义行为或道德风险给自己的切身利益造成严重损失，股东们可以利用有限责任原则来减少自己的损失，也可以利用股票可转移性原则通过股票市场逃避自己认为无能力的经理的决策及盈利水平差的企业，并因此造成对经理的外在压力，迫使经理采取措施提高企业绩效。所有这些，都有助于减少代理风险、代理成本（德姆塞茨1965，小伯泽尔1988）。与此同时，在管理体制方面创新了一套公司治理结构，用权力制衡来约束经理人员的行为。

二、公司治理结构：类型与比较

从主要市场经济国家看，由于经济、历史和文化等方面的差异，由于不同委托人所处地位的差异等原因，公司治理结构大致分为三种类型，即美国式的、日本式的和德国式的。

1.美国的公司治理结构制度。美国公司治理结构特征表现为：由于作为股东主要部分的机构持股者对经理人员不能直接施加影响，所以更多地依赖于资本市场（特别是股票市场，改变所有权归属），结果导致股票周转率很高，出现严重的持股短期化。经理人员面对主要股东的这种压力只能偏重于追求短期盈利，对研究、开发和资本投资不太重视。

美国在20世纪90年代试图改变以往的做法。其一，强化机构投资者的作用，1993年前后发生的一系列大公司的CEO被解职、被强制退休，就是机构投资者站出来主动说话的结果。其二，尝试加强商业银行的作用，允许商业银行从事证券交易活动。例如，1989年以后，美国有关当局开始允许商业银行进行有限的证券交易活动（规定这部分收入不能超过总收入的1%）。但总的说来，到目前为止，这种改变的程度仍比较小，对公司治理结构状况影响甚微。

2.日本的公司治理结构制度。日本公司所有权结构的重要特征是法人相互持股，其中重要的监督、约束机构是大股东会即企业集团的总经理会和主银行。资本市场的约束力很弱，大股东会更重视企业在产品市场上的表现，即更重视企业绩效。这就使经理人员倾向于经营目标的长期化，重视企业绩效本身，而不是注意股票市场上的价格波动。

3. 德国的公司治理结构制度。德国公司治理结构制度的一个重要特点是双重委员会制度，即存在监督委员会（监事会，相当于美、日的董事会）和管理理事会（理事会，相当于美、日的高级管理部门）。监事会的主要职责是监督理事会的经营活动、任免理事会成员、向理事会提供咨询等。监事会成员一般要求有比较丰富的管理经验。监事会不仅对理事会的业务活动享有广泛的审核、监督和了解的权力，而且有权审核或委托职业机构审核公司的账簿、核实公司资产，并在必要时召集股东大会。理事会也有义务向它报告公司的重大经营方针及公司的绩效。如果监事失职，也要给予一定的处罚。德国公司治理的另一特色是强调职工参与，在监事会中，根据企业规模和职工人数的多少，职工代表可占到 1/3 至 1/2 的席位。

以上分析表明，在所有权与控制权分离后，股东可以通过公司治理结构的运转（实际上也涉及资本市场的运转）比较有效地使经理人员为了股东利益的最大化而行动。从这一点来说，我们不同意这样一种说法，即美国的公司治理结构使股东监督无效，高级经理人员控制着企业。实际情况是股东直接干预少，主要是用脚投票，通过资本市场间接干预。不过，对于美、日、德三国而言，由于股东身份不同及效用函数的不同，企业行为有较大的差异。在美国，持股主体和监督主体是机构投资者，他们比较重视得到股息和红利。因此，股息、股价就成了评价企业经营人员能力的有力信号，导致经营行为短期化。美国绝大多数公司把 1/2 以上的利润作为分红用基金。而在日本，持股主体是包括金融机构和实业公司在内的法人，更重要的是法人之间相互持股，德国的持股主体也是银行、保险公司和实业公司，他们并不重视股息和股价的高低，基本上只从企业绩效的角度评价经理人员。这样，企业的经营者将企业的扩展、市场竞争力作为自己的追求目标，投资于长期项目。

三、我国目前国有企业建立公司治理结构的重点考虑

目前，中国经济理论界和政府部门的人士普遍认为，国有企业改革的关键是产权改革，清楚界定产权，界定出资人的权利和义务。就国有企业而言，企业的出资人不仅包括国家直接投资者，而且包括提供贷款的银行。在这里，国家和银行（国有银行的最终所有者也是国家，为便于分析，这里用国家一词代表作为直接投资者的国有机构，而与作为贷款者的银行区别开来）实际上是作为委托人将资产、资金委托给经理人员去经营、使用的。因此，现代经济学中的委托代理理论对我国国有企业改革具有积极的参考意义。作者认为，国有企业中改革委托代理关系，建立合理运转的公司治理结构，目前亟待解决三个方面的问题：（1）国家所有者与企业的关系。（2）银行与企业的关系。（3）职工群体利益的体现。

第一，明确总委托人身份，建立国有资产管理总体框架。

以往国有企业改革的重大缺陷是只强调放权让利，忽视了国家所有者的利益，形成了不合理的"内部人控制"，经理和职工运用国有资产追逐"小集体"乃至个人的利益，损害了国家所有者的利益，致使国有资产流失严重（吴敬琏，1994）。进一步改革的一个重要方面应是强化国家所有者的监督。首先是政府主动地、有领导地确立总委托人，并在此基础上理顺整个委托代理机制，即国有资产管理总体框架。

目前，各部门、各地区都在积极改革，推动国有资产经营公司试点、国有资产授权经营试点、破产试点、注资试点、社会保障改革试点等，不一而足。但从国有企业改革，特别是国有产权改革总的框架看，却未见积极行动，企业改革似乎缺乏整体感和全局感。国有资产应由哪一个机构统一管理，即国有资产的总委托人是谁，是现有的国有资产管理局，还是如一些学者主张成立的人民代表大会常务委员会下设立的国有资产委员会，至今仍未明确。而这个问题不解决，不确定一个总委托人，并在此基础上确立一个合理的委托代理机制体系，国有产权很难有效改革。近二十年的改革已经明确告诉我们，企业经理人员作为国有资产经营的代理人，他们的目标函数是与国家所有者的目标函数不一致的，必须对代理人的经营活动进行监督。目前，国有资产经营公司纷纷成立，接受授权的企业集团日渐增加，谁来监督和约束它们的行动，很难保证不会使内部人控制程度和范围越来越大，内部人利益越来越难以触动，从而导致国有资产更大规模地流失。

这个问题还直接涉及我们能不能做到"重点突破"。突破是针对"全面推进"的优先步骤选择，是要在体制上或制度上有突破。制度性突破的目的是示范和推广，建立适合全国的制度。在整体、全局性的政策、方案尚不明确时，局部的改革有时很难进行，甚至相互冲突，或对以后的改革设置障碍。资产管理体制不是个别企业、局部试点所能解决的。如果说过去的改革走了一条"自下而上"的成功之路，那么，国有资产管理体制（体系）改革必须是自上而下的变革。

对于需要国家有领导地主动改革产权制度，把扭转国有企业不合理的"内部人控制"局面，建立合理有效运转的公司治理结构作为当前企业改革工作的重点建议，不少人对此（包括一些经济学家和政府官员）不以为然。其论据分为三个方面：（1）内部人控制比没有控制好；（2）国有企业改革的深化实质上涉及国有产权改革，由于意识形态的原因，这不可能由政府主动推进，只能自发进行；（3）中国幅员辽阔，地区差异很大，改革不应限于单一模式，自发进行更利于调动群众积极性，更符合中国国情。对于第一方面，我们认为，是误解了关于内部人控制的含义。在传统计划经济体制下，国有资产归国家（通过主管部门）控制，放权让利式的改革使这种控制权从国家下放到企业，经理人员与职工控制着企业的资产运用和收益分配。两种情况下国有资产都是被控制的，而不是没有控制。关键在于国有企业的根本弊端是产权不明晰，国有资产无人负责，因此导致低效运转。在传统体制下主要是政出多门，行政干预严重，但无人对企业资产运用的最终成果负责；在内部人控制之时，内部人关心的只是自己短期收益（货币与非货币方面）的最大化，没有长远发展目标，对资产运用也不负责任。虽然内部人控制可能比计划人员控制好些，但与进一步改革形成的新的控制方式相比，明显需要改变。所以说，主张对内部人控制进行控制是认为内部人控制并不能使产权明晰、责任明确，而只能使国有企业的低效率存在下去。关于第二方面，我们认为是对国有企业产权改革的一种误解，至少是假定改革决策者有这样一种认识，那就是，国有产权改革会导致私有化。已有许多分析证明这是不正确的看法，这里不再赘述。这里只需指出，国有资产经营公司试点兼并、破产等，实际上都属于产权改革的行动，如果这方面的工作做得好，将会优化国有资产的存量调整和重新配置，使之更有效地运作。关于第三方面，我们认为首先应明确模式的含义。企业可选择的组织形式有多种，如股份有限公司、有限责任公司等；企业与银行的关系的模式（这实质上也构成企业改革的一个重要内容）也可以有不同模式，如日本主银行式、德国全能银行式、美国银行分业经营式，等等。对于企业组织形式，模式的多样性与改革实行统筹安排并不矛盾，主动推进改革，有领导地首先建立国有资产管理总体框架，并不意味着推行单一模式，相反，可针对不同企业的技术特点、行业特点等，设计并推行多种组织形式。对于银行与企业的关系，特别是关于银行持股规定，总体上只能有一个统一的模式或规定，否则，如果允许参股，但甲地规定银行在一个企业的持股率为 5% 以下，乙地规定在 10% 以下，丙地规定没有限制，丁地规定禁止持股，诸如此类的事情发展下去，将导致这样一种局面的出现："公司法"主要适用于北京地区，"证券法"主要适用于上海地区，"银行法"由各地自行决定贯彻与否。目前已经出现了类似迹象。继续鼓励地方、企业"打擦边球""因地制宜"，很可能会使中央权威进一步下降，并给下一步改革制造障碍。

第二，明确银行作为重要委托人的地位，重塑银行与企业关系。

改革以来的最大变化之一是银行与企业的关系变得非常密切，其中的重要联系途径是信贷关系。目前，债务包袱沉重是困扰国有企业的主要问题之一。

1994 年清产核资结果表明，国有企业账面的资产负债率平均在 75% 以上，如果再考虑到已查明的资产损失和亏损挂账，则实际的资产负债率高达 83% 以上。其中大部分债务是欠银行的，不少属于呆账，庞大的负债不仅使国有企业陷入困境，也使银行负担沉重。据估计，银行的呆账占银行未偿贷款的比例为 15%—30%，计约 5000 亿—8000 亿人民币。因此，银行已经成为国有企业的最大委托人之一，在国有企业中拥有很重要的利益。国有企业改革必须考虑到银行的地位和作用。而且专业银行本身在商业化和国际化的过程中，清理资产负债表的任务非常紧迫。1995年初世界信用评估机构的"大哥大"美国穆迪公司对我国工、农、中、建四大专业（商业）银行信用大幅度降级，其中的一个重要原因就是我国银行的呆账太多，资产质量下降。企业改革应与金融改革结合起来，以债务处理为契机，在银行与企业之间确立合理的委托代理方式。

鉴于银行作为最大债权人的地位，在公司治理结构的建立和健全过程中，应积极发挥银行作用。银行在持股较多或持有债权较多的企业的董事会中派驻代表，参与企业重大决策的制定。同时，通过与企业的资金往来、贷款审查等方式，随时了解与监督企业的日常经营活动和经营状况，以防患于未然。特别需要指出的是，对于欠银行债务较多，经营状况或经营潜力较好的企业，特别是针对一些企业集团，应鼓励将银行债权转变成股权，形成银行与企业利益共同体。目前，有一种意见认为银行应实行分业经营，不参与股票业务（我国新近颁布的《商业银行法》也是这样规定的）。我认为这种意见既与国际经验不一致，也不适合中国国情。根据前面的论述，银行与企业的关系从国际上看大致可以分两类：一是银行不参与企业股票经营，典型国家是美国。二是银行参与企业股票经营，典型国家是日本和德国。日本的银行可在一个企业持有其发行股票的5%（或10%，不同时期有不同规定）以下的股票。例如，在1992年，三菱商社的股东持股比率是，三菱信托银行占5.32%，三菱银行占4.94%，东京银行占4.87%。在德国，银行是最大股东，而且持股没有限制。德意志银行在90年代初直接拥有70多家公司的10%或更多的股份，就是典型的一例。国内外很多经济学家所做的大量理论研究和实证分析都表明，日、德的银行与企业的关系使企业更具有长远经营意识，竞争力更强。在美国，根据1933 年制定的《格拉斯—斯蒂格尔法》（银行法），商业银行被禁止从事买卖股票的活动。最近美国官方已经认识到这一法规造成了企业经营者过分重视股票价格信号，追求短期利润，对研究与开发、资本投资等相对不重视，从而使企业在国际竞争中处于不利地位。很多经济学家认为，当时制定银行法的基本考虑是认为 30 年代的大批商业银行破产与从事股票交易有关，而这种看法越来越被证实是错误的，当时商业银行因从事股票投机而招致破产的只是极个别情形。

1989 年以后，美国有关当局开始允许商业银行进行有限的证券交易活动，参众两院的两个银行委员会主席、财政部部长和联邦储备委员会主席等都力主修改《银行法》，允许商业银行从事证券交易活动，兼并保险公司、证券公司、投资公司等。从我国情况看，由于国有企业对银行欠账规模庞大，靠财政注资解决是不可能的，也容易引起通货膨胀等不稳定因素。可以考虑实行债权—股权转换，把一部分债务转换为银行持股，这对经营状况良好、资产负债状况较好的企业尤其如此。具体而言，由于国有大型企业（集团）一般符合这种条件，所以，我们建议可在条件较好的企业集团首先突破，实行银行参股，建立新型的银行与企业关系。考虑到《商业银行法》刚刚颁布实施，可考虑在商业银行下设立信托部，以及允许其他非银行金融机构持股，等等。

第三，关于职工群体在公司治理结构中的地位和作用。

职工群体在公司中究竟处于什么地位？因篇幅所限，本文不准备详加论述，需要指出的是，目前有两种极端的观点都是不足取的。

一种观点认为职工是国有企业的主人，职工代表大会应是企业的最高权力机构。这实质上是：（1）忽略了出资人的利益。国有企业的最大出资者是国家，如果出资人对企业没有发言权，国有资产的保值增值就很难做到。（2）没有看到个别与整体的差异。国有资产是全民所有，是整体概念，相对应地，职工是国有企业的主人，也是从整体而言的，并不是说各企业职工是其所在企业的主人。南斯拉夫过去的自治体制，就是实行的社会所有为虚、职工所有为实的做法，这已经被证明是失败的实践。（3）狭隘的国有职工观。只看到国有企业内的职工，没有顾及非国有企业职工的利益。按照这种观点，职工作为主人时才具有资格参与管理，那么，在私人、合伙及"三资"企业中，受雇职工的利益将有理由被忽视。

另一种观点认为，职工就是雇员，不应给予其积极发言的场所。这种观点注意到了强调职工是企业主人观点的弱点，但没有考虑到中国职工的实际状况：（1）国有企业长期以来实行的是终身就业制度，职工一般在一个企业长期就业，即使工作有变动，也往往是在国有企业之间。职工的养老、医疗、住房、福利等都通过企业落实，全国性的社会保障体系尚未健全。（2）劳动力市场受多种因素制约，发展缓慢，加上国有企业社会保障安排相对较好，一些职工也不愿进入劳动力市场，流出国有企业。这两条决定了国有企业的职工在国有企业中具有很高的人力资产专用性，与国有企业的绩效、兴衰相关密切。国有企业的职工事实上成为国有企业最重要的委托人之一，因此在公司治理结构中就应有他们的利益代表。（3）长期以来职工当家做主的社会主义思想教育，使得职工头脑中已形成参与企业经营决策的意识，在这种情况下，比较有效的做法是因势利导，通过有效途径发挥这种业已形成的思想资源的作用，使之成为推动企业改善绩效的助动力。

　　总之，对于职工在公司治理结构中的作用问题，应根据国际经验和中国的具体情况构造适合中国国情的恰当的模式。立足于目前职工实际状况，可以说，无论采取什么样的公司治理结构，中国国有企业中职工的利益都必须得到充分的考虑和有效的表达。在这方面，德国的共同决定制度也许对我们更有参考意义。

委托代理理论及其对国有企业改革的意义 ①

——兼论银行委托与重塑银企关系

在"九五"时期，国有企业改革仍是我国经济改革的一项重要工作，其中的重要内容，就是明晰产权，建立权责明确的国有资产管理和运营体制。在国家所有者与企业经理人员之间，国家是作为委托人将资产委托给经理人员去经营的。如何处理国家所有者与经理人员的关系，使这种委托代理关系良好运转，直接关系到国有资产能否得到有效配置和使用。本文将介绍和分析现代经济学对委托代理关系的一些研究成果，分析有关市场经济国家处理委托代理关系的经验教训，并针对我国企业改革状况，提出自己的一些意见和建议。

一、委托代理关系的产生及其问题

委托代理关系的基本内容是，假定在决策过程中有两个当事人，当其中一个（称为代理人）为了另一个（称为委托人）的利益或作为其代表而行动时，就产生了委托代理关系（Ross，1973）。委托代理关系存在于经济生活的许多方面，例如在股份公司中，董事、经

① 原载于《城市金融论坛》，1996 年第 10 期。

理一般是作为代理人行动的；在保险业中，被保险人也是作为代理人的身份出现的。

在委托代理关系中，委托人要负最后责任。因此，委托人要求代理人有与其职责相匹配的才能以及合理的努力程度，并且要忠实，要向委托人交纳所有的利润剩余。一项重要的前提假设是，委托人和代理人作为两个经济当事人出现，具有不同的效用函数，在追求各自效用最大化的过程中，两者就可能发生冲突，代理人有可能出现道德危险行动，将自己的效用最大化放在首位，为实现之而牺牲对委托人效用最大化的追求。更重要的是，委托人对于代理人已完成的和将要做出的行动，有可能缺乏了解，就是说，委托人对代理人的了解是不完全的，双方拥有的信息是不对称的。这样，对委托人而言，怎样设计出能够激励代理人、使其为自己的利益而行动的报酬制度或激励机制，就成为至关重要的了。在市场经济中，生产要素中所有者的报酬是根据要素的边际收益确定的。在委托代理关系中，如果代理人的行动可以直接观察到，则委托人可以通过观察来确定代理人的边际生产率，进而确定其报酬，这时，报酬制度很容易设计出来。但在许多情况下，代理人的行动是不易观察的。在信息不对称的条件下，代理人掌握的信息可能比委托人所掌握的信息质量高得多，代理人根据自己的信息作出决策，委托人即使清楚地观察到决策及实施过程，也不能确定决策合理与否。

因此，委托人要使代理人为委托人的利益而行动，就要为代理人提供一定的激励，并对代理人的行动加以监督。这种激励和监督所需要的费用都属于代理成本的范畴。在这里，代理人为了取信于委托人，获得经理职位，有时也被迫花费一定的成本用于自律，向股东表示他将限制自己的活动，如请公众会计师等职业机构审查企业的财务账簿等。由于这笔费用最终会落到股东身上，更由于这些费用实际上是委托人潜在压力的结果，所以不应看成是代理人的约束成本（Bonding costs，参见 Jensen and Meckling，1976），而是委托人的监督费用。同时，在信息不对称的条件下，代理人根据自己的信息做出决策，决策过程中代理人将为了使自己的效用最大化而行动；而如果委托人自己掌握了这些信息并具有与代理人同样的才能，他所采取的决策就会有所不同。因此，委托人将因信息不对称性而损失掉一部分剩余，这部分剩余的损失是委托人的委托行动的代价，因而也是代理成本的一部分。总之，委托代理关系所产生的问题根源于两个方面：一是自利倾向，经济当事人（委托人和代理人）追求自身利益的最大化；二是有限理性，委托人对代理的信息是不完全的，对应的是代理人行动及结果的不确定性。

二、委托人对代理人的监督与激励机制的设立

既然将资产交给代理人进行经营需要花费代理成本，委托人为什么还要将资产交给代理人经营呢？具体到股份公司而言，自股份公司出现时，人们就注意到经理人员不全是为了股东的利益最大化而活动（参见斯密，1776；伯利和米恩斯，1932），股份公司为什么发展迅速并成为现代企业中的主导形式呢？这是因为有一种内在的机制（Alchian，1965）能够将代理成本降低到这样的程度，即与资产所有者自己经营所发生的收益和成本相比，代理人经营的收益和成本之比要高一些。这里完全是成本与收益权衡的结果。现代经济理论研究表明，主要的监督和激励机制在于：（1）在公司外部存在市场约束，主要是资本市场、产品市场和劳动力市场的约束；（2）在公司内部发展了具有权力制衡性质的公司治理结构；（3）为

经理人员设置了能将经理人员的利益与股东的利益密切联系在一起的激励机制。

（一）三种市场的约束

经理人员的行为合理化需要有一定的监督、约束机制。监督机制与激励机制往往难以区分，恰当的监督往往是监督者使被监督者的激励机制恰当运转而已。市场对经理人员的约束体现在三个方面。

首先是产品市场的约束。在公司经理人员的外部制约因素中，产品市场具有最重要的作用，因为无论现期绩效（利润等），还是以后股价的波动，归根到底都取决于企业经营状况的好坏。因此，一直被人们广为接受的观点是，市场竞争可以提供有效的约束，使经理感到有压力，必须减少偷懒活动。詹森和麦克林（Jensen and Meckling，1976）据此认为，由于在垄断行业中，经理人员能够左右价格，得到垄断利润，所以产品市场对垄断性产业中的经理人员的制约力量就大大减弱了，代理成本因而更多地发生在垄断性产业，而不是发生在竞争性产业。因为如果长期持续经营不善，股东与董事会将动员力量替换在职经理人员，如果企业竞争失败，企业资不抵债，只得宣布破产。这时，不仅股东和债权人受了损失，而且，破产意味着经理人员经营管理能力十分低，经理人员也因此损害了自己的人力资本。因此，经理人员为着保持和提高自己的地位和名誉，就会尽力经营企业，进行产品创新，提高产品质量，改进工艺水平，开展技术创新。

其次是资本市场的约束。亚当·斯密及其后的许多经济学家认为，因为公司是向资本市场寻求资金来源的，所以，公司经理人员权力的行使应受到支配资本市场的公众舆论与标准的严格限制，要顺应股东——投资者的期望。为了防止经理人员的种种机会主义行为或道德危险给自己的切身利益造成严重损失，股东们可以利用有限责任原则来减少自己的损失，也可以利用股票可转移性原则通过股票市场逃避自己认为无能力的经理的决策及盈利水平差的企业，并因此造成对经理的外在压力，迫使经理采取措施提高企业绩效。所有这些，都有助于减少代理风险、代理成本（德姆塞茨，1965；罗森堡、小伯泽尔，1988）。与此同时，还发展出了公司治理结构，用权力制衡来约束经理人员的行为。

再次，劳动力市场也对经理行为有一定的制约作用。劳动力市场对在职人员的制约作用，早在斯密、马克思时期就被论述过了，过去的论述主要涉及劳动力市场对工人的影响。公司接管在某种程度上也可以看成是经理人员市场约束的一个方面，公司内其他有经营管理能力的职工、公司外熟悉公司情况的人员都有可能成为现任经理人员的替代人选。

（二）公司治理结构：公司内部的监督机制

内部监督是通过公司治理结构（Corporate governance，或译法人治理结构）实施的。公司治理结构由三部分组成，一是股东会，它是全体股东投票表达意见的机构，它有权决定公司的设立、重组和清算。因为股东众多，不能随时召开股东会，所以，在平时就设立一个小型代表机构来代替它对公司进行管理和监督，这就是董事会，公司法规定董事会要执行股东大会的决议。日常的经营管理权则属于治理结构的第三部分，即高级管理部门（高级经理人员）。在公司治理结构中，代替股东执行监督职能的是董事会。董事会的最重要的职责依次为：监督与评价高级管理部门的工作，任命和解雇高级经理人员，进行战略指导和咨询。在监督方面，高级管理部门要定期向董事会汇报工作，提供战略与短期策略建议等。董事会将随时对总经理及其幕僚的工作绩效加以评价。

从主要市场经济国家看，由于经济、历史和文化等方面的差异，以及不同委托人所处地位的差异等原因，公司治理结构大致分为三种类型，即美国式、日本式和德国式。

1. 美国目前最大的股东是机构投资者，也就是一些社会事业投资单位，如养老基金、人寿保险、互助基金以及大学基金、慈善团体等，银行信托部也属于这一类。机构投资者在所持股的公司的绩效不佳时，一般不直接干预公司运转，而是改变自己的股票组合，卖出该公司的股票。总之，在美国由于作为股东主要部分的机构持股者对经理人员不能直接施加影响，所以更多地依赖于资本市场，特别是股票市场，改变所有权归属，结果导致股票周转率很高，出现严重的持股短期化，经理人员面对主要股东的这种压力只能偏重于追求短期盈利，对研究、开发和资本投资不太重视。美国商界在20世纪90年代后试图改变以往的做法：其一，强化机构投资者的作用，1993年前后发生的一系列的大公司的CEO被解职、被强制退休，就是机构投资者站出来主动说话的结果。其二，尝试加强商业银行的作用，允许商业银行从事证券交易活动。例如，1989年以后，美国有关当局开始允许商业银行进行有限的证券交易活动（规定这部分收入不能超过总收入的1%）。但总的说来，到目前为止，这种改变的程度仍比较小，对公司治理结构状况影响甚微。

2. 日本的公司治理结构制度。在日本，自20世纪60年代以来，控制着企业股权的主要是法人，即金融机构和实业公司（事业法人）。法人持股的比率在1960年为40.9%，1984年为64.4%，1989

年增加到 72.0%。法人持股，在日本主要是指法人相互持股，是集团内企业的相互持股，整个集团形成一个大股东会。在日本，商法规定公司不能持有自己公司的股份，所谓公司持股就成了相互持股，包括几个企业之间的循环持股，这样，一个企业集团内的企业相互持股，形成相互控制。总经理会（社长会）也就成了大股东会，他们的意见在股东大会当然居于主导地位。如果某企业经营绩效差或者经营者没有能力，这种大股东会就会对经营者提出批评意见，督促其改进工作，直至罢免经营者。日本公司治理结构的另一重要特点是银行的地位。日本的公司投资以间接融资为主，主要靠向银行借款扩大生产规模，银行也被允许持有非金融性公司的股票。整个金融机构拥有的股票占公司公开发行股票总额比例近年来一直在40%以上，其中银行持有 20% 左右，保险公司持有 18% 左右。而且，一般由一个或少数几个有影响的城市银行拥有一个公司的最多或近于最多份额的股票，这种成为一个公司主要股东的城市银行被称为主银行（Main Bank）。但银行几乎不持有与自己没有交易关系的公司的股份，它占有股份的目的基本上是实现企业的系列和集团化，除向公司提供资金外，主银行的重要职责是监督公司的运转。这种监督方式不是直接选拔经理人员，也不直接明确控制公司的政策制定，它只是在公司绩效很差时才显示控制权力。由于主银行对企业的资金流动密切关注，所以能及早发现财务问题，并采取行动，譬如事先通知相关企业采取对策，如果公司绩效仍然恶化，主银行就通过大股东会、董事会更换经理人员（Aoki，1990）。主银行也可以向相关企业派驻人员，包括董事等。借助于这些手段，主银行成了相关公司的一个重要的监督者。

  3. 德国的公司治理结构制度。德国公司治理结构制度的一个重要特点是双重委员会制度,即存在监督委员会(监事会,相当于美、日的董事会)和管理理事会(理事会,相当于美、日的高级管理部门)。监事会的主要职责是监督理事会的经营活动、任免理事会成员、向理事会提供咨询等。监事会成员一般都要求有比较丰富的管理经验。监事会不仅对理事会的业务活动享有广泛的审核、监督和了解权力,而且有权审核或委托职业机构审核公司的账簿、核实公司资产,并在必要时召集股东大会。理事会也有义务向它报告公司的重大经营方针及公司的绩效,如果监事失职,也要给予一定的处罚。德国公司治理的另一特色是强调职工参与,这里指出一点就够了,那就是,在监事会中,根据企业规模和职工人数的多少,职工代表可占 1/3 到 1/2 的席位。总之,德国的持股主体也是银行、保险公司和实业公司,它们并不重视股息和股价的高低,基本上只从企业绩效如利润的角度评价经理人员。这样,企业的经营者将企业的扩展、市场竞争力作为自己的追求目标,投资于长期项目。

(三)对经理人员激励机制与约束机制的综合设计

所谓激励机制,是指为经理人员设计出一些刺激项目,使经理人员的动力与股东的动力尽可能一致,亦即诱使经理人员为了追求自己的利益而追求股东利益。对刺激项目的选择就成了激励机制是否有效率的关键。值得指出的是,由于以上所说的监督机制和激励机制每一个单项都不能充分发挥作用,所以对经理人员的监督和激励是多种手段结合运用的结果。例如,就资本市场上的接管而言,经理人员对于接管并非束手无策,他们将为了保证在企业内的租金和强化自己的人力资本而反对接管。例如,事先购买别的企业,而使自己企业的债务上升,从而使现金有限的接管者望而却步;借助于反托拉斯法防止接管，有时可以事先购买一个潜在接管者的竞争对手归自己公司所有，从而使接管违反反托拉斯法；也可以与潜在接管者协商，以高于市价的补偿购买他持有的公司股票等。

就接管者而言，潜在接管者最后是否接管，当然取决于接管成本与接管给自己带来的收益之间的权衡比较。如果很容易发生接管，那就会频繁替换经理人员。这对经理行为不仅不可能产生积极的制约作用，还有可能产生不利影响。首先，使经理人员更偏于选择短期投资而不是长期投资，在产品开发、技术创新、工艺改造等方面，企业都更愿意上"短、平、快"项目，那些确实为企业长期发展所必需但建设周期长的项目将无人理睬。其次，使经理人员的效用函数元素短期化，经理人员会因接管很容易发生而没有工作稳定感，产生一种权力当期有效、过期作废之感。他们会偏好现期报酬，力争在在职期间利用职权为自己谋取最大福利。再次，经理人员的经常性的替换也使企业内雇员之间关系的协调费用增加，增加许多不必要的摩擦。经理人员与下属之间、经理与工人之间应当相互理解、相互信任，这样才能很容易在企业经营管理的许多有关方面达成共识，使大家的目标函数从根本上一致起来，利于企业的运转。在经理人员任期不定或很短时，其下属及工人就会对经理人员的许多决策不积极地参与配合执行，而抱一种观望的态度，甚至有怠工现象。最后，经理人员的不稳定还可能增加下属及工人的职业不稳定感。经理人员对下属及工人的选择和工作要求可能因人而异，经理人员的职业（任期、任职）不稳定因素会使公司内人人自危，人人抱着"一朝天子一朝臣"的想法，没有长期规划和打算，甚至把主要精力放到如何与经理人员相互熟悉、争得他们的喜爱和提拔上。

劳动力市场的监督制约也有很大的局限性。首先，了解现任经理人员在多大程度上偏离利润最大化是需要一定的费用的，它要求对企业的实力和经营管理中存在的问题有一个详细的了解，但由于经理人员的工作难以度量，这往往难以做到。其次，竞争者还必须把自己任职可能引起的费用考虑在内，例如，竞争者在任职后，必须耗费精力和时间与职工处理好关系，必须与原经理人员的一些盲目支持者处理好关系，这一笔关系费是不可少的。这两个方面的费用往往把企业外的人员排斥在外，事实上我们也看到，现任经理人员的替换者大多来自本公司内部。再次，经理人员可以运用许多策略性手段设法减少劳动力市场的竞争者（Holmstrom，1982）。他可以先努力工作，为自己赢得好名誉，在劳动力市场上造成"质量高"、难以竞争的气氛，即使以后不再立新功而吃老本，满足于维持现状，自己的信誉也可以保持很长时间。或者可以与监督者（如董事会）搞好人事关系，这在一定程度上也减轻了竞争压力。最后，即使在职经理人员勤奋努力，其行为有时也难以判别。例如，同样是投资，可以用于广告，可以用于技术改革，可以用于建厂或购买别的企业股票，也许都属长期投资，但具体选择则取决于经理人员的偏好，这就给竞争者对在职人员能力的判定造成了困难，无形中减少了劳动力市场竞争压力。另外，有些在职经理人员为了自己的职业稳定性，在公司内排除异己，在选拔下属时以服从、忠心为基础，而不论能力怎样，不论对公司绩效有什么影响，这些因素都大大限制了公司内部的竞争者。

就激励机制而言，以企业绩效为标准设计激励机制似乎是顺理成章的事情，因为经理人员的责任是把企业搞好。企业变得更好，就意味着经理人员的经营能力强，从而应该向经理人员分配更多的报酬。这种以绩效为基础设计的动力机制一般反映经理人员的能力，但是，不能把这种动力机制绝对化。从绩效的主要内容——利润来看，经理人员在短期内可以制造出不真实的或者扭曲了的利润。譬如，可以利用会计手段做假账、多摊或少摊成本，也可以通过过度利用资产，加速资产实际折旧过程，或损害诸如企业名誉、良好的人际关系等无形资产，而使利润增加或减少，达到合乎经理人员自利要求的水平。另一方面，经理人员的辛劳不一定反映在利润上。企业的一些投资活动，尤其是长期投资，虽然会为企业的长期发展奠定基础，但在现期或近期内可能使企业利润下降。由于绩效有时不一定准确反映经理人员的投入及产出贡献，以绩效为基础设计经理人员的动力机制不一定很恰当，很可能诱使经理人员出现短期行为。

总之，无论从监督机制的约束机制来看，还是从激励机制对经理人员的刺激来看，没有任何单一因素能起到激励或约束作用，处理经理人员的关系牵涉到方方面面，以上所列举的只是其中主要的几个，其他诸如经理与职工的关系、经理人员与社会（国家）的关系等，都没有涉及。企业是一个各种契约的联结点，作为企业法人代表的经理人员当然与各种利益主体发生联系，并且相互影响、相互制约。因此，任何把经理人员的动力机制和监督机制简单化，认为靠一两项制度的建设、改变就能使经理人员行为合理的想法、建议和主张，都是幼稚的和难以令人相信的。

三、对中国国有企业改革的政策含义

对于我国这样一个正处于传统的计划经济向社会主义市场经济转轨时期的国家来说，合理构筑对经理人员的监督机制和激励机制是十分重要的。目前，要继续强化市场体系建设，完善市场秩序，有效发挥市场的外部制约作用，并注重培育企业家队伍。在国有企业的公司化改造过程中，要注重建立健全规范的公司治理结构。限于篇幅，本文对于市场体系与市场秩序不加叙述，而着重分析如何设置公司治理结构，建立有效运转的制衡机制。

目前，中国经济理论界和政府部门的人士普遍认为，国有企业改革的关键是产权改革，清楚界定产权，界定出资人的权利和义务。就国有企业而言，企业的出资人不仅包括国家直接投资者，而且包括提供贷款的银行。在这里，国家和银行（国有银行的最终所有者也是国家，为便于分析，我们在这里用"国家"一词代表作为直接投资者的国有机构，而与作为贷款者的银行区别开来）实际上是作为委托人将资产、资金委托给经理人员去经营、使用的。因此，现代经济学中的委托代理理论对我国国有企业改革具有积极的参考意义。我认为，国有企业中改革委托代理关系，建立合理运转的公司治理结构，目前亟须解决三个方面的问题：（1）国家所有者与企业的关系，首先是建立国有资产总体框架；（2）银行与企业的关系；（3）职工群体利益的体现。

第一，明确总委托人身份，建立国有资产管理总体框架。以往国有企业改革的重大缺陷是只强调放权让利，忽视了国家所有者的利益，形成了"内部人控制失控"现象，经理和职工运用国有资产追逐"小集体"乃至个人的利益，损害了国家所有者的利益，致使国有资产流失严重（吴敬琏，1994）。即便在已经公司化的国有企业，其董事会、监事会基本由"内部人"组成，这是难以解决上述问题的。我认为，进一步改革的一个重要方面应是强化国家所有者的监督。首先是政府主动地、有领导地确立总委托人，并在此基础上理顺整个委托代理机制，即国有资产管理整体框架。

目前，各部门、各地区都在积极改革，国有资产经营公司试点、国有资产授权经营试点、破产试点、注资试点、社会保障改革试点，等等，不一而足。但从国有企业改革、特别是国有产权改革总的框架看，却未见积极行动，企业改革似乎缺乏整体感和全局感。国有资产应由哪一个机构统一管理，就是说，国有资产的总委托人是谁，是现有的国有资产管理局，还是如一些学者主张成立的人大常委会下设立的国有资产委员会，至今仍未明确。而这个问题不解决，不确定一个总委托人，并在此基础上确立一个合理的委托代理机制体系，国有产权很难有效改革。十多年来的改革已经明确告诉我们，企业经理人员作为国有资产经营的代理人，他们的目标函数是与国家所有者的目标函数不一致的，必须对代理人的经营活动进行监督。目前，国有资产经营公司纷纷成立，接受授权经营权利的企业集团日渐增加，谁来监督和约束它们的行动，很难保证不会使内部人控制程度和范围越来越大，内部人利益越来越难以触动，从而导致国有资产更大规模地流失。目前，有的地方如上海已经开始做这方面的尝试。不过，我认为，资产管理体制不是个别企业、局部试点所能解决的。在整体、全局性的政策、方案尚不明确时，局部的改革有时很难进行，甚至相互冲突，或对以后的改革设置障碍。如果说过去的改革走了一条"自下而上"的成功之路，那么，国有资产管理体制（体系）改革必须是自上而下的变革。

第二，明确银行作为重要委托人的地位，重塑银企关系。改革以来的最大变化之一是银行与企业的关系变得非常密切，其中的重要联系途径是信贷关系，企业的融资已由财政统收统支的"财政主导型"转变为主要靠银行贷款的"金融主导型"。目前，债务包袱沉重是困扰国有企业的主要问题之一。1994年清产核资结果表明，国有企业账面的资产负债率平均在 75% 以上，如果再考虑到已查明的资产损失和亏损挂账，则实际的资产负债率高达 83% 以上。其中大部分债务都是欠银行的，不少属于呆账，庞大的负债不仅使国有企业陷入困境，也使银行负担沉重。因此，银行已经成为国有企业的最大委托人之一，国有企业改革必须考虑到银行的地位和作用。而且，专业银行本身在商业化和国际化进程中，清理资产负债表的任务非常紧迫。

1996 年初世界信用评估机构的"大哥大"美国穆迪公司对我国工、农、中、建四大专业（商业）银行信用大幅度降级，其中的一个重要原因就是我国银行的呆账太多，资产质量下降。企业改革应与金融改革结合起来，以债务处理为契机，在银行与企业之间确立合理的委托代理方式。

鉴于银行作为最大债权人的地位，在公司治理结构的建立和健全过程中，应积极发挥银行作用。银行在持股较多或持有债权较多的企业的董事会中应派驻代表，参与企业重大决策的制定。同时，通过与企业的资金往来、贷款审查等方式，随时了解监督企业的日常经营活动和经营状况，以防患于未然。特别需要指出的是，从我国的情况看，由于国有企业对银行欠账规模庞大，靠财政注资解决是不可能的，也很容易引起通货膨胀，造成不稳定因素。因此，对于欠银行债务较多、经营状况或经营潜力较好的企业，特别是针对一些企业集团，应鼓励将银行债权转变成股权，形成银行与企业利益共同体。由于国有大型企业（集团）一般符合这种条件，所以，我们建议能在条件较好的企业集团首先突破，实行银行参股，建立新型的银企关系。考虑到《商业银行法》刚刚颁布实施，可考虑在商业银行下设立信托部，以及允许其他非银行金融机构持股，等等。

允许和鼓励银行对一些企业持股，不仅不会有害，反而有助于金融体系的稳定。目前银行部门之所以出现资产质量下降、不良资产增多的问题，我认为一个主要原因是国家仍对国有企业实行"父爱主义"式的保护措施，对国有企业的照顾只不过是从过去的财政途径转向银行部门而已。这直接导致了国家严格管制下的银行的资产组合得极为不合理。典型表现是：（1）银行业务主要是贷款，证券经营业务较少，无法分散风险。（2）贷款主要集中于国有企业。据估计，国有企业获得的贷款占银行贷款的比重约为80%，而发展迅速、在工业总产出和国民生产总值中已经占据一半以上份额的乡镇企业，所得到的贷款只占贷款总额的5%左右，这种逆商业经营原则而行的做法只能加大银行的风险。因为改革开放以来机制最不合理、业绩最差、发展最为缓慢的正是国有企业，这种管制也阻碍了银行的商业化进程。

对于银行等金融机构持股，有些看法认为，银行体制改革滞后，银行并未成为一个自主经营、自负盈亏的"企业"，如果形成银行与企业利益共同体，将使"内部人控制失控"状态变得更严重，银行将会向持股企业过分贷款，从而影响经济稳定，出现难以控制的通货膨胀压力。我认为，这种担心是可以通过几个途径消除的：（1）加快专业银行的商业化步伐；（2）强化和改善中央银行的监督；（3）制定关于商业银行向参股企业进行贷款和抵押贷款（内部贷款）的限制性办法，如不超过银行自有资本的一定比例等。总之，消除担心的根本性手段是深化改革，并根据可能出现的问题制定防范性措施。

第三，关于职工群体在公司治理结构中的地位和作用。应考虑到中国职工的实际状况，合理确立职工在公司治理结构中的地位。

（1）国有企业长期以来实行的是终身就业制度，职工一般在一个企业长期就业，即使工作有变动，也往往是在国有企业之间。职工的养老、健康医疗、住房、福利等都通过企业落实，全国性的社会保障体系尚未健全。（2）劳动力市场受种种因素制约，发展缓慢，加上国有企业社会保障安排相对较好，一些职工也不愿进入劳动力市场，流出国有企业。这两条决定了国有企业的职工在国有企业中具有很高的人力资产专用性，与国有企业的绩效、兴衰密切相关。国有企业的职工事实上成为国有企业最重要的委托人之一，在公司治理结构中就应有他们的利益代表。再加上长期以来职工当家作主的社会主义思想教育的影响，职工头脑中已形成参与企业经营决策的意识，在这种情况下，比较有效的做法是因势利导，通过有效途径发挥这种业已形成的思想资源的作用，使之成为推动企业改革、推动企业改善绩效的助动力。

总之，对于职工在公司治理结构中的作用问题，应根据国际经验和中国的具体情况构造适合中国国情的恰当模式。立足于目前职工实际状况，无论采取什么样的公司治理结构，中国国有企业中职工的利益都必须得到充分的考虑和有效的表达。在这方面，德国的共同决定制度也许对我们更有参考意义。

关于经理人员动力与监督机制的几个问题 [①]

在把国有企业改造成为现代股份公司的过程中，如何设定经理人员的动力机制和监督机制是一个重大问题。现代经济学中对此已做过较多的研究。本文旨在借鉴这些已有的研究成果，并结合我国企业改革中出现的问题，做一综合性的分析。

—

在现代股份公司中，所有者是把企业交给经理人员经营的，随着这种委托—代理关系的建立，形成了所有权与控制权分离的一般趋势。经理人员的出现虽然解决了大股东经营的个人理性有限问题，但也产生了新问题。经理人员具有经营管理的才能，其收益体现在工资、奖金等方面，而不是像股东的收益那样，体现在红利、股息及股票的增值上。由于股东追求的是股票的增值和红利、股息的最大化，经理人员追求的是个人效用最大化，二者的目标函数有很大不同，所以，经理人员可能会为了自己的利益牺牲股东的利益，从而产生动力相互冲突问题。即使动力一致，经理人员也可能有偷懒、搭便车等机会主义行为。由于委托经理人员经营企业而造成的委托

---

① 原载于《中国工业经济研究》，1993 年第 10 期。

人利益损失，被称为代理成本。显然，要使股份公司良好运转，实现所有和控制的有效分离，就应当使股东与经理人员的摩擦降到最小的程度，使代理成本最小。这就需要解决好两个问题：一是经理人员的动力机制；二是对经理人员的监督机制。

所谓动力机制，是指为经理人员设计出一些刺激项目，使经理人员的动力与股东的动力尽可能一致，亦即诱使经理人员为了追求自己的利益而追求股东利益。对刺激项目的选择是动力机制是否有效率的关键。

以企业绩效为标准设计动力机制看来是顺理成章的事情，因为经理人员的责任是把企业搞好。企业搞得好，就意味着经理人员的经营能力强，经营中不存在或者很少存在偷懒行为，因此经理人员应得更多的报酬。这种以绩效为基础设计的动力机制一般能反映经理人员的能力。但是，也不能把这种动力机制绝对化。从绩效的主要内容——利润来看，经理人员在短期内可以制造出不真实的或者扭曲了的利润。譬如，可以利用会计手段做假账、多摊或少摊成本，也可以通过过度利用资产，加速资产实际折旧过程，或损害诸如企业名誉、良好的人际关系等无形资产，而使利润增加或减少，达到合乎经理人员自身利益要求的水平。另一方面，经理人员的辛劳不一定反映在利润上。企业的一些投资活动，尤其是长期投资，虽然会为企业的长期发展奠定基础，但在现期或近期内可能使企业利润下降。

总之，由于绩效有时不一定准确反映经理人员的投入及产出贡献，以绩效为基础设计经理人员的动力机制不一定很恰当，很可能诱使经理人员出现短期行为。

一种做法是，向经理提供一定数量的本公司股票买卖期权

（share options），经理就会尽力把企业经营好，这在美国股份公司中非常普遍。所谓股票买卖期权，是指让经理人员在一定时期（如10年）内以接收期权时的股票价格购买公司的股票。因为，如果公司经营状态好，股息增加，公司股票价格上涨，经理收益就会增加。因此，经理人员为了追求个人利益，首先就要提高整个企业的绩效，从而实际上追求全体股东的利益，这就将股东与经理人员的利益衔接起来。这种设计在一定程度上将公司（股东）长期利益同经理人员的利益结合起来了，但仍然存在一些问题。首先是股票买卖特权的期限，如果允许经理人员离职时购买，则难免有短期行为，因为股票升值、企业资产增值是在决策过后一段时期才发生的，现期决策对现期收益可能没有什么影响，对未来收益的影响则是不确定的。而如果规定经理人员离职后过一个时期再购买，又往往受到其继任者的才能及表现的影响。因为在公司绩效这一总结果上，现任经理人员与前任经理人员的贡献不一定能界定清楚，于是就产生了外部效应问题，前任经理人员将或者因现任经理无能或行为不当而蒙受一部分损失，或者因现任经理人员管理艺术高超、经营努力而得到一部分收益。此外，未来毕竟充满不确定性，这就使得经理人员更偏重于目前的收益。其次，拥有股权的经理人员能利用自己的内部信息优势合法地赚取过高利润，而与公司的绩效没有太大关联。他们能够利用自己的地位，有机会选择在股票价格高峰时买卖股票，赚取更多利润。甚至在现行股票价格低于接收期权时的股价时，公司制定经理人员报酬的有关机构（报酬委员会等）也往往出于"没有功劳也有苦劳"的考虑，而修订期权的基数价格，使经理人员获利。据美国《财富》杂志报道，有的报酬专家考察表明，美国大中型企业中的281个首席执行官（CEO，由总经理或董事长担任）在

80 年代的期权收益与公司绩效之间的关联很少。高层经理经常牺牲长期目标，追求中期目标，强求得到股票的期权收益。另外，根据期权的有关规定，经理人员虽然在股价上升时能得到期权收益，但在股价下降时至多得不到期权收益，对自己的薪金几乎没有什么影响。这就使期权成了一个有很大收益而风险却很小的东西，因而很难做到把经理人员的利益和股东的利益紧密结合起来。

总之，无论以现期利润为基础，还是以公司未来绩效为基础，所设计的经理人员的动力机制都不是没有缺陷的，都不能作为唯一依靠的对象。所以，现实中的经理人员动力机制项目通常采用混合形式，其中，既有以现期利润为基础的刺激项目，也有以公司未来资产价值变动为基础的刺激项目，以使经理人员恰当地处理公司的近期与长期发展问题。

二

经理人员行为的正常化，不全是因为所谓商业事务上的诚实和公正精神的发展，更重要的在于制衡机制、监督机制的发展和完善。对经理人员的监督可以分为内部监督与外部监督，内部监督是指股东及其代理机构即董事会、监事会对经理人员的监督与制约。外部监督则是来自市场与其他团体如产品市场、资金市场、银行、政府等的监督和制约。

首先来看股东的监督。通常认为，股东的投资目的是得到长期收益，因而，股东的有效监督可以保证经理人员行为的长期合理性。因为股东是通过股票市场和股东大会投票这两个途径施加自己的监督权的，所以，股东监督有效的前提是，股东能够明确公司绩效对自己的影响，因而在预期收益下降时，就抛售股票，或集中投票权替换现任董事会成员和经理人员。但事实上，许多股东对公司经营状况的注意，只是一时好奇、新鲜而已，个人投票也不过是众多股东投票的九牛一毛，在股东大会上不起多大作用，再加上信息费用高昂，存在外部效应，所以很多股东是不关心企业经营状况的，他们几乎从不阅读公司的报告，即使阅读，可能从中也看不出什么名堂，他们的目的只是求得较高的股息而已，得到高股息则心满意足，股息低时则怨声载道。从股票升值（预期收益）与现期股息的比较来看，没有什么理由认为股东更偏好以后的收益。

为了解决个人股东监督偷懒问题，防止经理人员侵犯股东利益，一些（小）股东就把投票权集中起来，组成一个或几个投票集团，由投票集团行使监督、控制经理人员之职能。二战以后，西方国家出现的信托投资公司、共同基金等机构就是这方面的典型例子。它们掌握的股份甚多，投票权力很大，对经理人员、董事会成员有最后的选择权。一些文献因此认为，这种持股机构能恢复股东的监督地位，保持对经理人员的有效监督，但应看到，由于信息不完全、成本昂贵，他们一般不利用或不愿利用自己累积起来的股票投票权，与投票替换现任经理人员相比，他们也许更愿卖出股票，寻找新的股票。事实上，持股占美国所有公司股本45%的美国金融机构，几十年来一直坐享红利，很少插手公司经营。近年来在面临公司绩效下降的情况下，这种状况开始有所改变，金融机构开始向公司施加压力，例如，1989年来自机构或股东等有组织团体对公司管理层的提案上升了一倍，美国几家大公司，包括通用汽车公司等，已经同意在董事会中至少在经理报酬委员会中让独立董事占大多数。在机构持股者的压力下，一系列大公司的总经理近来因为公司亏损而被解职或被强制退休，但是，机构股东的力量目前尚未转换成公司的绩效。因此，不能笼统地认为机构或股东团体的监督是十分有效的。

董事会能够执行对经理人员的监督职能吗？在股份公司中，董事会的职责是制定重大的和长期的战略，挑选经理人员，监督经理人员。从法律上讲，它应代表股东的长期利益。但也要看到，董事只是股东的受托人，他们并不是股东（尽管不排除其中有股东），因此，也可能有偷懒问题，对他们也必须设置动力项目。而且，董事们的动力项目不能与经理们的动力项目相一致，否则就会产生勾结谋夺股东利益的问题。此外，由于经理人员与董事们之间接触较多，人际关系比较密切，所以董事们一般并不苛求经理人员的绩效。

在企业经理人员的外部制约因素中，产品市场具有最重要的作用，因为无论现期绩效（利润等），还是以后股价的波动，归根到底都取决于企业经营状况的好坏。因此，一直被人们广为接受的观点是，市场竞争可以提供有效的约束，使经理感到有压力，必须减少懒惰活动。因为如果长期持续经营不善，股东与董事会将动员力量替换在职经理人员；如果企业竞争失败，企业资不抵债，只得宣布破产。这时，不仅股东和债权人受了损失，而且，破产意味着经理人员经营管理能力低下，也会损害经理人员的人才资本。因此，经理人员为着保持和提高自己的地位和名誉，就会尽力经营企业，进行产品创新，提高产品质量，改进工艺水平，开展技术创新。詹森和麦克林据此认为，由于在垄断行业中，经理人员能够左右价格，得到垄断利润，所以产品市场对垄断性产业中的经理人员的制约力量就大大减弱了。代理成本因而更多地发生在垄断性产业，而不是发生在竞争性产业。

对经理人员施加外部影响的另一个重要机制是资本市场。亚当·斯密及其后的许多经济学家认为，因为公司是向资本市场寻求资金来源的，所以，公司经理人员权力的行使应受支配资本市场的公众舆论与标准的严格限制，要顺应股东／投资者的期望。在资本市场上，投资者通过对企业的评价，提供或拒绝提供资本，对经理实行奖励或惩罚、撤职。其中，接管被认为是反对经理人员偷懒的一种重要手段。接管的原因是，现有经理人员不能实现利润最大化，从而降低了企业的股票价值，这时，如果外面的企业家知道如何更好地促进企业绩效，使企业实现利润最大化，自己能在企业绩效改进中有利可图，那他（们）就会购买企业，替换现有经理人员。

接管对经理人员的影响主要有两个：其一，由于经理人员一般不会因经营不善被接管而直接受罚，如个人赔偿损失、上法庭等，所以影响不是在现期发生的。接管造成的损失主要表现在它损害了经理人员的人力资本，降低了信誉，因而在寻找新的雇主时，经理人员的谈判实力减弱，收益减少。其二，虽然没有明文规定，要求经理人员因公司被接管而受罚，但经理人员确实也因接管而间接地损失了一些利益，例如，经理人员长期在公司工作，对公司情况要比股东与董事会其他董事熟悉，这种信息不对称性可使经理人员有更大的相机选择余地，从中得到更多的收益或闲暇。这种因信息资源较多而产生的收益或在职闲暇，可以称为经理人员在企业内享受的租金。一旦被接管，租金就会失去。

但是，经理人员对于接管并非束手无策，他们将为了保证在企业内的租金和强化自己的人力资本而反对接管。例如，事先购买别的企业，而使自己企业的债务上升，从而使现金有限的接管者望而却步；借助于反托拉斯法防止接管，有时可以事先购买一个潜在接管者的竞争对手归自己公司所有，从而使接管违反反托拉斯法；也可以与潜在接管者协调，以高于市价的补偿购买他持有的公司股票；等等。

值得指出的是，如果很容易发生接管，就有可能频繁替换经理人员。这对经理行为不仅不可能产生积极的制约作用，还有可能产生不利影响。首先，使经理人员更偏于选择短期投资而不是长期投资，在产品开发、技术创新、工艺改造等方面，企业都更愿意上"短、平、快"项目，那些确实为企业长期发展所必需，但建设周期长的项目将无人理睬。其次，使经理人员的效用函数元素短期化。经理人员会因接管很容易发生而没有工作稳定感，产生一种权力当期有效、过期作废之感。他们会偏好现期报酬，力争在在职期间利用职权为自己谋取最大福利。再次，经理人员的经常性的替换也使企业内雇员之间关系的协调费用增加，增加许多不必要的摩擦。在经理人员任期不定或很短时，其下属及工人会对经理人员的许多决策不积极地参与、配合和执行，而抱一种观望的态度，甚至有怠工现象。最后，经理人员的不稳定还可能增加下属及工人的职业不稳定感。经理人员对下属及工人的选择和工作要求可能因人而异，经理人员的职业（任期、任职）不稳定可能会使公司内人人自危，抱着"一朝天子一朝臣"的想法，没有长期规划和打算，甚至把主要精力放到如何与经理人员相互熟悉、争得他们的喜爱和提拔上。这在一定程度上说明了谢勒的观察，他认为，对于那种接管会增强有效约束机制的假设，很少能找到支持性的经验事实。实际上，与美国企业相比，日、德企业的绩效比较好，但在日本和德国，敌意接管却很少，因而这说明了接管，尤其是敌意接管的效率很值得商榷。

三

当前我国传统的集中计划经济下的企业体制已经打破，正在进行企业制度的改革和重建，国有制正在重组，股份公司制度正在兴起，各种集体企业、合资企业也在发展。在新旧体制交替过程中，经理人员的动力机制可能会发生扭曲，对经理人员的监督可能会出现真空，如果不迅速构筑适当的动力机制和监督机制，企业（公司）的资产就可能会被误置，资源就可能严重浪费，甚至出现国有资产被个别团体或个人侵吞的现象。改革中出现的一些问题，如国有企业的亏损状况持续不断，国有企业行为短期化，国有资产被严重侵蚀，就非常典型地说明了这一点。

要构筑适当的动力机制和监督机制，必须弄清每一种动力项目和监督项目正常运转的前提条件。例如，要使产品市场的竞争压力具有有效的制约作用，其前提是：首先，价格必须合理。只有在价格合理的前提下，才能比较确切地判断出企业的绩效与经理人员的能力是不是有直接关系。在价格体系不合理、价格存在严重扭曲、因而不存在公平竞争的条件下，很难说明企业成果的好坏究竟是经理人员的能力与努力的原因，还是市场价格等方面的原因。其次，必须有经理人员的健全的责任制度。最后，必须有制约经理人员的其他监督机制相配合。即使有合理的价格制度，能够觉察出经理努力与公司绩效的关系，在经营不善时公司可以破产倒闭，但如果经理人员不因其失职或无能受到处罚，则经理人员仍不会尽力工作。因此，必须有一套能明确责任和权利的制度，它能将经理的劳动投入与其收益相连接，在公司经营好时，经理能够因辛劳获益，在经营失败时，经理则承担责任，甚至被撤换。如果没有一种机制能够比较容易地撤换掉无能者，那么，经理人员被替换之日，也许正是所有者的资产被浪费殆尽之时。而要早日制止经理人员的不称职行为，防止所有者的资产过多地受到损失，就要有一种制约机制或机构，它能有权终止经理人员的身份，为了股东的权益而行动。当然，这一机制的成员必须是具有一定经营管理才能的人，不然，很难对现有经理做出评价。目前在我国，这几个前提，尤其是后两个前提条件是不存在或不太充分的。对于竞争性市场的必要性人们已经认识得比较清楚了，但对于必须有制约经理人员的监督机制这一点，人们还没有完全理解。结果，在改革中，一方面取消了指令性计划，企业有了许多的自主权，但另一方面，取代上级指标的新的外部控制机制却并没有建立起来，于是，在经理人员的斟酌决策权增强、随机选择余地增加的条件下，经理人员的大部分活动难以受到有效的监督，因此出现了一些问题。例如，有的经理人员为了集团（企业）着想，排挤国家的利益；有的则用滥发奖金和补助的方法，损害国有资产；还有的甚至为了自己的利益，侵吞国家资产。有人认为实行破产制度，就可避免这种短期行为，但如果在破产之前的很长时间里，国有资产逐渐流失，在破产时企业资源已消耗殆尽，企业便很难进行重组。因此，经理人员的替换如果以企业破产为最终标准，将使国有资产遭到巨大的损失。此外，在目前的股份公司制度改革中，人们关注最多的是股票的发行和股票市场的建立，但却忽视了建立有效的法人治理结构的重要性。应当充分认识到，改革绝不仅仅意味着产权的简单转移，重要的是以资产最佳利用为目标，建立实际有效的产权安排。所以当前应当尽快形成一套有效监督经理人员的制度。

美国、日本和德国的公司治理
结构制度比较 ①

一、引言

现代公司制度是现代市场经济中的一种基本的企业制度，也是我国国有大中型企业制度改革的方向。现代公司制度的基本特征之一是所有（所有者，或股东）与控制（或经营，经理人员）相分离（伯利和米恩斯，1932）。在所有者亲自经营时所有者为了自己的利益当然会尽力而为，充分利用公司的资产。在经理人员作为代理人经营时，由于资产不是经理人员的，经理人员由于自己的能力不足或失职造成的损失主要由资产所有者即股东承担，经理人员就很有可能牺牲股东的利益，追求自己的最大化效用，由此引起所有者利益的损失，这种损失也称为代理成本（Jensen and Meckling，1976）。要减少这种代理成本，就需要设置一个恰当的机制，以激励和约束经理人员，使其为股东的利益而行动。这一机制就是由公司的股东大会、董事会、经理人员所组成的法人治理结构（公司治理结构）。公司治理结构的正确设计和有效运转，在很大程度上直接影响着公司

---

① 原载于《改革》，1994 年第 3 期。本文是作者在参加"中国经济体制改革总体设计"课题组企业分课题组研究工作中的成果之一。

的绩效。

由于经济、历史和文化等方面的原因，在公司治理结构方面，各国可能有一定的差异。本文就美国、德国和日本三国的公司治理结构加以比较和分析，以为我国国有大中型企业的公司化改造提供一些参考。

二、美国的公司治理结构制度

美国目前最重要的股东是机构投资者。所谓机构投资者，是指一些社会事业投资单位如养老基金、人寿保险、互助基金以及大学基金、慈善团体等，银行信托部也属于这一类。从收益归属上讲，由于机构投资的收益或股票的收益不归机构本身，而归属于成千上万的信托受益人、保险客户，因而它们并不拥有股票的所有权，但它使机构有可能掌握公司股权，影响企业经理人员的选择。美国的机构投资者在 1955 年持有的普通股占全部上市普通股的比例（持股比例）为 23.7%，1965 年为 28.9%，1975 年为 37.9%，1980 年为 35.8%。机构投资者的总资产也从 1950 年的 1070 亿美元上升到 1990 年的 58000 亿美元。

尽管机构投资者在公司的股票份额中占很大比率，但它却不同于那些所持股票占公司股票份额很大比率的个人股东。对于持股比重大的个人股东而言，当公司经营不佳时，他就会直接要求召开股东大会或董事会（个人大股东很大程度上可能是董事长），要求修改公司经营战略，改变人事安排，而对于机构投资者而言，在它所持股的公司的绩效不佳时，它很可能不去直接或间接地干预公司运转，而是改变自己的股票组合，卖出该公司的股票。机构投资者这样做的原因之一在于，它持股的目的类似于个人持股者，投资的客观标准是利润。为了向机构参加者支付收益，如向养老基金支付养老金、向信托银行支付利息与红利。因此，机构投资者往往要在股票的股息率和其他的证券收益率如存款利率、债券利率之间作一权衡，在股票收益率高时就购买股票。机构投资者还会根据股息、股价对各种股票作一权衡，购买良性股票。这样，机构投资者就会逐证券收益高者投资，而不会长时间地持有一种股票。

机构投资者之所以选择买卖股票，而不干预公司运转的另一原因还在于，美国的有关法律与规定限制这样做。根据有关法律，保险公司在任何一个公司中所持股票不能超过公司股票总值的5%，养老基金和互助基金不能超过10%，否则，就会面临非常不利的纳税待遇；它的收入要先缴纳公司税，然后在向基金股东分配收入时再纳一次税。结果，尽管一些基金的资产甚至达几十亿美元，但在一个特定公司中常常只有非常有限的发言权，不足以对经理人员产生任何压力。可以说，除出售股票外，它们也没有其他任何的现实手段来表达自己对公司绩效的担心。当然，也有一些例外，有的股东持有足够数量的股票，因而能在董事会中占有一席之地，但这种状况在美国比较少见。一项研究报告证实了这一点：1983年的股票周转率养老基金为61%，学校及大学捐赠为51%，互助基金为78%，到1986年，平均已达75%（Lorsch and Maclver，1991），机构投资者持有一种股票的时间从60年代和70年代的7年减少到80年代和90年代的1.9年。由于机构投资者在股市交易中占有主要地位，所以它们的股票交易势必影响整个股市的股票交易状况。

美国持股者的短期性及因此引起的频繁的股票交易，导致公司接管与兼并事件频频发生。单就大的兼并潮流，20世纪形成过4次，分别发生在20年代、50年代、60年代和70年代末至80年代，而且兼并一般是通过收买股票进行的。就接管而言，1988 年美国企业的接管额总计为 2500 亿美元（比 1984 年增加 1 倍）。兼并活动对于经理人员具有极为重要的影响。因为公司被兼并后，原班经理人员一般被撤换，经理人员的人力资本因此受到损失。公司控制权的转手或被兼并、替换不称职的经理人员，就能给股东们的投资带来更好的收益。不过，值得指出的是，兼并过程中的敌意接管或称恶意接管的做法也可能对公司行为产生不利影响。因为股份公司的正常运转要求公司治理结构中的各方之间有一个起码的相互信任，如果经理人员有自己很容易或很快被替代的预期，他（们）就有可能使公司行为更加短期化（Shleifer and Summers，1988）。问题在于，机构投资者行为的短期性导致了经理人员把主要注意力集中在短期性的、季度性的利润方面，这种投资者的股资类型给美国的经理和董事所提供的有关所有者目标的信息是"一季度一季度地增加，他们将维持或增加投资。如果盈利下降，我们就出售"。结果，美国的经理人员在发布公司季度盈利报告、与证券分析家会谈时，相信别人对他们及公司绩效的判断是以 90 天（一季度）的时间为基础的。如果"判断"不是肯定的，随后就会出现大量股票被售出的现象，股票价格也会有相应下降。在人们比较担心敌意接管时，股价下降的前景特别令人悲观（Lorsch and Maclver，1991）。这只能使经理人员集中注意力于短期目标，注重"短、平、快"项目，而不顾公司的长期绩效。

当然，一些机构投资者有时也起到主动投资者（股东）的作用，在公司绩效太差，经理人员又无力改变时，它们也会通过股东大会、董事会采取主动行动。美国 20 世纪 90 年代一系列大公司的总裁被解职，如通用汽车公司的两任总经理在 1992 年 4 月和 1993 年 4 月分别被赶下台；克莱斯勒汽车公司总经理亚科卡被解职。还有数字设备、康派克、固特异、田纳科以及"蓝色巨人"IBM、Hartmart、Lmoera 等公司的首席执行官（CEO）被解职或被强制退休，重要原因就是公司绩效十分糟糕（参见 Stewart，1993）。但总的说来，到目前为止，这种情况是比较少见的。

不言而喻的是，使公司经理人员为股东谋取利益的最佳办法之一是为他们设计恰当的报酬制度或激励机制，将其利益与股东的利益结合起来。由于股东的收益来自分红和股票增值，而分红又影响到股票的增值，所以，股东的利益可以说反映在股票价格上。如果公司经营绩效良好，分红增加，股份就会上涨，反之就会下降。美国的公司据此设计，允许公司经理人员以现在的市场价格水平购买公司的股票，即股票期权。标准的股票期权是授予经理权利（不是义务），让他能在今后 10 年内以承诺期权时的市场价格购买公司股票（条件是 2—4 年后才能买）。这样，如果以后公司股票价格上涨，经理人员就能赚得差价。股票期权制度在美国公司经理人员的报酬安排中占有重要地位，例如，美国最大的 1000 家公司中，经理人员总报酬的 1/3 左右是以期权为基础的。乍看起来，经理将因股票期权制度而努力工作，增加企业效益，使股价升高，从而使自己的财富最大化，股东也因此受益。但是，实际经历表明这套机构的运作并不理想。据报道（Colvin，1992），美国公司的 CEO 的实际报酬很少与公司绩效相关联。CEO 的报酬的增长，快于公司利润和工业产出的增长，不受美国经济衰退的影响。尤其是 80 年代以来，期权制度一直是支配 CEO 报酬超速增长的主要引擎。1985 年，美国工业中一个一般的 CEO 的长期激励部分（主要是期权）的价格估计是 58000 美元，而到 1991 年，则达 527000 美元。

据考察，美国一些大公司的 281 个 CEO 的期权收益在 80 年代与公司的绩效关联甚少。其原因在于，首先，得到期权者并没有投入资本，因而不存在风险，如果股价上涨，他们固然能够得到大量收入，但如果公司经营绩效差，股价下跌，他们也没有受到什么损失。因此，这是一个无本生意。其次，以 CEO 为首的经理人员比一般投资者有一个更大的优势，那就是内部信息。经理人员能够充分利用自己的地位获悉公司披露及未披露的信息如财务状况及其他能够影响股市行情的信息，从而灵活机动地行使自己的期权，例如在股价高峰时购买，以赚取利润。再次，经理人员可以使自己的行为短期化，急功近利，强使股价提高，从而得到期权收益。更重要的是，这种期权制度的基础并不一定是正确的，也就是说，公司绩效与股票价格可能没有太大关联。一项对 1871 年到 1979 年间美国的一种主要股票指数——标准普尔混合指数——和红利之间的关系的实证研究表明，股票价格的波动太大，很难用红利（反映了企业的盈利水平）来解释（Shiller，1981）。这其中的一个重要原因是股票市场上投机现象严重。由于信息的不充分，投机者可能在股价上升时买进，而在股价下跌时卖出，从而对股市的波动推波助澜，加大股票价格的波动，而不像主流经济学所说的在股价上升时卖出，在股价下跌时买进，起一个稳定器的作用（Hart and Kreps，1986）。总之，期权制度很难使 CEO 与股东站在一条船上，不能保证公司行为的长期化。

以上对美国公司治理结构制度的考察表明，由于作为股东主要部分的机构持股者对经理人员不能直接施加影响，所以更多地依赖于资本市场（特别是股票市场，改变所有权归属），结果导致股票周转率很高，出现严重的持股短期化，经理人员面对主要股东的这种压力只能偏重于追求短期盈利，对研究与开发和资本投资不太重视。

三、日本的公司治理结构制度

在第二次世界大战前的日本，公司及公司股票主要由财阀家族来掌握。第二次世界大战后，财阀及其控股公司被强行解散，原财阀系列企业的股票也被强行出售。开始时，重点出售给各公司的职工和一般公众，因而持股比较分散，随后，股票开始向集中的方向发展。

日本控制着企业股权的主要是法人，即金融机构和实业公司。80年代以来这种现象特别突出，法人持股的比率（金融机构＋事业法人等）从1960年的40.9%增长到1984年的64.4%，到1989年又增加到72.0%，增长速度非常快。法人持股，在日本主要是指法人相互持股，即公司与公司之间、银行与公司之间相互持股。这种相互持股不是泛泛而言的，公司相互持股是集团内企业的相互持股，整个集团形成一个大股东会，例如三菱集团企业持有集团各成员公司平均股的29%，总经理会就是一个大股东。银行几乎不持有与自己没有交易关系的公司的股份，它占有股份的目的基本上是实现企业的系列化和集团化。日本虽然也有机构投资者如保险公司、信托公司、年金基金等，但是，后两者的持股比率很低，投资信托公司持股比率在1963年曾达到最高峰，为9.5%，到1984年降到1.1%，年金基金持股比率远低于此。保险公司持股比率在金融机构中仅次于银行而居第二位，是一个重要的持股者，它的职能本来是把入保人的资金用于股票、债券、不动产，把经营收益返还给入保人；为了使入保人得到更多的收益，它应当在股票经营上卖出价格将要下跌或股息低的股票，买进价格将要上升或股息高的股票。但是，在日本，根据保险业法第 80 条规定，保险公司的保险收益不能作为红利返还给入保人；保险公司的所持股票流动性很小，往往是为了企业集团的联合而持有股票的。近年来这种状况虽有所改变，但总体上仍然如此。因此，保险公司应当作为法人持股者看待。

在大股东逐渐由个人变成机构持股者或法人的情况下，股东具有怎样的约束作用呢？作为机构投资者，它具有个人大股东一样的作用，其利益不同于经营者的个人利益，这是不言而喻的。作为法人持股者，情况则有所不同。公司需要能代表公司说话的人，公司法定代表人基本上是董事长。

在日本，公司董事会成员主要来自企业集团内部。这种状况还使日本公司的高层领导中，同一个董事兼任制定战略和承担经营业务两项工作。日本董事会的另一个显著特点是，董事分等级，顺序是社长、专务、常务、一般董事。社长提名董事候选人，一般在股东大会上自动被承认。而在美国，虽然总经理一般也是董事会成员，但在职能上还是分得清楚的。董事会研究战略，受股东委托制定公司的最高经营方针，经理人员执行业务工作，从事具体经营管理。

在公司的董事会中，决定公司战略和执行战略决策、具体从事管理这两个职能之所以是分离的，其基本理由在于，职能的混淆会使公司董事会承担过多的日常工作，分散精力，陷于短视。日本公司的职能混淆必然也有这样的问题。董事会的另一职能是监督执行人员。在日本的多数董事来自集团内部的情况下，这种监督职能必然难以执行。

问题在于，在日本，董事是内部选举产生的，董事长一般是公司的经营者首领。既是经营者，又是持股者的代表，经理人员的约束问题怎样解决呢？是不是完全不受控制了呢？事实上，由于商法规定公司不能有自己的股份，公司持股就成了相互持股，包括几个企业之间的循环持股，结果，一个企业集团内的企业相互持股，形成相互控制。社长会、总经理会也就成了大股东会，他们的意见在股东大会当然居于主导地位。如果某企业经营绩效差或者经营者没有能力，这种大股东会就会意见一致地罢免经营者。

日本三井集团的三越百货公司的前社长岗田茂因为公司经营状况恶化被解职的经过，可以使上述大股东会、董事会的作用更清楚。在三越百货公司经营状况恶化、经营手段遭到批评期间，公司董事会没有提出任何意见。这是因为在董事会由社长选出、社长再由董事推选的相互选举中，社长不会选举那些不相信自己、不推举自己当社长的人当董事。诚然，在相互持股控制的情况下，如果甲方对乙方提出不信任，乙方也会反过来对甲方提出不信任，结果是谁也控制不了谁。不过，在多边相互持股的情况下，如果有一个法人绩效太差，其余持股法人会群起而攻之。在三越百货经营日益走下坡路时，在董事会难胜监督之责的情况下，三井集团的首脑小山五郎向岗田提出了解职问题，随后，三井集团的社长会"二木会"（这实际上是法人大股东会）决定对岗田劝退。之后，三越公司的董事会决定解除岗田社长的职务。

日本公司治理结构的重要特点还表现在银行与企业的关系上。在日本，公司投资以间接融资为主，主要靠向银行借款来扩大生产规模。银行也被允许持有非金融性公司的股票。整个金融机构拥有的股票占公司公开发行的股票总额达 40% 左右，其中银行持有 20% 左右，保险公司持有 18% 左右。而且，一般由一个或少数几个有影响的城市银行拥有一个公司的最多或近于最多份额的股票，这种成为一个公司主要股东的城市银行被称为主银行（Main Bank）。这种监督的方式主要不是直接选拔经理人员，也不直接明确控制公司的政策制定，只是在公司绩效很差时才显示控制权力。由于主银行对企业的资金流动密切关注，所以能及早发现财务问题，并采取行动。例如可以事先通知有问题的企业采取对策，如果公司绩效仍然恶化，主银行就通过大股东会、董事会来更换经理人员（Aoki，1990）。主银行也可以向其持股比例比较大或贷款较多的企业派驻人员，包括董事等。借助于这些手段，主银行就成了有关公司的一个重要的监督者。

由于日本股东的特点是法人相互持股，他们持股的目的只在于使股东稳定化，相互支持和相互控制，所以，他们手里的股票是不会轻易进入股票市场的，股价的作用因此也对经理人员影响甚微。就股票市场上的兼并而言，日本也很少发生。日本的兼并活动进入60年代后虽然也增加了，但主要发生在中小企业之间或大型企业与中小企业之间，在大型企业之间很少发生。而且，日本企业的兼并很少采用公开购买股票的方式，而往往是合并双方的大股东先行商谈，再转移其股票，从而吞并公司。

日本之所以比较少地发生兼并活动，主要原因是：相互持股的法人股东占有股票的目的，不是为了得到较高的股价、股息，而是为了企业之间的联系和得到控制权，因此，这些持股法人往往长期固定地持有得到的股票，即使股息大大低于利息水平，也不进行买卖，结果，股票的买卖周转率很低。另外，日本人的公司观念认为兼并同劫路杀人一样有罪，在一定程度上也减少了兼并事件的发生。

最后值得指出的是，日本式的法人相互持股近来出现一些动摇迹象，银行与企业的相互持股制度开始出现裂缝（奥村宏，1992），这是否意味着这种体制是高速增长时期的现象，一遇到衰退即行解散呢？

四、德国的公司治理结构制度

德国公司（这里是指股份有限公司，AG）的公司治理结构制度中银行的地位与日本银行对公司的地位非常类似，同时也有两个方面非常不同于美、日的公司治理结构制度：一是在公司治理结构中建立双重委员会制度，即存在监事会和管理理事会（简称理事会）；二是强调职工参与。监事会由 3 人（或 9 人、15 人）组成，最多不超过 21 人。它的主要职责是监督理事会的经营业务、任免理事会成员、向理事会提供咨询等。它的职能相当于美、日公司的董事会的职能。监事会不仅对理事会的业务活动享有广泛的审核、监督和了解权力，而且有权审核或委托职业机构审核公司的账簿、核实公司资产，并在必要时召集股东大会。监事会成员一般都要求有比较丰富的管理经验。理事会是执行监事会决议、负责公司日常运作的执行机构，它的成员的任免、报酬的确定都由监事会决定。因此，理事会向监事会负责，有义务向监事会报告公司的重大经营方针及公司的绩效。由此可见，德国理事会的地位相当于美、日公司中的主要经理人员或管理部门，而不能视同美、日公司的董事会。在公司中，监事会与理事会的成员不能是同一个人。

在德国，最大的股东是金融公司、创业家族、保险公司和银行等一些组织。而且，它们的持股一般比较集中，例如，在德国 1988 年 40 家最大的公司中，单个股东持股 10% 以上的有 29 家。这与前面所说的美国所有权的比较分散形成鲜明的对比。其中，银行的股本持有并不是最大的，它持有的股票只占德国国内所有公司上市股票的 9%。但银行除直接持有股票外，还是其他一些股东所持股票的保管人。在 1988 年，在德国银行储存的股票达 4115 亿马克，约为当时国内股票市场总值的 40%。这样，加上银行自有的股票，银行直接或间接地管理的股票就占德国上市公司股票的 50% 左右。由于银行可以代表储户用储存在银行中的股票进行投票，银行的权力就显得很大。而且，银行在许多公司中都拥有很大一部分股票，所有权的集中程度比较高。例如，银行也在至少 33 家工业公司中拥有25% 的股票（Kester，1992）。

按照德国的传统做法和有关法律，拥有公司 10% 股权的股东有权在监事会中占有一个席位，有权对股东大会选举的某些审计员提出反对意见，并有权请求法庭指派另外的审计员；如果公司或公司的经理人员有不良行为（如诈骗、严重违法或违反公司章程）或不良行为嫌疑，这些股东也有权要求法庭指定特别调查员（梅因哈特，1988）。这就使得大股东在公司绩效下降时有可能影响经理人员的行为，使其按自己的意图行事。这些大股东的持股相对说来也因此比较稳定，不因公司绩效的暂时下降而迅速出售股票。根据一项大型调查，在戴姆勒－奔驰汽车公司，德国一些银行拥有公司 25% 左右的股票，当公司理事会主席整顿公司、公司利润出现下降时，这些银行也仍然留在公司中，没有出售公司的股票；经常出现的情形还有，当公司经营不善时，银行和保险公司往往加以干涉，改组理事会（Lorsch and Maclever，1991）。而且，德国的银行具有与日本银行类似的作用。在德国，一个对公司持股最大的银行被称为主持银行（Hausbank），通过贷款、向公司派驻监事等，主持银行能够比较容易地获得公司内部信息，从而有效地对公司实施监督。

主要股东对股票市场的很少参与使德国的股票市场很不发达。首先，德国的股份公司很少，只有 2000 多家，其中上市的只有 650 家左右，其次，德国的股票交易所的成交量相对较小。德国在 1989 年的股票交易量为 84.8 万股，而纽约证券交易所 1989 年的交易量为 4100.7 万股。这样，股票市场对公司的影响就比较小，德国的公司经理们不用像其美国同行那样紧盯股价，脉搏随股票价格的波动轨迹而跳动。

与之对应的是，经理人员的报酬也不像美国那样与公司的盈利、股价直接挂钩，股票期权在德国根本不存在。

总之，无论从所有者还是从经理人员来看，德国的公司治理结构比较偏于从长期的经营，偏于公司的成长（长期盈利），而不是短期盈利的增加。

其次，关于职工参与决定制。

职工参与决定的有关思想在德国 200 多年前就被早期的社会主义者提出来了，早在 1848 年，在法兰克福国民议事会讨论《营业法》时，就有少数人提出在企业层次应建立工人委员会作为参与决定的机构。1891 年修订《营业法》，第一次在法律上承认了工人委员会，从而认可了职工参与决定制度。德国魏玛共和国时期制定的著名的魏玛宪法第 165 条甚至有这样的规定："工人和职员有平等地与企业家共同决定工资和劳动条件的权利"，"工人和职员在工人委员会，在按地区划分的区工人委员会以及在国家工人委员会中应拥有法定代表，并通过他们来了解自身的社会经济利益。"在魏玛宪法中固定下来的参与决定思想，尤其是在企业这一层次上，被延续至今。目前，德国有雇员 2200 多万，实行职工参与制的单位共有雇员 1860 万，占雇员总数的 85%。

在德国的职工参与中，可以分为三种情况。其一是针对拥有职工 2000 名以上的股份公司、两合公司、有限责任公司。1976 年通过的《参与决定法》规定：在 2000 名以上到 1 万名的企业，监事会有 12 名成员，在 1 万名以上到 2 万名职工的企业，监事会有 16 名成员，2 万名职工以上的企业有监事会成员 20 名。从人数上讲，职工与企业主（或劳资）双方是相同的。为了防止决策形成僵局，监事会主席可有 2 票。一般而言，主席是由资方担任的。因为主席与副主席是从监事会中根据 2/3 多数选举出来的。如果在首轮投票选举时没有人拿到规定比例的票数，则在第二轮选举中就由资方代表担任主席，劳方代表担任副主席。另外，在职工（职员）进入监事会的代表中，职工、职员和高级职工是按比例选举的，但每一群体至少有一名代表，工会可以再选任 2—3 名。

其二是针对拥有 1000 名以上职工，其法律形式为股份公司、有限责任公司或具有法人资格的矿业企业和钢铁企业。这类企业的参与决定涉及理事会和监事会。理事会中要求有一名劳工经理参加。监事会的人数定为 11 人，席位分配的过程是：劳资双方分别提出 4 名代表和 1 名"其他成员"，再加 1 名双方都能接受的"中立的"第三方。其中的"其他成员"规定为不允许与劳资双方有任何依赖关系，也不能来自那些与本企业有利害关系的企业。

其三是针对雇工 500 名以上的股份公司、两合公司等。规定雇员代表在监事会中占 1/3，在监事会席位总数多于 1 席时，至少要有 1 名工人代表和 1 行职员代表。职工代表由工人委员会提出候选人名单，再由职工直接选举。

对于职工参与制的作用问题，可以说众口不一，即使在民众眼中，参与决定也不是最重要的任务。例如，在 1982 年 12 月德国工会联合会进行的关于确定工会利益重点的民意调查时，只有 8% 的公民提到了参与决定制，在总共 11 项任务中只占第 9 位（格罗塞尔，1989）。不过，参与决定制毕竟使职工在监事会甚至在理事会中有自己的发言人，因此能做一定程度上减少双方的摩擦和对立。这也是德国"社会市场经济"原则所强调的。而且，职工、职员和高级经理人员选举的职工代表进入监事会，也使公司决策比较公开化，因而更利于监督。职工参与决定制还有一个优点，那就是利于管理部门的持续稳定的存在。因为如上所述，职工要在监事会中占有一些席位，这样，一旦公司受到接管，接管者仍不得与这些职工打交道，职工有可能抵制接管者的任何接管尝试，使接管者在准备接管时不得不思量再三，甚至望而却步，这也是德国公司很少受到外国投资者接管威胁的主要原因之一（Lorsch and Naclver，1991）。

五、公司治理结构与公司行为：一个比较

从以上分析可见，就经理人员的监督而言，不管是机构持股还是法人持股，经理人员都受到股东的监督和约束。只是在不同国家持股主体、监督主体有所不同（参见表 1）。由此产生的公司治理结构与市场约束的不同，必然深深影响着企业的行为。

表 1 美、日、德三国上市公司的所有权结构（1990—1991 年）

国别	金融部门					非金融部门			
	银行	保险公司	养老基金	投资公司及其他	加总	非金融企业	家庭	政府	外国人
美国	0.3	5.2	24.8	9.5	39.8	不详	53.5	–	6.7
日本	25.2	17.3	0.9	3.6	47.0	25.1	23.1	0.6	4.2
德国	8.9	10.6	—	—	19.5	39.2	16.8	6.8	7.7

资料来源：Kester，1992。

在美国，股东（机构持股者）更倾向于得到股息和红利，这样一来，企业的盈利就向股息倾斜，分红越多，表明经营越好，经理越有能力；而且，分红还直接影响到股票市场的行情。所以，美国绝大多数公司要把1/2以上的利润作为分红用基金。正像前面指出的，为了满足股东的这种愿望，公司还为经理人员设计了股票期权制度，根据利润的多少、股票行情的好坏，对经理实施不同的报酬。其结果就是，美国的经理人员对股息、股市行情这些与股东直接有关的指标十分敏感和重视。

而对日本企业而言，在法人相互持股的情况下，如果企业 A 要求企业 B 支付红利，企业 B 反过来也会向企业 A 要求付红利，因此，在这个连环套中，损人者（要求得红利、股息）最终必害己（被要求支付更多的红利、股息）。作为大股东，法人相互之间就能形成默契，尽量少支付红利、股息，而把余下来的资金用于投资。这样，企业的经营者就会将企业的扩展、在市场上的竞争力作为自己的追求目标。日本公司的经理人员把市场占有率放在企业目标的第一位。相互持股的另一优点是能向经理人员提供相互信任。经理人员在经营中可能投入了大量精力，他（们）所得到的经验和地位可能是本公司所专有的，一旦离开本公司，这些东西就会毫无价值或价值大受损失，在这种人力资本专用性存在时，如果敌意接管经常发生，经理人员感到自己的职业前程朝不保夕，就会过度利用自己的权力，强求及早得到人力资本的专用性的收益，从而使企业行为短期化。在相互持股的情况下，敌意接管就很少发生，经理人员由此可从长计议，投资长期项目。

德国公司因其所有权结构类似于日本的公司，其行为也与日本公司的行为非常类似。

六、对中国国有大中型企业公司化改造的几点启示

目前，中国正在尝试对国有大中型企业实行公司化改造，以建立现代企业制度。此时需要总结国内外，特别是主要市场经济国家现代化公司制度的经验教训，以免出现不应有的失误。鉴于以上对美、日、德三国公司治理结构制度以及某种程度上还有资本市场的比较与分析，笔者认为中国的公司化改造需要注意以下几方面的问题。

首先，公司制度的有效运转需要恰当的所有权结构。所有权结构是指拥有所有权的当事人（股东等）的构成，例如，究竟是个人持股为主，一些金融中介机构持股为主，还是银行、实业公司持股为主。主要市场经济国家的公司制度发展的经历表明，实行人人有票、人人有资本的所有权的过分分散（所有权原子化）并不能实现最好的所有权结构。这里的一个基本理论在于，所有权的原子化可能会导致低效率。因为在公司有众多股东时，由于股东之间达成协议的成本比较高，还由于单个股东会认为自己对公司经营的关心与最终给自己带来的利益不相称，即使不关心也不给自己造成多大损害（即存在外部负效应，大部分损失被其他股东承担），股东们就对公司经营本身不感兴趣，而集中注意股票价格。这种所有权的无效率或误配最终导致公司行为短期化。公司之间、银行等金融机构与实业公司之间的相互持股，过去往往被认为相互持股会产生垄断行为，产生经营者的相互勾结，从而会侵犯股东的利益，降低效率。美国之所以制定法律，禁止相互持股，就是基于上述理由。但是，日本却实行这种相互持股制度，大股东之间相互制约，并没有产生经营者相互勾结行为，至少是这种"勾结"没有损害公司（股东）

利益。因此，就我国的国有大中型企业的公司化而言，构筑银行作为公司重要股东在公司中的权利，使其既具有积极股东的作用，又能避免垄断、合谋问题的做法，就非常值得研究和考虑。

其次，公司制度的正常运转要求恰当的公司治理结构制度。由于所有者（股东）与控制、经营者（经理人员）的目标函数的不一致，经理人员的行动就可能有悖于股东利益。为此，就要注意激励、监督和制约经理人员，减少所有者的这种损失或代理成本。为此，就要合理界定大股东（在目前的主要市场经济体中主要是金融机构和实业公司）在公司治理结构中的作用。美国的一些法律规定（包括一些税收法规）限制了机构股东的作用，使之在董事会中、对经理人员没有多大的主动作用；相反，在日本与德国，银行与公司之间、公司之间的相互影响却非常大，并产生了利于公司绩效的积极影响。这也就说明，限制可以与经理人员力量抗衡的机构股东、法人股东的作用，并不一定是明智的选择。当然，对一些大股东过分干预公司事务的权利滥用现象，也是需要加以防范的，这在中国进行公司化改造时尤其需要注意。因为在向现代公司转轨过程中，国有企业的大股东仍可能是一些国家机构，如何避免传统国有制的弊端，使这些持有大量股权的国家机构的行为有助于公司行为的合理化，就成了需要加以解决的问题了。

再次，关于资本市场的作用问题。资本市场，包括股票市场和长期债券市场。就股票市场而言，美国由于鼓励股权分散、股票流动，因而比日本、德国规模大得多。而就长期债券市场而言，在银行与公司方面，美国则限制规定商业银行只能经营短期贷款，不能经营7年以上的长期贷款。而在日本和德国，银行与企业保持着长期密切的联系。从日本来说，第二次世界大战以后日本企业的融资中间接融资、主要是银行贷款一直占主导地位。例如，1970—1974年，公司的长期贷款占长期融资总额的比例为27.6%，而靠股票发行筹款所占比例只不过是8.2%，虽然这种比例以后有一些重要变化，例如，长期借款在1975—1979年和1980—1983年的比例分别为10.2%和11.2%，同期股票筹款所占比例分别为9.6%和13.4%，但长期借款一直很重要。在德国，银行常常是公司的最大股东，而且在企业面临困难时，也给予救助。可以说，从银行与企业关系的角度看，日、德的长期债券市场的相对规模要大于美国。国际上对日、德资本市场的评价要高于对美国资本市场的评价。这似乎说明了日、德的间接融资比美国的直接融资更利于企业的长期绩效。我国在国有大中型企业的公司化的改造过程中，曾经出现过搞股份公司就要发行股票、就要上市的思想，这实质上是过分强调股票市场的作用，国际经验的比较并没有对此提供支持性的论据。

国有企业集团改革与发展

　　大国崛起要有具备国际竞争力的大企业。大公司大集团战略是我国国企改革和国有资本战略性调整的一项重大部署。党的十五届四中全会明确提出，要按照现代企业制度的要求，将全国性行业总公司逐步改组为控股公司。发展一批以公有制为主体，以产权联结为主要纽带的跨地区、跨行业的大型企业集团，使其在促进结构调整，提高规模效益，加快新技术、新产品开发，增强国际竞争能力等方面发挥重要作用。针对企业集团组建过程中存在的"拉郎配"问题，一些大企业大集团组织结构不合理带来的管控低效问题和发展中盲目扩张、业务过分多元化等问题，作者撰写了多篇论文，主张战略性改组要以大企业为主体，大企业要构建好管控有效的组织架构，发展好主业。我们看到，目前在推动国企混合所有制改革、推动国企发展中，仍然强调优化国有资本布局结构，国有企业要突出主业，"瘦身健体"，压缩管理层级。本篇提出的相关建议对目前的国企改革和发展仍具有很强的参考价值。

我国企业集团发展中的政府角色定位 [①]

一、我国企业集团发展中的政府作用

20世纪90年代是我国企业集团成长最为迅速的时期。在此期间，政府有关部门制定了一系列的配套政策，支持大型企业集团的发展。总的看来，有关政策主要体现在以下方面。

第一，选择一批大型企业进行试点。1991年国务院发布71号文件，选择了57家试点集团，进行重点政策支持。这些集团包括：3个汽车集团、3个电站设备集团、2个输变电集团、8个机械电子集团、4个钢铁集团、8个电力集团、1个煤炭集团、2个交通运输集团、4个化工集团、4个建材集团、1个纺织集团、4个森工集团、3个航空集团、2个航天集团、2个外贸集团、2个制药集团、3个航空运输集团。1997年，国家扩大了试点企业集团的数量，增加到120家，其中冶金行业新增4家、机械行业新增4家、汽车新增3家、电子类新增7家、化工新增3家、能源新增2家、纺织新增3家、医药新增3家、交通新增3家、建材新增1家、外贸新增6家，在原57家其他行业的试点企业不变的情况下，又新增了农业5家、轻工3家、建筑3家、内贸6家、乡镇企业3家，以及其他类企业如

---

① 原载于《中国工业经济》，1999年第6期。

国家开发投资公司、新疆建设集团等4家。

第二，制定了一些配套政策，用以支持试点企业集团的发展。这些政策主要包括：（1）计划单列，计划单列的范围确定为生产、投资、能源供应、外贸进出口、工资、科技、教育、财务和信贷等九项指标；（2）成立财务公司；（3）享有自营产品进出口权；（4）外事审批权；（5）国有资产授权经营试点；（6）集团公司统一纳税。不过值得说明的是，并不是所有的试点企业集团都可以享有这些政策。例如，截至1996年底，原57家试点集团中有41家集团实行了计划单列，54家集团享有自营产品进出口权，而实行国有资产授权经营试点的只有7家。

第三，逐步增大对大型企业集团的金融支持。如实行主办银行制度，鼓励大型企业优先上市，到资本市场上去募集资金，等等。到1997年底，120家试点企业集团共有上市公司66家。

第四，重视企业集团的技术创新，把企业集团的技术进步、产品结构升级作为提高企业集团国际竞争力的关键步骤。例如，到1997年底，120家试点企业集团中有71家成立了国家级技术中心，国家给予一定的配套资金支持。

第五，鼓励大型企业集团在资产重组、国有资产存量重新配置方面发挥更大作用，试点企业集团可以享受有关并购方面的优惠政策。国务院直接出面组建了几个大型企业集团，各地也积极组建企业集团。

从以上政策和有关措施来看，这一时期企业集团发展过程中的政府作用主要存在以下问题。

第一，缺乏明确的遴选标准和淘汰机制，难以使企业集团形成平等竞争和优胜劣汰的市场机制，难以起到扶强扶优的作用。1991

年 71 号文件和 1997 年 15 号文件规定，选择国家试点企业集团的范围是关系国计民生的重点行业中的排头兵。这一定义十分模糊，给挑选试点企业集团的部门以很大的自由选择空间和斟酌决定权。企业集团一旦入围，就几乎是终身享有优惠政策，未入围的企业集团只能等待试点范围的扩大。同时，入选企业集团的规模和绩效相差甚大，不少企业集团盈利能力很差，甚至亏损，忙于稳定（职工队伍）和生存，无暇顾及发展，更不用说在产业结构调整中发挥积极作用了。

第二，缺乏明确的产业政策导向，国家产业政策的制定与实施和企业集团发展的结合不紧密。国家尽管确立了汽车工业等几大产业作为产业发展的重点，但在试点企业集团的选择上却遍布各产业，试点企业集团的选择成为各部门利益平衡的一项工作，没有把通过选择性地扶持试点企业集团来实施产业政策放在重要位置。而且，目前也缺乏有效的手段使企业集团的发展同国家产业政策的实施直接结合起来。原有的一些政策如计划单列等几乎无法再发挥有效作用，新的具有可操作性的政策尚没有制定出来。

第三，技术创新缺乏有机的统一组织和协调。随着现代企业制度的逐步确立和企业财力的增大，企业集团的技术创新活动基本上靠自筹资金、自行安排。但由于我国企业集团规模偏小，财力相对不足，其研究与开发的投资力度明显偏小。即使能够达到国家规定的占销售额的比例，规模不大的经费也难以使企业着眼于中长期发展进行研究与开发投资。同时，我国政府尽管鼓励技术创新，促进技术进步，但其政策意图还仅停留在非常宏观的战略层面，如科技兴国战略等，缺乏具体有效的政策组合。在技术引进过程中，如何通过技术引进，形成消化吸收、创新的机制，长期没有形成有效的途径。

第四，企业集团组建过程中的政府"拉郎配"行为较为突出。有的是部门翻牌组建，有的则是部门或地方把整个行业的企业装入一个优势企业，把组建企业集团作为扶弱、脱困的临时手段。这类做法既不利于企业集团本身的发展，也给国有经济的战略性改组和产业结构调整增加了难度。

第五，缺乏有效的市场保护政策措施。作为发展中国家，与国际同类行业相比仍处于幼稚阶段、至少属于不成熟阶段的行业，其产业及产业中的企业的发展是需要有效的市场保护措施的。但在"以市场换技术"的一片呼声中，国内市场保护工作极为薄弱。例如，国内三大动力设备公司都因无法争取到国内项目中的订货而经营困难，60万千瓦机组即使能够制造也拿不到订货。拥有世界三大浮法玻璃制造技术之一的洛阳浮法玻璃生产企业也受到国外同行在国内的严重冲击。结果，改革开放以来，尽管我国的能源、建材工业等进入迅速发展的黄金时期，我们自己的动力设备生产企业、玻璃生产企业乃至航空航天企业、电子企业等很多类似企业却无法抓住机会，取得迅速发展，技术消化、吸收和创新工作也无法取得突破性进展，陷入恶性循环。

第六，缺乏有效的逻辑一贯的配套规制政策。大型企业的发展涉及整个国民经济的诸多方面，具有很强的政策效应。应结合我国国民经济的特点，制定相关的配套规制政策。例如，我国目前在企业集团整体上规模偏小、市场集中度偏低的同时，在有的行业，特别是专业部改换过来建立行业性控股公司的行业，却存在独占现象。因此应通过反垄断法等法律法规对其行为加以规制。再如，我们一方面强调建立公平竞争的市场环境；另一方面政府又出面制定

"行业自律价"。这种行业自律价的制定带来的不良后果在于：形成垄断，保护落后，不利于大公司、大集团战略的实施，不利于公平竞争。

二、国外企业集团发展中的政府作用：一个比较分析

（一）产业结构政策与企业集团发展

日本经济在 20 世纪 50 年代初面临的一个重大问题是占出口份额 1/5 以上的机械工业缺乏国际竞争力，无法成为带动经济发展的推动力量。日本产业界的有关研究报告认为，机械产品缺乏国际竞争力同前向工业和后向工业条件有直接关系。例如，汽车制造商认为，由于钢的消耗占汽车成本的 16%，必须降低钢材价格，并提高质量。造船企业也认为，必须对相关产业进行调整，否则，仅靠造船企业本身难以大幅度降低成本。而钢铁生产商则认为，要使钢铁成本下降，必须降低运输成本（如用日本船只运送原材料），同时降低煤炭价格。而船运企业则要求降低船价。这样，煤、钢、造船（机械）、船运及其他相关产业存在高度的相互依存关系，形成一个连环套，一个产业的生产与投资水平，通过市场规模影响另一个产业的生产水平，影响规模经济的实现。任何单一行业或企业的独立行动都不太可能消除这种恶性循环。

为了对这些产业进行调整，打破僵局，日本在通产省下设立了一个咨询机构——产业合理化审议会，其任务是：（1）找出每一个企业和行业需要合理化的方面，为每个产业设立一个投入系数和成本目标；（2）研究实现合理化目标所遇到的问题，创造必要的解决问题的条件；（3）从产业结构角度研究产业的合理安排，特别是关系产业合理化的基础产业之间的合理的相互依赖程度。通过一系列

的研究，产业合理化审议会找出了造船、钢铁、煤炭三个行业的问题关键所在，制订了具有国际竞争力的目标价格及实现这一目标的产业合理化计划，并据此制订了投资计划。

产业合理化政策及投资计划是通过企业集团进行的。以钢铁工业为例，八幡制铁、新日铁、川崎钢铁三家大公司都根据产业合理化审议会的报告制定了本企业为期3年的设备现代化计划和重点投资计划。所需资金则由政府、企业自身、主银行及其领导的民间金融机构共同协调解决。通产省审查并批准项目，推荐给日本开发银行，日本开发银行经过再次审查后决定提供部分贷款，主银行在开发行贷款后也提供贷款，并推荐给其他银行，最后由主银行牵头组成包括几家私人银行的银团提供其余所需贷款。在这一过程中，日本中央银行——日本银行的贷款协调部门还以贷款协调方式支持主银行的行动；同时，产业合理化审议会综合分会还成立了由主要产业、企业、日本银行、日本产业银行及其他主要私人银行的代表组成的资金部，开展了产业合理化资金筹措方式的研究，从而在政府、企业、银行之间沟通了信息，填补了其间存在的信息缺口，降低了金融机构的贷款风险，增加了金融机构的贷款信心。

（二）技术引进与技术创新

韩国的石化工业70年代初白手起家，从利用国外技术和资本建成第一座石化企业起，用了不到20年时间，就有能力自行设计、制造、运营类似的石化联合体，1994年5月，整个韩国乙烯生产能力为年产357万吨。韩国之所以能够在不太长的时期内，引进并消化吸收了石化生产技术，并反过来提供生产设备的制造能力，与其政府的强烈直接干预息息相关。

韩国在20世纪60年代初开始筹划建立一座一体化的石化联合

企业，就由政府部门首先聘请一家国外公司参与研究石化工业发展建议，分析韩国有足够市场需求的产品、生产成本和拟建的企业规模与厂址选择。在国内，政府规定石化产品生产实行"一家企业，一件产品"的原则（该原则直到80年代末才放弃），并建立合资企业，引进世界上最先进的技术。政府制定并公布了挑选企业的标准，允许所有企业竞标。

为了吸引外商投资，并使韩国企业尽快掌握技术，韩国的石化工业促进委员会（成员包括有关部门的副部长、韩国石油公司总裁和学术界的一位专家）制定了一系列指导方针，如尽可能使国外投资占50%，改变专利费支付方式，将专利费作为股本投资，等等。在选择国外技术和供应商方面，韩国政府也做了大量工作。韩国在每种石化产品的项目选择上，都与十多家国外公司进行谈判，不断讨价还价，最后选定一家公司合资。为了使本国尽快掌握和消化、吸收国外技术，韩国1973年颁布实施《工程设计服务促进法》，规定所有经过政府融资的项目都要由韩国的工程设计公司负责工程设计的主承包。在两家石化联合体建成后，韩国一家工程设计公司的工程师就宣称，今后韩国完全可以自行设计、建造和运营石化联合体。

（三）积极鼓励企业出口，参与国际市场竞争

为了鼓励出口，韩国政府对出口企业制定了一系列优惠政策，如直接补贴、免征进口关税、减征国内税、对出口企业提供低息贷款、政府为出口企业开发国际市场提供经济担保，等等。1962—1974年，韩国的出口贸易年均增长率高达48%。

1973年的石油危机，使发达国家进入了萧条时期。世界市场上原材料价格上升，贸易保护主义流行。韩国企业的出口面临很大压

力。国内数量众多的出口公司规模较小，在国际市场上的竞争能力较弱，已经不适应新的形势。此时，韩国效法日本，实行综合贸易商社制度。政府对综合商社的选定标准是事先公布的，出口企业可以据此竞争入围。一旦被政府确立为综合商社，就享受一系列优惠条件，如可以得到廉价贷款；可以自由进口供出口商品生产使用的原材料；海外分支机构的外汇经费可达 100 万美元，而一般出口企业仅为 50 万美元，等等。而且，综合商社的选择标准是动态的，根据经济发展规模而不断提高，不能达到政府标准的综合商社将被取消资格，享受不到有关的优惠政策。

三、我国企业集团发展中的政府作用：政策建议

第一，恰当界定政府在市场经济和企业集团发展中的作用。从理论上讲，政府在市场经济中的作用主要立足于四点考虑，即外部性、规模经济、市场不完全、分配不平等。外部性的存在要求政府在外部效应明显的领域如知识产权保护、环境污染等方面采取行动；规模经济的存在要求政府完善市场竞争机制，制定相关的规制政策，如反垄断政策等；市场不完全则要求政府在信息的收集、整理、处理以及基础性的制度建设方面积极行动；而不平等分配则要求政府消除过大的收入差距。对于后起国家而言，政府作用的必要之处还在于主动推进产业结构升级，推动工业化及随后的产业高级化进程。不过值得强调的是，即使在这些市场失灵方面，限于自身组织经济活动的高成本和政府失灵因素，政府所要做的也并不全是替代市场，更多的则是增进市场的作用，补充、强化市场的功能。

在这方面，应充分吸取东亚经济发展过程中的政府有效做法和经验。对于东亚经济发展中的政府作用，目前有三种观点。第一种

认为，东亚经济的高速增长得益于宏观经济稳定，从而为投资、储蓄和大量的人力资本积累提供了恰当的激励，政府对特定产业的干预或者不起作用，或者使资源配置更糟糕，因此，政府作用应限于促进市场效率和发展。这种观点被称为"亲善市场论"。第二种观点认为，东亚成功的关键在于其强政府对价格、产业等方面的普遍干预弥补了市场失灵，促进了经济发展。离开政府干预，这些成就不可能实现。这种论点被称为"国家推动发展论"。第三种观点则认为，亲善市场论低估东亚经济中市场失灵的广泛性，而国家推动发展论则是忽视了政府主导型协调本身存在的缺陷，这种缺陷可能比市场失灵更普遍。在市场与政府之外，还存在其他民间部门的协调组织，如企业组织、商会、金融中介、劳工与农民组织等。政府的作用在于"促进或补充民间部门的功能，通过某种机制，改革民间部门解决问题和克服其他市场缺陷的能力"，这种观点被称为"市场增进论"。从日本和韩国政府的有关做法和企业集团的发展经历看，第三种观点似乎更符合实际情况。我国经济正处于转轨过程中，市场不成熟，政府部门应发挥积极作用，在推动市场秩序的完善的过程中，建立一系列制度，制定有关的政策措施，尽快消除目前不利于企业集团发展的一些制度真空（Institution Vacuum）和政策缺失，推动企业集团顺利发展。但同时应当强调，政府在发挥能动作用，推动大（企业）发展过程中，必须遵循市场经济的基本原则，不能凌驾于市场之上。

第二，制定合理的产业政策并推动实施。对于已有一定的工业化基础并面临产业结构高级化任务的后起国家，特别是对中国而言，产业政策可以细分为三个方面，即产业合理化政策、产业结构高级化政策和产业组织政策。产业合理化政策要解决的是现有产业的资产重组和关联产业之间的协调；产业结构高级化政策要解决的则是新兴产业的发展和现有产业技术结构和升级问题；产业组织政策涉及的是企业规模结构、主要是大中小企业之间的关系问题。三者之间密切联系在一起，不能决然分开。例如，产业合理化政策涉及现有产业的技术结构高级化，甚至涉及发展新兴产业以带动（推动）现有产业的调整。产业结构高级化首先面临的也是如何依托现有的工业基础，包括生产能力及现有工业发展产生的市场需求。而这两方面的政策实施都要与企业相结合，通过企业的发展实现产业结构的合理化和高级化。

在制定和实施产业政策的过程中，必须建立有效的组织机构。要汲取日、韩两国产业合理化审议会之类的组织经验，把政府、企业、中介组织、金融机构、学术界的有关专家领导组织起来，共同制定并策划实施产业政策，"敞开大门做计划"，在全社会范围内形成共识。这样制定的产业政策才有较坚实的科学依据，实施起来也比较顺利。

第三，在实施大公司、大集团战略时，必须制定明确的企业筛选标准，建立淘汰机制。扶持企业集团，关键是扶强，挑选优胜者（Pick the winner），而不是救济弱者。这里的关键是建立透明的游戏规则，为所有企业提供平等竞争的机会。在确定政府支持的企业名录时，必须改变目前选拔标准含糊其词、政府部门直接挑选企业的状况，使选拔标准明确，具有可操作性，达标的企业自动进入。而且，选拔标准应当具有一定的稳定性和灵活性。既要明确几年内不变，以使当期未达标落选的企业积极努力，把业绩做好，争取早日达标，又要有一定的灵活性，在一定期限修改，以反映国内外市场状况和技术变化状况。更重要的是，要建立对入选企业的淘汰机制。

如果在一定时期入选企业经营状况不佳，已经达不到入选标准，或因为入选标准改变，已入选企业达不到修改后的标准，可给予一两年的宽限期，容其追赶，届时仍然不合标准，则要清除出去。

第四，加大对企业集团技术创新支持力度，同时制定并实施有效的技术引进标准和引进程序，加速消化、吸收和技术创新步伐，尽快建立有利于经济独立的技术体系。加大对技术创新的干预和引导，已经成为世界各国的普遍趋势。当前我国政府研究制定产业技术发展规划。要明确战略性技术发展方向和重点领域，加强政府对大公司、大集团研究开发方向的引导，同时要加大政府的研究开发投资力度。在技术引进过程中，必须树立中央权威，在重要行业要建立统一的技术引进领导机构，防止多头对外，盲目引进，重复建设。在主要的工业部门中，要以有能力设计制造具有国际竞争力的生产装备为目标，有计划地引进国外技术，并配合以促进技术消化、吸收和创新的支持措施。同时要以现有优势企业为依托，逐渐增强企业的消化吸收能力，尽快形成独立的技术能力和技术体系。

控股公司的演进及其在国有企业改革中的作用 [①]

目前，我国已经成长起来一批实力较雄厚的企业集团，它们在国民经济中发挥着越来越重要的作用。母公司（集团公司或控股公司）是企业集团的核心所在，母公司的发展和改革对于国民经济发展、国有资产管理体制和国有企业的改革具有重要的意义。本文将首先描述西方控股公司的成长及其作用，然后对控股公司在国有企业和国有资产管理体制下一步改革中的作用进行分析，并提出有关的政策建议。

一、控股公司在西方经济中的演进及其启示

所谓母公司，按照一些国家公司法的定义，就是凭借公司股权而对其他公司产生直接或间接影响的公司。如果 A 公司控制了 B 公司的董事会构成，或者拥有 B 公司多数或半数以上的股份资本（多数表决权），那么，A 公司就是母公司（控股公司）。从其功能上讲，如果完全或几乎完全是为了管理其子公司或同一集团内的其他公司，

① 原载于《改革》，1996 年第 2 期。

或者只是向他们提供融资，这种控股公司就属于纯粹的控股公司，有的国家的公司法也把旨在为本集团内的公司提供融资的控股公司称为金融控股公司，把旨在控制对其他公司的投资的公司称为投资控股公司。①

控股公司产生于 19 世纪末。当时，工业蓬勃发展，生产非常迅速地集中到越来越少的企业手中。19 世纪七八十年代的经济危机，加速了生产经营的集中，出现了一些卡特尔组织，用以控制价格和生产。但是，这种横向联合很难维持，实现初衷。在美国当时能够满足这种价格与生产控制需要的最明显合法的形式就是控股公司。②铁路业首先用这种形式把各独立公司予以合并；1899 年，新泽西控股公司（新泽西美孚石油公司）成立，把几个州的许多单一功能企业的经营设备合并成一个大的、集中的联合企业。控股公司的出现，使得有一个合法机构能对小型、单一单位、单功能的成员企业进行更严密、更有力的集中统一控制，也能把几个子公司的制造设备合并、重组，使之更加合理化。由于美国政府的反垄断政策（实行反托拉斯法），许多同业公会和少数托拉斯也变成控股公司。在 19 世纪 90 年代初期，大部分合并企业是通过购买被合并企业的财产达到目的的，仅掌握股份而没有经营设备的控股公司及纯粹控股公司为数极少。到了 90 年代末，纯控股公司形式被广泛采用，例如出现了旨在掌握北太平洋铁路公司和大北方铁路公司股权的北方证券公司以及旨在控制南部几家铁路公司的南方铁路证券公司等。这种形式

---

① 梅因哈特：《欧洲十二国公司法》，兰州大学出版社 1988 年版。
② 钱德勒：《看得见的手——美国企业管理革命》（中文版），商务印书馆 1987 年版。

也就是威廉森所说的 H 型结构。[①]

不过，合并本身只是为企业提供了集中统一控制的条件，并不能保证企业健康地发展壮大。合并有没有经济可行性，控股公司方式是否适合，还要取决于企业的生产与交易特点。因横向联合而产生的控股制公司，如果只是卡特尔组织的变种，目的只在于控制价格，协调产量，是不能持久的。控股公司有没有生命力，关键在于是否能通过合并降低生产成本，产生规模收益。因此可以看到，在大量生产、大批量生产，或需要连续作业程序，需要特别服务的工业中，在一些需要资本密集、耗能高的技术，并要把标准化产品分配给消费者的工业中，因为可以实行生产和销售的集中控制，利用集中生产、集中采购、统一销售等手段降低生产经营成本，控股公司得到了很大的发展。这些合并企业所在的行业，都属于技术和市场使之通过生产和分配过程提高速度，降低生产与销售成本。而在那些集中生产并不能大量降低成本的行业，如纺织业和皮革业之类的劳动密集型工业，或产品销售不需要特别服务及制造上不需要复杂技术的工业，如生产自行车的机器制造业中的一些行业，纵向结合如果不能带来集中化，规模庞大反而可能会是一种不利条件。所以，这些领域内的合并基本上是失败的。

成功的合并企业（控股公司）除了具备合理的技术与市场基础

① 威廉森（Williamson，1975，1985）在钱德勒等人的研究基础上，从理论上概括了现代公司内部组织的三种形式：（1）控股公司，简称 H 型结构，主要出现在横向合并形成的企业，子公司有相当大的独立性；（2）集中的、按职能划分的结构或一元结构，简称 U 型结构；（3）多分支单位结构，简称 M 型结构，各子公司作为利润中心，有很大自主权。

外，还要有良好的制度基础，也就是适合这种技术与市场特点的内部层级制管理方式。正如钱德勒所言，只有等到建立起管理层级制，由经理人员集合在一起，执行先前由价格和市场机制执行的功能，企业合并，把许多营业单位的活动内部化所带来的利益才能得到实现。[①]换言之，只有当权威特征取代市场特征时，合并才算完成，合并的利益才有可能实现。[②]为了充分发挥和利用其产品的生产与销售优势，许多控股公司逐渐改变了子公司的地位，缩小其自主权，把子公司之间的交易内部化，实行统一经营，由总部按职能划分的部门（生产部门、采购和销售部门、财务部门等）集中管理。就是说，运用 U 型结构进行管理。到 1917 年，美国的资产额在 2000 万美元以上（含 2000 万美元）的 236 家大型工业企业中 80% 以上都经由职能部门，而不是由自主经营的子公司管理其资产。大的工业公司几乎都不再用纯粹的控股公司形式管理其业务。例如在钢铁业，六大钢铁公司的五家实行了统一经营，通过各职能机构进行管理。唯一没有实行集中管理的是摩根的美国钢铁公司，它在合并后多年一直是通过一个很小的总办事处来管理众多的单功能子公司，总办事处主要是指导集团的国外采购与销售，很少协调、计划、评估子公司的活动。不过，到了 20 世纪 30 年代，美国钢铁公司的管理得到大规模改组，也成为一家职能性的控股公司。

多分支公司结构随着企业多样化战略的实施而得到进一步发展。在 19 世纪末和 20 世纪初，美国现代工商企业主要是从事单项活动，但也有一些企业开始走上产品产业的多样化，以更有效地利用其生

---

① 钱德勒：《看得见的手——美国企业管理革命》（中文版），商务印书馆 1987 年版。
② 科斯：《企业、市场和法律》（中文版），上海三联书店 1990 年版。

产过程中的副产品，或利用其采购组织和销售组织，以及充分利用现有的管理能力和设备。到 20 世纪 20 年代，多样化成为企业的一种明确的成长策略。当时，杜邦公司首先运用了这种策略，以充分利用其在一战需求刺激下扩张的设备和管理能力。杜邦公司发现，实行多样化经营以后，原有集中的、按职能划分部门的组织已无法协调市场各不相同、产品系列也不相同的货物流程，无法在这些彼此差异很大的业务之间配置资源，各职能部门都追求次优目标。因此，新投资方面的效益很差，直到建立了单独的、自主的、结合的分支公司，运用多分支公司结构（M 型结构）加以管理，多样化战略才实现了制度化，新投资系列开始出现盈利。这种组织形式的最大优点是能把高层执行人员从日常经营活动中分离出来，从事全局性工作。在杜邦公司之后，其他一些企业如通用汽车公司也逐渐采用这种组织形式，走上多样化之路。第二次世界大战以后，特别是到了 20 世纪 60 年代，随着高科技的军转民及科技进步的加速，随着市场容量的扩大和市场需求的多样化，多样化发展成为企业发展的潮流，多分支公司结构也逐渐确立了在企业组织形式中的主导地位。

综上所述，控股公司（母公司）是否应当成立，主要取决于企业的生产交易活动有没有可能充分利用集团的合力，获得规模效益。而且，即使控股公司成立了，也只是初步理顺了母子公司之间的产权关系，它本身并不绝对决定企业集团的组织管理方式——母子公司各自的权限划分等方面。具体管理方式的选择要根据企业的生产交易的多方面特点综合权衡。

除私人控股公司以外，一些国家还成立了国家控股公司。如果说上述私人控股公司的成立目的主要是经济考虑的话，那么，国家控股公司的设立则常常是出于政治方面的考虑，尽管在运作过程中所考虑的可能主要是经济目的。据研究，最早成立的国家控股公司是意大利 1933 年成立的工业复兴公司（lRI），当时，意大利政府为了挽救濒临破产的几家大银行，作为一个临时措施，建立了 IRI，用以管理原属于这几家银行的证券资产。此后，IRI 通过承担企业的银行债券、兼并等手段，建立了钢铁工业控股公司等行业性控股公司，IRI 则成为包括多个行业的综合性控股公司。在法国，政府在第二次世界大战后接管和没收了一些纳粹企业，成立了管理这些企业的控股公司。在新加坡，政府在 1974 年成立了一家国家控股公司——淡马锡控股公司，这是一家纯粹的控股公司，没有自己经营的核心业务，主要是管理控股公司的下属股份有限公司，等等。世行专家曾对 13 个国家的公共企业进行了调查研究，他们发现，其中 6 个国家依靠跨行业综合性控股公司对公共企业进行管理，但总体上看很不成功。[①] 究其主要原因，我认为主要有两点：（1）如果实行纯粹控股，就很难适应生产和交易在部门之间的差异，在有些部门是需要 U 型和 M 型组织的；（2）如果不实行纯粹控股，又很难摆脱政府的强烈的行政干预，难以处理集权与分权的关系，特别是在需要 M 型组织协调生产和交易时，尤其如此。

二、中国国有控股公司的发展及需要注意的问题

改革开放以来，中国的国有控股公司主要通过三条途径发展起来：一是作为国有资产管理体制改革的一个组成步骤，国家以授权经营的方式把集团公司视为一控股公司，统一经营管理子公司的国

---

① 阿尤布和赫格斯特德：《公有制工业企业成功的决定因素》，中国财政经济出版社 1987 年版。

有资产。二是建立国家授权投资的机构，使其成为控股公司。三是企业本身发展壮大，从内部成长出几个子公司，原企业也就成为控股公司。由于第三种类型在各方面都比较顺利，相对而言问题较小，我们的分析主要针对前两种类型。

所谓授权经营，从国家56家（现为57家）试点企业集团来看，是指由国有资产管理部门将企业集团中紧密层企业的国有资产统一授权给核心企业（集团公司或母公司）经营和管理，建立核心企业与紧密层企业之间的产权纽带，使紧密层企业成为核心企业的全资子公司或控股子公司。实行授权经营的目的是解决行政划转组织起来的企业集团内部产权关系不明晰，无法统一管理的弊病。集团公司作为被授权方，主要是统一负责授权国有资产的保值和增值，决定集团公司和全资子公司的经营方式，参与决定控股子公司的经营方式，统一决定授权国有资产的配置和管理办法及企业组织结构和领导体制，并就涉及授权范围的兼并、合并、股份制改造、资产交易和产权转让等事项做出决定，或提出方案报批。一些地方政府也对一些地方企业实行了授权经营政策。

自1992年实行授权经营试点以来，中央企业纳入试点的仍是开始时的7家，即东风汽车公司、东方电气集团、中国重型企业集团、第一汽车集团、中国五矿集团、天津渤海化工集团、贵州航空工业集团。从企业集团的运作来看，实行授权经营的企业集团，即使形式上建立了母子公司体制，实际上仍未能有效运转。如上所述，对于产品结构相对单一的企业集团而言，控股公司发挥作用、促使企业集团发展壮大的重要原因是能够利用控股公司的地位，集中公司的生产与交易，并对集团内部的企业组织结构进行调整，对资产存量加以调整、重组。本来，授权经营的目的也在于此，但由于，（1）有关部门在实行授权后，并未明确把所有权授予或委托给集团公司（母公司），母公司无权根据股本权利调整企业的资源配置和制度安排；（2）对于企业布局不合理，效益较差，本应关闭的子企业，由于国家对职工欠账太多（住房、福利、养老等方面），缺乏正常运转的全国性社会保障体系，母公司实际上无力、无法重组其资产；（3）地方政府出于税收、职工就业（社会安定）和当地经济发展政绩等方面的需要，往往不赞成并能比较成功地阻挠母公司对当地子公司的重组；（4）母公司设立有时是子公司相互之间谈判的结果，这是因为子公司经常先于母公司存在，母公司设立及其对子公司的权利的基础是国家有关部门的决策加上子公司与主管部门及子公司相互之间的谈判和交易，特别是在几个子公司的实力都比较强大（所谓"强强联合"）时，尤其如此。结果，母公司权利、母子公司体制常常流于形式，致使企业体制先天不足，后天失调，难以支撑整个企业集团的健康发展。

所谓国家授权投资的机构，就是在国家与为数众多的企业之间建立一种组织（不一定是中介组织），这种机构经国有资产管理机构批准和授权，对授权范围内的国有资产行使所有权，是一种从事国有资产交易，并以控股、参股方式从事国有资产经营管理的企业法人。设立国家授权投资的机构，主要目的是明确国有企业具体的投资主体，同时解决国家（政府）经营、干预企业的问题，实行政企分开。

国家授权投资的机构有明确的法定的法人所有权，它的职责是为了出资者（国家）的利益，使其所控制的国有资产有效运转，取得最大经济效益，实现保值增值的目标。国家授权投资机构与授权范围内的企业组成企业集团，授权投资机构对授权范围内的企业拥有出资（股本）方面的有关权利，形成母子公司体制，对所支配的企业，行使所有者的职能，具有所有者的一切权利，依法享有授权资产的占有、处置和收益权利，并在此基础上，根据企业集团的产品技术特点、市场特点等，合理设计母公司与子公司各自的管理权限，进行恰当的集权与分权，从整个集团的总体利益出发，进行产品结构、技术结构及人员配备等方面的调整和重组，以更好地发挥国有资产存量的潜在效率，充分发挥授权投资机构的合力。

国家授权投资的机构的种类，从形成来源而言，可以是国家原行业主管部门，可以是一些对企业有重大投资、贷款关系的金融机构，也可以是一些实力较强、经营管理水平较高的大公司和大型企业集团，另外还可以新组建一些实体；从运作方式而言，可以是上述控股公司的任何一种。特别是，对于那些规模较为庞大，涉及子企业、联系企业较多，经营管理能力较强，经营业绩较好的企业集团，可以考虑使之成为国家授权投资的机构，由国有资产管理部门直接监督企业集团母公司的运转，中间不需要再设立一层控股公司。集团母公司统一经营管理整个企业集团的国有资本，承担保值增值责任。

建立国家授权投资的机构，目前需要注意两种倾向：其一，使经理人员与工人事实上控制企业、国家作为所有者无法监督的"内部人控制"的局面合法化、制度化；其二，将一些政府部门变换成整个行业的控股公司。

国有企业改革一直推行的是下放自主权、减少利税上缴的思路，从改革伊始的下放自主权到后来的实行承包经营责任制、实施《转机条例》，基本如此。这种偏重于强化激励的思路，使所有者对企业的权利减弱，形成了事实上的"内部人控制"局面，出现国有资产流失之类的问题。[①] 如果把所有权落实到企业，由内部人充当所有者，对企业进行经营，就很难保证所有者的利益。因此，在所有者委托企业经理进行经营时，首先，明确建立一个统一的授权机构。政府主动地、有领导地确立总委托人，并在此基础上理顺整个委托代理机制，即国有资产管理整体框架。国有资本经营委员会的设计是一种比较可行的安排。目前，各部门、各地区都在积极推进改革试点，如国有资产经营公司试点、国有资产授权经营试点、破产试点、注资试点、社会保障改革试点，等等。但从国有企业改革，特别是国有产权改革总的框架看，却未见积极行动，企业改革似乎缺乏整体感和全局感。国有资产的总委托人是谁，至今仍未明确。而不确定一个总委托人，并在此基础上确立一个合理的委托代理机制体系，国有产权很难有效改革。资产管理体制不是个别企业、局部试点所能解决的。如果说过去的改革走了一条"自下而上"的成功之路，那么，国有资产管理体制（体系）改革必须是自上而下的变革。其次，对被授权主体的责任、权利（力）和义务要有明确的规定，逐步建立和健全一套以国有资本增值为主要目标的科学的绩效评价机制、报酬安排和惩罚措施，以防止国有资产流失，鼓励资产增值。不过，特别需要指出的是，通过规定禁条戒律、制定执行具体考核指标的行政性监督与制约手段，无论是在传统计划经济体制下，还是在过去十几年的改革时期，都被证明是低效率的。因此，应通过社会主义市场体系的建设，运用市场经济中通用的监督经理人员的方法，即综合运用产品市场、资本市场和劳动力市场（经理市场）中的竞争机制，激励、约束和监督经理人员对国有资

---

① 吴敬琏：《现代公司与企业改革》，天津人民出版社 1994 年版。

产的运用。

目前有的企业集团之所以热衷于成为国家授权投资的机构，是因为有这样的认识，即国有股本分红留在母公司，不再上缴。作者以为，从理论上讲，国家投资要考虑也必须拿到回报，否则，投资者和使用者都将不注意投资效果。而且，如果没有回报，国家也无法利用投资收益进行再投资，从而不利于从增量入手调整产业结构。考虑到国家对企业的一些欠账，如技术改造、职工福利和保障等，考虑到企业发展的时机与潜力以及产业政策的实施与调整，可以对某些行业、某些企业单独考虑，免收其国有资本收益，但这样做必须是有条件的，至少要有统一的政策。另外，国有资产存量调整涉及的很多现实的和历史的问题，如上述国家对职工特别是老职工的欠账，不会因企业变成国家授权投资的机构就能自动得到解决。应当在实行国家授权投资机构试点的同时，加快配套改革，特别是社会保障体系的改革。

至于部门改革，目前，有的专业部门、主管部门正力图把自己从行政部门变成行政主管部门加国有资产经营者或国家授权投资的机构，把行业部门内的许多主要企业的权力再度上收，使自己变成投资中心和重大决策者。

笔者以为，这种做法实质上是重新集权，否定企业独立商品生产者的地位，与改革的大方向背道而驰。第一，已习惯于传统体制工作方法的原来的"婆婆"不太可能会因自己兼职或摇身一变成为"老板"就转变观念变成企业家。第二，如果由"婆婆"变成"老板"，特别是行业部门把行业内的几乎全部国有企业纳入自己的旗下，统一号令，将会出现严重的垄断局面，这不仅会牺牲改革开放几十年来形成的市场竞争日益强化的既得成果，而且会妨碍社会主义市场经济体系的进一步建立和完善。第三，将严重冲击目前企业自主权状况经过十几年的改革，国有企业自主权已大大增强（尽管仍不尽如人意），"婆婆"的管制已大幅度减弱。如果现在的"婆婆"又做起"老板"不仅做不到政企分开，反而会强化政企不分，这些"婆婆"加"老板"管起企业来，举起出资人（产权所有者）的大旗，要比单纯的"婆婆"更合理合法，更有分量。结果，企业将很可能重新处于传统计划经济体制中的"车间"的地位，不是被搞活，而是被搞死。当然，企业因单纯放权让利形成的缺乏监督、"内部人控制失控"，都是亟待改进的，但这种改进必须是改革的深化，从改革的整体战略出发，在市场基础上而不是在行政基础上寻求改革国有资产管理体制，理顺国有企业的产权关系。不然，今日之措施将可能为明日之发展和改革制造障碍。行业部门变成企业的"婆婆"加"老板"，实际上并不是新鲜事物，我国传统的计划经济体制下，主管部门实际上就是典型的"婆婆"加"老板"，企业事无巨细都由它们决定。因其激励机制、信息机制的根本缺陷，这种体制已经证明了是无效率的。[①] 我们已经明确国有企业改革的目标是建立现代企业制度，为什么又要拐弯抹角地走回头路呢？建设社会主义市场经济体制，根本点在于如中共十四大文件指出的那样，让市场在资源配置中起基础性作用。而其中最重要的，就是让企业自主经营、自负盈亏，成为独立自主的投资主体和市场经营主体。根据这一方向，部门改革必须实行政企分开，彻底转变政府职能，不是收缴企业的权力，而主要是尽量为企业提供其必需的服务，尽力推动现代企业制度的建立和完善，或者作为行业性组织，配合国家产业政策等的实施，充

---

① 吴敬琏：《现代公司与企业改革》，天津人民出版社 1994 年版。

当国家宏观政策与企业决策之间的联系桥梁。

赞成成立全行业控股公司的理由，概括起来主要有三条：（1）利于进行全行业产业结构调整，达到规模经济，迅速形成世界级的跨国公司；（2）利于减少中央国有资产管理部门直接面对的企业数量，使之在有效管理的幅度内管理国有资产；（3）行业控股公司成立后可继续实行目前有关企业改革与发展的政策，甚至使企业自主权更加扩大，不会削弱企业自主权。

笔者以为，这些理由并不能足以支持成立全行业控股公司。关于第一条理由，组织行业性控股公司，确实可以从整个行业的角度，对行业与企业的发展、技术结构、企业组织结构和布局进行统一调整。世界银行的调查报告也说明了这一点。[1] 不过，这种控股公司的经理人员（特别是从行政部门转过来的人员）远离企业、远离市场，他们能否制订出符合市场要求及其变化趋势的总体规划并有效实施，都是可质疑的。如果目前该行业主管部门未能有效地制订和执行行业规划，那么，认为把主管部门变成全行业控股公司就能解决这一问题的想法是没有什么根据的。

企业的规模有多大，除了取决于生产成本外，也取决于在企业内组织生产的成本（企业内交易成本）与通过市场进行交易的成本的比较。[2] 企业规模越大，集中决策者搜集整理信息、制定及实施决策所需的成本和管理组织机构规模也就越大；企业内交易成本越大，到一定规模，替代市场就是不经济的。因此，大规模并不等于规模经济。作为一个企业，经济可行性、经济效益是其存在与发展的基

---

[1] 阿尤布和赫格斯特德：《公有制工业企业成功的决定因素》，中国财政经济出版社1987年版。

[2] 科斯：《企业、市场和法律》（中文版），上海三联书店1990年版。

础，如果达不到规模经济，经济效益差，大规模反而会阻碍企业发展。对企业最佳规模的判断具体而言要结合许多方面的考虑，如是否利于及时对市场需求和供给变化做出反应，是否利于推动必要的技术进步，等等。如果硬要捏合在一起，形成一个大企业，也许从资产、销售额上进入了世界 500 强或 50 强，但实现的负利润已是世界第一位了。回顾我们过去组建企业集团的经历，经常可以看到类似情形。

发达市场经济国家行业垄断的逐渐解体很有启发意义。随着科技的进步，一些原来被认为属于天然垄断或高度垄断的领域，目前已变得更富竞争性了。例如，就电力工业而言，原认为是高度垄断部门，但在当今世界上，电力工业基本上已充满竞争，这表现在两个方面：一是实行网厂分离，即发电厂与电网不属于同一所有者，发电厂竞价向电网输电，发电厂之间形成竞争；二是实行统一电网分属不同所有者，即每一所有者所拥有的电网在技术上相互关联成一体，组成全国统一网络，同时通过不同所有者电网之间的电量计算，划清各自的业务量或营业额，使企业之间展开竞争。另外，日本铁路公司、美国电话公司等企业的拆散，也意味着铁路、通信等传统上认为属于天然垄断的领域也逐渐成为竞争性的了。这也说明，对企业规模、规模经济的考虑不能墨守成规，要注意其他国家的先进管理经验。

关于第二条理由。受管理幅度有效性制约，中央国有资产管理部门，不管是现有的国有资产管理局还是一些经济学家提议的国有资本经营委员会或其他执行类似职能的机构，不可能管理众多国有企业，需要建立一些控股公司作为中间性组织，由它们持有和运作附属公司的股本。①不过，如果按行业设立控股公司，将难以改变传统经济体制遗留至今仍未得到解决的一个弊端，即行业（"条条"）分割，不利于形成竞争局面，也不利于根据市场特点和企业自身的特点，发展多样化经营，分散风险。

关于第三条理由。行业部门变成控股公司后，是可以让企业拥有其目前拥有的自主权的。不过，假若果真如此，那么，行业主管部门又何必变成全行业控股公司？所谓利于进行第一条理由所讲的行业性产业结构调整特别是存量调整又从何谈起？如上所述，国外企业组织形式的发展历程表明，控股公司的集权与分析，完全依赖于企业经济活动的性质、市场供求变动的性质，不能一概而论。总的看来，控股公司如不能实行生产和交易的集中统一管理，就没有存在的必要。即使是在分权化的 M 型组织中，子公司的功能也不过是利润中心，所享有的权利也不如我们的《转机条例》规定得那么多。所以，认为或允诺行业性控股公司成立后可以不改变企业现有自主权状况的说法，不是因为对企业经济活动的无知，就是出于既自欺又欺人的目的。

总之，控股公司的发展及内部运作有其国有的规律性，在主要的市场经济国家，无论私人控股公司还是国家控股公司，都已有几十年、上百年的发展经历，其中有不少经验教训值得我们总结和吸取。中国国有企业改革中出现的控股公司还是一个新生事物，从以上分析大致可以得出这样几点结论性的东西：（1）控股公司的设立，特别是国家有关部门"翻牌"而成的公司，要注意有利于促进竞争，

---

① 参见吴敬琏《现代公司与企业改革》，天津人民出版社 1994 年版；周小川等著《企业改革：模式选择与配套设计》，中国经济出版社 1994 年版。

避免人为形成垄断。为此，不宜把一个地区、一个行业内的所有国有企业都纳入一个控股公司。（2）出于国有资产管理中管理幅度的考虑，要注意控制国有控股公司的数量。目前，应只选择一些经营业绩优良的大型企业集团和大的经济实体作为授权投资的机构，并且先进行试点，待取得经验后再推广。而且，正因为控股公司只是少数，它们涵盖的企业也相对有限，很多中小企业，特别是小企业可能难以纳入其中。所以，在试点的同时，应积极推行国有中小企业的改革，实行出租、租赁、拍卖，或引入其他经济成分，实行包括职工持股在内的所有权多元化。（3）对于行政划转后形成的控股公司，要注意内部组织结构的及时调整，避免出现先天不足，后天失调现象。控股公司的设立和发展是一个关系到企业改革、部门改革、国有资产管理体制改革的大问题，应综合配套全面地考虑。如果盲目行动，不主动设计，就很可能走弯路，反而不利于甚至阻碍改革的顺利推进。

国外企业集团的内部组织结构 [①]

在我国的企业改革和经济发展中，大企业的作用越来越具有重要意义，其中，大型企业集团更是具有不可替代的作用。但从目前我国大型企业集团的实际运转来看，其内部组织结构，特别是母公司对子公司的关系很不正常，从而制约了企业集团整体优势的发挥。本文试图结合美、日等国家企业集团（财团）实例，总结国外企业集团的内部组织结构特点，以为我国企业集团发展提供一点借鉴。

一、企业集团中核心企业与集团内其他企业的关系

按照企业集团中母公司对子公司的资产占有状况，企业集团内的企业可划分为控股、参股、资金融通及其他。本文主要分析集团核心企业对控股企业（子公司）的关系。

（一）公司治理结构的运作

公司成立后，无论是集团的核心企业，还是作为集团的子公司，一般都不是出资人（作为股东）直接管理，而是由出资人作为委托

---

① 原载于《管理现代化》，1995 年第 4 期。

人，将资产委托给其他当事人管理和经营。在其他当事人作为受托人（代理人）经营时，由于其目标函数与委托人的目标函数不完全一致，有时甚至出现矛盾，代理人的行动结果可能会给委托人带来损失。委托人也要向代理人支付一定的报酬，以激励其生产经营的积极性，委托人为了监督代理人的行动，就要花费一定的成本，所有这些损失和成本，都是委托人将资产委托给代理人时所不得不承受的代价，这被称为代理成本。为了减少代理成本，就要在公司中发展一系列的制度，制约代理人的活动，其中最重要的制度就是公司治理结构，它包括股东会、董事会、高层管理人员。其中，股东会对董事会是一种信任托管关系。不过，股东作为出资人，董事会作为负责企业运营的当事人，股东与董事会之间实际上也属于委托代理关系，股东也要对董事会成员加以制约。股东（出资人）的目标函数能不能得到最大满足，企业运营状况具有决定性作用，而企业的运营状况则与公司治理结构的运转有效与否直接相关。公司治理结构是企业有效运转的关键。

从一些企业集团的情况看，股东，特别是大股东对公司治理结构中的人员安排特别重视。

在日本，企业相互持股特别普遍，是发达市场经济中独有的。尽管美欧经济中的一些公司、银行之间也有相互持股行为，但毕竟是少数。需要说明的是，日本企业在相互持股中企业集团内一般是母公司单向对子公司持股，日本商法不允许被母公司占有过半数股份的子公司持有母公司的股份。这样做的依据是日本不允许公司持有本公司的股票，而子公司持有母公司的股票，实际上同母公司持有本公司的股票是一样的。通过持有股份，母公司对子公司的公司治理结构中的人员安排施加影响。

日本公司制度中的另一个突出特点是主银行体制，主银行通过持股、贷款安排等控制和监督一个集团内的公司。而且，一个大企业集团，特别是财团的中心企业往往是银行，如三菱财团的三菱银行、三井财团的三井银行、住友财团的住友银行等。主银行对于公司的治理结构也具有重要影响。

母公司或（和）主银行对子公司或持股较多的公司一般派出主要负责人如厂长（经理）、董事、理事等。在美国，据美国国会调查（据《帕特曼报告》）[1]、1967年49个大商业银行间6591家公司有8019件人事结合，其中，洛克菲勒财团的大通曼哈顿银行同579家大公司有89件人事结合，摩根财团的摩根保险信托公司同103家大公司有117件人事结合。在大企业中，外部董事有增多之势，1953年，外部董事占53%，1967年占63%。而且，在多数场合，银行派出的人员在大公司中担任董事，并把企业中作用大的机构如财务委员会控制在手里。例如，1970年，当克莱斯勒公司经营不善时，以汉诺威信托公司为代表的外部董事把企业主要领导赶下台，进行改组。在日本的公司集团中，系列公司的经营者很少是从内部提升上来的，一般是母公司派出，而且持股比率高，派人的比率也高。

财团内部的次一级的企业集团（规模也十分庞大）也是如此。例如，在日立公司，集团内的企业多是日立集团和核心企业日立制作所的一个部门分出独立的，也有一部分是倒闭后为了重整而加入日立集团的。在企业重整中，一般就由日立制作所派出经理，也派出工程师，以便于设备重新安置。

母公司或主银行派出干部，不仅起到出资人代表的监督作用，

---

① 王继祖等译：《帕特曼报告（选译）》，商务印书馆1980年版。

而且，由于派出的人非平庸之辈，还对子公司的生产经营起到推动作用。

（二）财务监督

无论是主银行还是母公司，都对财务监督比较重视。

在日本的主银行体制中，主银行除持有公司的股份外，还对企业进行短期和长期贷款，并在现金管理方面与公司有密切关系。主银行密切监督公司的主要现金管理者、信贷负责人，并通过工商业统计管理、短期信贷及与公司高层管理人员的个人交往获得信息，直接监督企业的经营业务。也正由于这种直接监督的特殊地位，主银行能及早发现企业问题，事先通知企业管理者，并采取不同形式的救援行动，包括贷款偿还期的重新安排、紧急贷款、冻结资产、提供管理对策等等，如果经营状况继续恶化，则更换高层领导人。

企业集团的母公司一般在总部（核心公司）设立监察机构，负责检查事业部、子公司的财务活动。例如，松下公司财务本部的监察部对各事业部进行检查，不仅进行账目检查，而且进行经营状况检查，原则上半年一次巡回检查，但由于事业部较多，监察部本身人手少，只有10个工作人员，所以基本上一年一次。再以日立公司为例，集团的监察室负责对系列公司进行监查，监察室的30—40名干部，巡视事业部和系列公司，一年巡视一次或两年巡视一次。通过巡查，对企业作出评价，向总经理报告。这种巡查不仅仅是对不好的地方指出来，还要提出如何改进，如派合理化小组与系列公司的人一起进行改进。日立集团70—80家系列公司，都由公司监察室派人巡视。而且针对不同企业，巡查重点也有不同，对于较小的企业，如资本不足5000万日元、职工不足50人的公司，则主要是监察其工厂的经营和器材。

（三）投资机制的运转

集团一般有三个中心，即投资中心、利润中心和成本中心。投资中心在集团核心企业，利润中心和成本中心分别设在集团的事业部和子公司、系列企业（工厂）。投资中心之所以设立在集团本部，是因为集团本部要控制子公司（及其他系列公司）的重大投资活动。集团本部运用利润上缴、利息交纳等方式筹集和集中资金。

从历史上看，大公司（集团）先后采取了三种组织形式：第一种是控股公司，简称 H 型结构；第二种是集中的、按职能划分部门的结构，是一元结构，简称 U 型结构；第三种是多分支单位结构，也就是事业部结构，简称 M 型结构。其中，H 型结构较多地出现在由横向合并而形成的大公司（集团）中，子公司有较大的独立性。在美国，第一次世界大战之前，大公司基本上抛弃了这种形式。但在欧洲，这种形式曾被广泛使用，例如在英国，这是控制分支结构的最普遍的形式。U 型结构作为一种分权式的结构，公司内部按职能（如制造、销售）划分为若干部门，各部门只有很小的自主权，权力集中在公司最高决策者手中。这种形式使高层管理者陷入日常经营活动，无法进行长期性的计划考虑，而且，由于高层管理者通常各自负责一个部门的工作，所以基本上从各自的专业和部门立场设计、评价整个公司的政策，结果使得公司政策的制定和计划的编制成为有利害关系的各方协商的结果，而不是根据整个公司的全盘需要而做出的反应。由此发展出第三种形式，即 M 型结构，在 M 型形式中，基本单位是半自主的利润中心，按产品的商标或地区设立，每个利润中心内部通常按 U 型结构组织。在利润中心之上的总部，负责整个公司的重大的资源配置活动，负责对利润中心的监督。这种形式使得政策制定和行政管理两种职能分离开来，高层管理者因此得以摆脱日常经营，集中从事战略性的经营决策。目前，M 型结构已经成为各国大公司（集团）的基本组织形式。

在美国，一些跨国公司都控制海外子公司的投资计划，总公司对资金调拨、利润分配等重大决策都直接掌握，集中管理。

在日本，如松下公司，各事业部、子公司、营业所的利润大部分必须上缴给总公司，上缴形式是税金和股息，税金包括法人税和地方税，股息则和总公司的投资有关，股息率一般是 17%。通过这种上缴，利润的 60% 属于总公司，留到事业部、子公司、营业所归它们支配的利润份额是 40%。但有的企业集团也把利润中心设在子公司系列企业。例如，在日立企业集团，利润中心就设在子公司一级，而不是设在管理几个子公司的事业部。子公司的厂长（经理）等于一个独立公司的总经理，盈亏由子公司掌握。总公司的事业部只起参谋作用，如调查市场，研究销售情况，决定价格等。事业部的建议采纳权在子公司，子公司的领导人认为，在日产集团，如果一个厂长按事业部建议计划安排生产，不管结果是畅销还是滞销，这个厂长都会被说成没有能力。在日立公司集团，子公司要向母公司上缴资本金利息、税金和利润，资本金利息率为 8%，税金上缴部分占利润的 54%，除此之外，子公司还要将剩下来的利润上缴 45%。结果，工厂的实际留利占利润总额的 20% 左右。这样，大部分资金都集中在总公司，作为战略资金使用。如果事业部、子公司在增加投资、自留利润不足时，可以向总公司借款（日立公司规定子公司不准独自决定从集团外借款），并支付一定的利息。附带指出的是，对于那些在倒闭之后为了进行重整而加入日立系列公司的企业，日立总公司在重建这种企业时将派出经理、工程师，也代为选定产品，并在技术、信用方面提供方便，但要求这种企业自力更生，而不直接注资。

二、公司集团与金融机构的关系

在公司集团中，无论是对于有自己银行的大财团，还是对于没有自己的银行但有"内部银行"的一般公司集团，金融机构都具有重要的作用。

在日本，这种联系除如上所说的人员派遣和监督外，主要表现在两个方面，一是作为股东，二是作为融资机构，通过各种方式向集团企业提供资金。

首先来看作为股东的金融机构的地位。在日本，金融机构自 20 世纪 70 年代初（1972 年）就已成为上市公司中持股比例最大的股票持有者。不过，金融机构在一个企业的持股份额是受到限制的，在第二次世界大战后（1947 年）制定的《禁止垄断法》中，金融机构持有一个企业的发行股票限制在 5% 以下，1953 年，该法第二次被修改后，限额增加到 10%，在 1977 年第二次修改时，限额范围又被缩小到 5%（超过部分须在 10 年内处置）。

在美国，1933 年制定的《格拉斯—斯蒂恪尔法》（银行法）禁止商业银行从事买卖证券的活动，但允许商业银行设立信托部，代理委托人从事证券买卖活动。据美国国会调查（据《帕特曼报告》），（1）1967 年，美国 13000 多家银行有 3000 多家设立了信托部，由此持有大量股票。例如，洛克菲勒集团的大通曼哈顿银行信托部控制了 63 家大公司各 5% 以上的股票，摩根集团的摩根保险信托公司持有 72 家大公司 5% 以上的普通股股票，在 270 家一般性公司持有

5% 以上的股票。

1989 年以后，美国有关当局开始允许商业银行进行有限的证券交易活动（规定这一部分的收入不能超过总收入的 1%）。进入 90 年代，美国朝野酝酿修改《银行法》。很多经济学家认为，当时制定银行法的基本考虑是认为 30 年代的大批商业银行破产与从事股票交易有关，而这种看法越来越被证实是错误的，当时商业银行因从事股票投机而招致破产的只是极个别情形。参众两院的两个银行委员会主席、财政部部长和联邦储备委员会主席等都力主修改银行法，允许商业银行从事证券交易活动，兼并保险公司、证券公司、投资公司等。

其次，金融机构在资金筹集与分配中的地位。日本自第二次世界大战后至今，企业对金融机构的资金依赖不是一成不变的。在战后日本经济恢复时期至第二次高速增长时期，企业严重依赖银行贷款。1973 年世界性经济危机在日本冲击了这种模式，企业减少了借款，增强了自身的融资，包括折旧和利润留成，而且，在公司自身资金不足，需要从外部筹措资金时，直接借款的比重也大为减少，而是随着经济的国际化而增加了来自国外的借款及债券发行。

三、企业集团内部关系的协调

除了人事派遣、财务监督之类的联系外，企业集团内部母公司与子公司、子公司之间为了生产、销售计划的制订及实施也有一定的联系方式，能增强集团内部的协调一致和凝聚力。

从日本企业集团的这种联系看，大致分为三个层次：一是总经理一级，主要是集团内大公司的总经理之间的联系；二是集团中大公司的中层干部之间的联系；三是整个企业集团内的公司、包括非子公司（如较小型承包企业）之间的联系。另外也有其他不太普遍的一些联系方式，在日两个以上子公司之间，子公司职工之间等。

首先是总经理一级的联系。在日本，大企业集团一般有总经理（社长）一级的固定联系机构，并定期举行会议（每月一次或数月一次）。三菱集团的总经理会（社长会）是"金曜会"，有29家企业的总经理参加，这29家企业通过持股、贷款及人事关系控制的大公司有100多家。三井集团的总经理会是"二木会"，涉及20家企业。三和集团的总经理会是"三水会"，参加三水会的成员为44家。一些较小的企业集团也有类似的机构，如日立集团，由主要系列公司构成的"日睦会"，涉及40家公司。

总经理一级的会议讨论有关企业集团的战略规划，交流信息，谋求强化集团内部的横向联系，但无强有力的纵向控制力。与会者限于现任经理，例如住友集团规定，在"白水会"开会时，即使是公司董事也不得代表经理出席。

由于大公司之间相互参股，单个公司也就是其他公司的股东，公司的总经理也就是公司法人代表。因此，总经理会议实际上是大股东会议。当其中某个总经理的绩效十分糟糕时，如果一方对另一方提出不信任，另一方就会反过来提出不信任，结果是谁也制约不了谁。但如果是多边持股，一个法人绩效太差，其他持股法人就会群起而攻之，这是单个法人的代表所难以抵抗的。在一个公司法人的董事会难于监督时，大股东就会挺身而出。

其次是集团母公司与子公司中层干部的联系。中层干部会议则讨论集团总体战略的贯彻和集团内公司之间的协调配合。例如在日本，三和财团所属企业负责计划的一些常务董事，于1969年6月开始聚会，并取名为"紫苣蓿会"，作为战略小组，结合实际业务的工程项目进行活动。第一劝业银行集团由 48 家主要成员企业的董事或部长级人员组成"三金联合会"，定期开会。

再次，有的企业集团还把系列企业中的所有主要企业（包括非子公司）联系起来，如日立集团，由稍小一些的企业组成"日和会"，涉及 50 家公司。丰田汽车集团由配套零部件厂组成"协丰会"，由设备厂组成的"荣丰会"，涉及 77 家企业。

四、小结

以上大致总结了美国和日本的相关情况，主要涉及日本企业集团的主要内部组织特点。不过需要指出的是，并非所有的大企业集团都具有这些特点，即使以上所论涉及的企业集团，这些特点也不是与生俱有的，像"总经理会"这样的机构和活动都是在集团发展到一定阶段，内部联系需要加强时才成立和开展的。因此，具体到某一企业集团应采取何种组织方式，还要结合行业特点、企业特点、市场环境等各方面的因素才能定夺。因此，本文提供的只是一些粗线条的材料与分析，只能作为进一步研究的参考。

战略性改组要以大企业为主体 ①

实施国有企业的战略性改组是当前企业改革的重点内容。国有企业目前普遍规模偏小、资金不足、技术水平不高、体制不合理，同时重复建设问题严重，"大而全""小而全"普遍存在，生产能力大量闲置，经济效益较低。国内迅速成长着的非国有部门、大量涌入中国市场的国际跨国公司，都在抢占着国有企业的市场份额，加大了国有企业的困难。从宏观方面看，国有企业迎接挑战、摆脱困难处境的重要途径之一是调整国有经济发展战略，对国有企业实施战略性改组。

在国有企业战略性改组中，是以企业为主要的改组主体，还是以政府为主要的改组主体，人们的意见是不一致的。我认为，国有企业的战略性改组要以企业为主体，依托大公司、大型企业集团（以下通称为大企业）进行，特别是要依靠和发展跨地区、跨行业、跨所有制、跨国经营的企业集团。

所谓以企业为改组主体，包括两方面的含义：一是国有企业的改组要以企业化、商业化原则为主导，不能把非商业化的活动纳入

---

① 原载于《中国特色社会主义研究》，1998 年第 2 期。

企业的目标函数；二是改组行动主要由企业经理人员自行安排，政府的活动仅是辅助性的。

政府（部门）是国有产权的所有者代表，在经济生活中又有很大的权力，为什么政府不能作为主要的改组主体呢？这是因为，首先国有企业的战略性改组实质上是国有产权、国有资源的重新配置。我国几十年的经历，特别是改革以来的经济快速发展表明，在资源配置的两种基本方式即计划（行政机制）与市场（价格机制）中，市场配置资源更有利于实现资源的最优配置，而市场配置的最基本主体就是企业。结构调整、重组企业现有的生产能力，应体现企业自愿原则，通过企业进行。要不要并购，并购什么样的资产或企业，应由并购方企业自行决定。其次，政府作为改组主体或国有产权再配置的主体直接决定企业的合并，尽管会减少并购过程中的搜寻、定价和讨价还价活动及相应的成本，但政府（部门）往往不详细计算合并的成本和收益，甚至会把一些非经济因素考虑在内。考虑到政府失灵因素，政府部门也没有能力对并购中的成本与收益、特别是机会成本、动态收益做出较为准确地计算。对企业而言，以什么价格并购，是并购方与被并购方讨价还价谈判的结果。讨价还价谈判过程本身是一个确定价格从而确定资金配置信号的过程。没有这一过程，资源的真实价格很难发现，资源的最优配置可能就成为无本之木，必然出现误配置。再次，政府作为重组主体，也不利于企业的机制转换，因为既然政府把企业组合在一起，重组过程中出现什么问题，首先要找政府解决，政企分开因此很难实现。所有这些因素，都可能使当政府作为改组主体时企业改组的后期成本非常高。只有以企业为改组主体，才能符合市场原则，经受住市场的考验。

从我国 20 世纪 60 年代组建托拉斯的经历，特别是近十年来行政性组建企业集团的成败得失，似乎可以得出结论，尽管两种改组方式各有优缺点，但以行政力量为主要重组主体的方式弊端更多。目前，有的部门或地区在改组国有资产、组建企业集团时，根本不认真考虑和听取企业的意见，无论是其中的优势企业，还是劣势企业，实际上都没有发言权。这样组建起来的企业集团有没有前途，是很值得怀疑的。

那么，政府（部门）在改组中的作用是什么呢？我认为可以体现在：

第一，起第一推动力的作用。国有产权管理长期存在的部门所有制、地方所有制使得改组过程中的跨行业、跨地区并购比较困难，而且，目前一些国有企业尽管达不到规模经济的要求，但可能效益也不太差，至少能够维持下去，这些企业可能不愿意被并购，"宁为鸡首，不为牛后"，作为国有产权所有者的政府推进改组，则可能会减少或消除这方面的阻力。但应强调的是，第一推动力的作用到此为止，政府不应直接插手具体的重组过程。

第二，加快配套改革，搞好配套设施建设。国有企业战略性改组是一个系统工程，关系到方方面面，许多问题特别是一些历史问题如债务、富余人员的处理，仍需要政府来协调。例如，一些企业，特别是老企业在资产重置时，政府如何给予适当的补助和鼓励。在富余人员下岗后，政府如何实施再就业工程，妥善安置一些职工，为企业创造较好的环境，等等。同时，为了保证国有产权顺利地保值增值，应改革国有资产管理制度，建立健全对经营者的激励与监督机制。

应当指出的是，由于国有企业的战略性改组任务艰巨，只有有条件的企业集团才能充当改组的主体。有些企业集团是通过行政性的"拉郎配"方式建立的，内部管理不完善，总部与分支机构的关系未理顺，集团没有形成合力，达不到规模经济的要求，甚至出现"内耗"现象。这样的企业集团连自身的生存和发展都成问题，更遑论重组其他的国有企业，充当国有企业战略性改组的主体了。要担当起国有企业战略性改组的重任，企业集团要具备必要的条件。其中最重要的条件是实行制度创新，建立适应市场经济要求的现代企业制度。企业集团、特别是集团母公司要加快自身改制步伐，按照公司法要求实行规范的公司制改组，使产权明晰，并在此基础上建立决策、执行和监督体系，形成权力有效制衡的治理机制。理论研究表明，公司制或股份制企业的效率首先取决于股权结构及由此决定的治理结构。国有独资和股权过于分散（股权原子化）都不利于形成有效的监督、约束和激励机制，较好的办法是培育和发展多元化投资主体，培育机构投资者，主要股权掌握在少数几个股东手中。具体方式包括发展企业交叉持股，发展以机构持股为主的核心股东。在母公司实现股权多元化后，子公司是采取独资形式，还是实行股权多元化，由母公司根据经营、发展情况酌情决定，政府不应干预。同时要建立以资本为纽带的母子公司关系。在集团总部与其成员单位之间，形成既有集中管理，又有适当分权的管理体系。

实施国有企业战略性改组，要充分发挥企业家的作用。传统体制遗留下的条块分割、各成体系，影响了资金的优化配置。行政干预、国家大包大揽使得优胜劣汰的市场竞争机制不能充分发挥作用，生产要素不能向效益好的企业和企业家手中集聚。国有企业的战略性改组本身就是国有资产的一次全面的重新配置。为此，需要承认和尊重企业家的人力资本价值，建立有效的激励机制，鼓励企业家先富起来。企业家无法"成批量"地生产、供给，这种人才更为稀缺，人力资本价值高。对于因经营原因业绩良好的企业——主要是"一把手"必须给予重奖，包括物质奖励和精神奖励，目前应特别要强调物质奖励。需要制定有关政策措施，鼓励企业家先富起来。奖励方法可有多种，原则是要与企业业绩、近期与中长期发展结合起来。但无论如何，奖励额要高些，以鼓励人们先树立成为企业家的信念。这要求我们努力创造环境，促进企业家的发育成长，培养一支稳定的职业企业家队伍。要打破"官本位"，确立"企业家本位"，形成全社会尊重企业家、大量人才竞做企业家的氛围。

发展企业集团应正确处理多元化与主业的关系 [①]

一、只有实施多元化战略才算得上企业集团吗?

我们在一些企业集团进行调查时，得到一个比较普遍的印象是企业集团都在追求多元化发展战略，既不是专业化地生产一种产品，也不是专门生产一类产品，而是生产不同类别的产品，并主要集中于房地产、旅游服务、金融领域（主要是财务公司）。这里有分散投资风险、设法避开政策限制（如信贷限制）以及一些投机心理（如房地产）等方面的考虑，也有国家经济政策方面的问题，如金融改革迟缓，银行商业化步伐进展缓慢，信贷限制、银根收紧等方面存在"一刀切"问题；社会保障体制改革进展慢，企业要解决富余人员问题。另外，也有的是因为企业难以抗拒部门、地方"甩包袱"压力，被迫接收或兼并与自己业务关联不大的企业。除这些方面的因素外，我认为一个重要方面是企业集团的领导及能影响企业集团决策的一些上级部门领导对多元化策略存在这样的认识：只有实行多元化才算得上企业集团，而多元化就是投资于不同生产领域和业务领域，哪里能赢利向哪里投资。这实际上存在很大的误解。

---

① 原载于《中国商贸》，1996 年第 10 期。

二、市场经济国家企业是如何实施多元化战略的？

从市场经济国家企业多元化的做法来看，企业实行多元化发展战略，原因多种多样，主要包括：（1）分散风险，"不把所有的鸡蛋放在一个篮子里"，不同业务间的收益变动对总收益的影响不大。（2）新进入的产业属新兴产业，需求大，发展快，能迅速或将能赚取大量利润。第二次世界大战后之所以兴起多元化战略，这是一个主要的原因。（3）通过将一些固定成本分散化到更多的产品中，降低单个产品中分摊的固定成本数额。（4）减少交易成本，这包括许多方面，如利用已建立的商誉（商标、服务质量等）推出新产品，利用集团规模优势更便宜地拿到新业创始资金。（5）获得税收方面的好处，如可以借机减少纳税额。（6）充分利用已有的生产能力和资源。企业在某一特定时期（如战争、过度繁荣时期）形成了过大的生产能力和管理资源，这种时期过后，生产能力和资源就出现闲置，一些企业就借此开拓新的经营领域。从多元化类型看，有的属于扩展产品系列，新生产的产品相互间不直接竞争，但在生产和分配方面却相互关联；有的属于扩展和占领市场。

不过，多元化经营并不是刻意追求的结果，而是企业自身经过几十年、上百年发展到一定阶段的产物。从美国多元化经营初始阶段看，基本的前提是企业的主要产品和主业必须是成功的。而且，实行多元化战略时，主要是内部扩展，通过自己的科研机构开发特别适合本企业生产过程或销售技术的新产品。一般是先扩展产品系列，从而更有效地利用其销售组织和采购组织，利用本企业制造加工过程的副产品，或者充分利用现有的设备和管理能力。

正因为这种以内部扩展为主的多元化战略，所以，多样化的技术基础也就是本企业的优势技术。在 21 世纪初，一些化学工业企业都介入新的工业领域，其中，杜邦公司的基础是硝化纤维化学，联合碳化物公司的基础是碳化学。一些大的电气机器制造商，如通用电气设备和威斯汀豪斯电气公司，原来都是专门制造照明器材和动力设备的，也实行多元化，介入各式各样的家电产品以及收音机和 X 射线器材的生产。在 20 世纪 30 年代萧条时期，通用汽车公司及其他一些汽车公司为了充分利用企业的过剩生产能力，也开始制造、销售柴油机车、附件等。一些金属生产商（特别是生产铜和黄铜的公司）则仿效美国铝公司的做法而生产厨房用具和家用器具。

多元化战略在第二次世界大战后取得了迅速发展。战争期间对新的、技术复杂的军备产品的需求，研究和开发带来的明显效益，促成了科学与技术知识的融合集中，并大大加快和扩展了科学在工业中的应用。相关领域的公司扩展了自己的生产能力，并向新产品领域扩展。到 20 世纪 60 年代，几乎所有主要的化学制品公司、橡胶公司、玻璃公司、造纸公司、电气机械公司、运输车辆公司及许多食品公司都已制造十种以上在标准工业分类中属不同工业种类的产品，大部分大型的金属公司、石油公司、机器制造公司也在制造五到十种不同工业种类的产品。

以上所说的这些多样化战略的实施主要是由内部扩充而成，即通过在与原来产品系列有关的工业中进行设备和人力直接投资来完成。主要投入于在管理技术、工艺技术、销售组织及其组织资源方面占有竞争优势的市场领域。除此之外，在 60 年代，美国还出现了另一种多样化、多分支公司形式，这就是联合大企业。联合大企业的扩充不是向自己的人员设备直接投资，而是完全依靠收购现有企业，而且，收购对象常常是属于完全不相干领域内的公司。进行收购的公司基本不属于资本密集型、大量生产与大量分配的工业，而主要属于规模小且仍具竞争性的那些工业，如纺织工业和海洋运输业，或者是属于为个别订货生产专门产品的那些工业，如机床工业、国防和太空工业。这种联合大企业的创建人之所以收购不相干领域的公司，主要是考虑到自己所在的工业继续成长的潜力有限。

除了技术方面的支撑外，多元化战略的成功实施需要一定的制度保证。原来负责单一产品生产和分配的组织机构难以协调因多元化产生的市场各异、有几种产品系列的货物流程，难以在彼此相异的生意种类之间分配资源。这就需要制度创新。在国外，主要是通过 U 型管理结构向 M 型管理结构的转变完成的。是由集中的、按职能划分的结构或一元结构（简称 U 型结构）转变为多分支单位结构（简称 M 型结构），各子公司作为利润中心，有很大自主权。

总之，美国企业 20 世纪 60 年代以前多样化策略的实施，（1）主要是内部扩充而成，对自己的人员设备进行直接投资；（2）主要是在与原生产领域密切相关的领域，向上游产品和下游产品延伸，或向相近的门类扩展；（3）主要立足于原有技术设备，通过研究与开发进入新的领域；（4）有一套相应的组织制度保证，用多分支机构管理系统保证生产经营的顺利运转；（5）只有在那些在本企业发展潜力不大、市场竞争激烈或有限（同样意味着难以赢得更多的市场份额）的领域，多样化的实施才能完成。

韩国的企业集团经营品种复杂，走的是典型的多元化经营之路。即使这样，从其成长过程来看，也是先奠定主业的基础，在此之上，运用大量利润积累的资金和管理技术，逐步进入别的领域。例如，现代集团的发家靠的是建筑业。20 世纪 50 年代朝鲜战争后主要承揽国内一些大型建筑项目，成为韩国首屈一指的建设集团；60 年代，又进军泰国、关岛、越南、阿拉斯加等地承揽各项工程；70 年代后打入中东地区，也主要是从事建筑业。作为现代集团支柱主业之一的造船业，是从 70 年代初才奉政府之命开始发展的。至于汽车行业，现代集团虽然在 1967 年就建立了现代汽车会社，但当时仅是一个装配厂。在 70 年代中期造船业不景气时，现代集团才决定建造生产小型轿车的汽车厂，并计划打入国际市场。到 1983 年，又设立现代电子会社，插足电子工业。总的来说，是在成功的主业上，一个一个地扩展。

三、我国企业集团应立足于发展好主业

我国的企业长期以来受计划经济体制下地区分割、部门（行业）分割的影响，形成了"大而全""小而全"的业务经营格局，改革开放以后仍未得到根本扭转。至于企业集团，特别是由国家有关部门、地方政府直接干预组建的企业集团，往往是把相关企业，甚至一个行业内的主要企业放在一起，形成一个超级"大而全"的企业。对于这些企业和企业集团而言，它们的业务领域可能已经包括十几个属于不同行业的产品，呈现多元化格局。鉴于企业集团在本行业的重要地位，对它们而言，首要的工作可能是调整资产存量，调整现有产品生产结构，乃至收缩一部分业务，更加专业化。对于行政"拉郎配"组建的集团，也许还需要使一些成员企业通过各种方式独立出去，缩小集团的资产规模。这样，企业集团将有更多的精力、财力把主业经营好，奠定自己长期发展的技术基础。否则，如果主业都没有经营管理好，技术设备、人员素质水平都不容乐观，组织结构也没有理顺，一味追求多元化经营，也许能赚得蝇头小利，或碰巧发一笔横财，但从长远看，很可能错过主业大发展的机会，损害

企业集团的长期竞争基础，得不偿失。即便是在国际流行大合并、大收购的 20 世纪 90 年代前半期，我们也看到很多因为不恰当地进行多元化经营而陷入困境的企业最后不得不痛苦地收缩战线。例如，美国计算机巨商 AST 公司前两年低价买下坦迪（Tandy）公司的电脑制造经营业务，意图全方面发展，结果却事与愿违，并且还放松了核心业务，发生了亏损，销售收入下降。其董事长兼首席执行官不得不承认："过去，我们在同一时期内想做的事情太多，以至于不能及时完成新产品，不能及时制造，不能及时交货。"目前它已放弃很多领域的市场和产品，价目表上的产品系统从 1994 年秋季的 225 个已减少到不足 80 个。再譬如，与现代集团同被称为韩国"经济两大支柱"的三星集团，过去经营的领域主要是食品、纺织等轻工业和电子、化学、航空、建筑等重工业。自 1987 年担任集团总裁的李健熙采取一项重大行动就是把高度分散的从半导体到轮船公司到香肠样样俱全的大杂烩企业压缩成电子、机械、化工和金融四个核心部门，并且削减了食品处理、造船和零售等业务，还将当时的 50 家公司在 1998 年以后减少至 24 家，精减主要涉及食品、纺织和服务的业务，涉及销售额 25 亿美元。

总之，对于寻求多元化发展的企业集团而言，应正确借鉴国内外成功的企业集团的发展经验，恰当处理副业与主业的关系，首先把主业搞好，奠定发展的基础，然后再寻求多元发展机会。

国有企业改革的宏观效应

　　本篇主要从国有企业改革的宏观环境角度，分析如何从政策层面处理好企业与政府的关系、企业与银行的关系，国有企业与民营企业（非国有部门）的关系，营造建立现代企业制度的良好环境。其中很多建议，包括利用好资本市场，加大直接融资比重；厘清政府职能和企业职能，明确财政支出责任；鼓励发展非国有经济，切实解决非国有经济发展面临的技术进步压力、融资难等问题，营造良好的发展环境等，至今仍有很强的现实意义。

政企分开的可行性研究 [①]

政企分开是改革的难点之一，政企不分直接阻碍了企业改革的深入。本文针对现代企业制度内涵中的政企分开这一重要内容，从国有产权拥有和行使的角度探讨政企分开的可行性。

一、政企分开的含义

按照政府的有关文件及学术界普遍使用的提法，政企分开大概有三层含义。第一，国有资产所有者职能与社会经济管理者职能分开。不少人提出的把政府职能与资产经营职能分离即政资分离，可以归到这一层含义。社会主义经济体制改革的理论家布鲁斯等人（1989）列出了平衡政企关系的清单，从中可以看到社会经济管理职能的若干方面。他们认为，作为所有者的国家要同作为权威机关、管理机构以及非企业部门的管理者的国家分离开来，具体包括：首先，国家作为所有者的角色应与作为负责行政、国防、政治秩序，并由法律授权稽征税收和关税的权威当局的国家分离开来；其次应与作为制定工商业、保健、安全以及其他标准规制的国家分离开来；再次，应与作为例行的和特殊的宏观经济政策中心的国家分离开来；

① 原载于《经济研究》，1998 年第 2 期。

最后，应与作为社会和基础设施的政策机关的国家分离开来，作为政策机关的国家处理不能用一般盈亏含义界定目标和达到目标的手段（如共用品、外部性）；最后，国有企业部门必须和非企业部门分离，政府部门在非企业部门起作用更好些（Brus 和 Laski，1989）。

第二，国有资产管理职能与运营职能分开。不管国有资产管理职能涉及国有资产产权哪些方面的内容，这种管理职能都属于所有者（出资人）的权利范围，只要第一层含义的政企分开做到，这一层就没有"政"的含义。如果在第一层含义上分不开，这里肯定是分不开的。可见，提出把管理职能与运营职能分离在理论上是不恰当的。

第三，出资者所有权与企业法人财产权分离，这是现代企业制度的普遍做法，与政企分开更无直接关系。

我认为，政企分开的严格含义应是国家所有者职能与社会经济管理职能分离，上述后两方面的内容都是派生的或无关的。那么，政府作为国有资产所有者，作为国有资产代表，能不能解决政企不分问题，实现政资分离呢？相应地，如果政府不能作为产权代表，谁能代替政府？

二、政府作为产权代表能不能实现政企分开

回答这个问题，需要弄清政府既作为所有者，又作为社会经济管理者，双重角色之间有没有矛盾，如果有，在双重角色格局内能不能解决。

作为一般意义的所有者，投资和经营的主要目的是盈利。政府也不例外。而作为社会经济管理者，它的目标函数是包络各方面的，包括社会安定、经济增长、维持非经济活动和国家安全等。这些目

标同所有者的盈利目标又常常是不一致的，甚至相冲突。例如，从盈利角度看，裁减冗员或在经济周期低谷时裁减人员是正常的，但政府从社会安定角度看就是一种不安定因素；相应地，从盈利角度看，向难以还债的企业发放贷款是不正常的，而从社会安定看则是可考虑的。当然，即便就企业而言，作为社会中的一员，它也不能不管其他方面，纯粹追求利润最大化。就典型的市场经济国家而言，日本有终身雇佣制，德国有职工参与，美国企业也把社会目标作为评价企业、评价经理人员的一个重要标志。目前，国际上关于公司治理结构的研究中，也把顾客、社区作为重要的委托人，要求企业的目标函数反映顾客和社区的利益（Williamson，1985）。但这种双重角色究竟以哪一个为主，就企业而言应是明确的。

双重职能下有没有可能实现职责分开呢？假定要求国有企业纯粹以盈利为目标，或充当类似于市场经济下私人企业同行的角色；假定国务院作为国有资产总代表，通过国有资产管理部门行使产权管理；再假定国有资产管理部门可以有效管理成千上万家国有企业（这一假定是非常不合理的，但目前暂时忽略这一因素）。这样，国务院评价国资局的唯一或最重要指标就是企业盈利。相应地，盈利指标也构成比国务院更高一级的机构对国务院班子的评价指标体系中的重要内容。

这种评价可行吗？国务院班子有压力和动力搞好国有企业吗？如上所述，由于国务院身兼两种职能，自然就从两种职能的履行业绩来评价。这就涉及两种职能在评价指标中的权重。这是一个不易确定的问题。相应地，国有产权管理的压力和动力难以形成，至少难以确定压力和动力的强度。在两种职能行使出现矛盾时，对国务院及其国资局的评价更难。由于国务院履行的是社会经济管理职能，它完全有能力、有办法利用非国有经济的资源补充来资助国有企业，如对国有企业实行税收优惠和财政补贴；也可以利用一些规制政策如市场准入、价格管理、反垄断政策等，人为地形成有利于国有企业运转的环境，或者利用金融规制政策如关于信贷和证券市场的规定，使金融资源向国有企业倾斜。同时应注意到，在国有企业业绩因国家宏观政策变动而变得较差时，国有企业的高级经理及国有企业集团利益的代理人（行业主管部门及主管国有企业的综合部门）有可能向国务院施加压力，通过各种方式影响国务院的决策，使国务院采取利于国有企业但不一定利于宏观经济及宏观经济政策实施的一些政策。国家银根紧缩与国有企业资金紧张、要求国家放松银根，可以看成是这种两难处境的一种典型表现形式。

政府作为国有产权代表的上述问题也使它无法对国有企业的运转实施有效的监督和约束。首先，从管理制度看，维持一套行政系统需要大量投入，很难设想国务院会另立一套系统专门管理国有资产。因此，国务院管理国有企业首先要依靠行政系统，即使有专职管理国有资产的机构，也是要并入行政系统的。这样运作的国有资产管理机构很可能行政色彩浓厚。其次，从对国有企业特别是大型企业的经营者任免来看，国务院的双重角色也将影响经营者的目标函数，经营者可能将宏观经济政策变动对企业业绩的不利影响作为推诿责任的理由。在1987—1992年国有企业实行承包责任制期间，就出现了因价格等宏观政策变动而调低承包指标的情形。当政府作为国有产权的代表时，国有企业或者出现管制过死，企业缺乏灵活性；或者缺乏约束，形成内部人控制。换言之，国有企业的经营者将会出现如布鲁斯等人（1989）所说的或者过分谨慎，或者放松管理的现象。

即使假设有一套合理而明确的有约束力的指标体系，不存在因信息不对称导致的指标确定（如基数）不合理，政府对国有企业有完全信息，不存在"打埋伏""棘轮效应"之类的问题，国有企业的业绩也难以达到有效水平。市场经济活动千变万化，盈利机会稍纵即逝，要求经营者善于根据具体情况做出决策，但"谋事在人，成事在天"，其结果不是指标合同所能写尽的。合同的不完备性也使指标体系显得僵硬。

目前企业改革正在尝试一种做法，即明确国有资产投资主体即国有股持有机构，明确国家授权投资的机构，主要是国家投资公司、国家控股公司、国家资产经营公司、具备条件的企业集团的集团公司等行使国有资产所有者职能。设立授权投资机构这种做法的目的是让被授权机构拥有生产经营的一些权利，包括重大投资权。这减少了政府对企业的管理层次，缓解了信息处理负荷过重问题。被授权企业与授权范围内其他企业的产权关系基本上可以明晰，但在被授权机构层次上，所有者缺位问题并没有得到解决。国有资产管理总体框架仍是多部门负责管理国有资产；公司治理结构存在严重缺陷，企业董事会、监事会中的大多数成员是内部人，所有者制约效率差。因此，这种做法仍然没有解决政企分开问题，国有资产总委托人问题及相应的谁来监督和激励的问题实质上仍未解决。

三、实行政企分开的可探索途径

针对政府作为国有产权代表导致政企不分这一问题，学术界提出了一些解决办法，主要有二：一是成立国有资本经营委员会；二是实行多元持股，发展机构持股。

1. 关于国有资本经营委员会

一些经济学家提出建立国有资本经营委员会（以下简称"国资委"，参见吴敬琏，1993；周小川等，1994），目的是使国有资产管理机构能够用盈利标准监督和考核企业，使国有资产管理机构能够脱离具有社会经济管理职能的行政部门的控制。国资委将把管理国有产权作为唯一的或最重要的职能，因而实质上是一个建立在商业化经营基础上的企业管理委员会。

国资委从行政部门独立出来，"上级部门"——委托方——是谁呢？如果真正与行使社会经济管理职能的部门分离，实行商业化经营，"上级部门"就不应是国务院，而应是全国人大。但会不会因此产生一股与行政部门相对抗的政治力量和经济力量呢？我们认为，就利益而言，行政部门利益与经济部门利益当然有区别，即使将经济部门纳入行政部门管理，这种利益差别也是存在的。正是由于行政部门与经济部门的利益存在差异及冲突，才有行政过分干预和政企不分问题。至于人大，其职能设计本身就使它成为一支对行政部门的制衡力量，与是否掌握经济力量无关。而且，国资委的职能只在于从盈利角度监督企业运作。因此，这种经济权力的转移只是使企业脱离了行政控制，从体制上完成了政企分离，不会产生不利的政治影响。

国资委有能力管理上万家国有企业吗？根据管理幅度原则，国资委直接管理的国有企业应是有数量限制的。其中一种设想为：国资委下可设若干层级式持股公司，通过持股公司管理企业。对比国际上一些企业集团的组织模式，即母公司通过持股控制一些子公司，这些子公司分别是众多孙公司的母公司，这种对国资委管理格局的设想可以成立。但应注意的是，如果国资委把全部国有企业都纳入旗下，国资委实际上成了一个超大型企业集团的管委会或母公司。一个有上万家企业的企业集团，其内部运作效率无论如何都是值得怀疑的。例如，在《财富》杂志排名前几位的大公司如通用汽车、IBM 等，每家也不过管理几百家企业。因此，如果国资委管理数千家乃至上万家企业，无论是国资委的管理效率还是企业效率，肯定不会令人满意。为了解决规模过大、内部交易成本过高的问题，仅从企业层级制内部加以调整是不够的，应把内部的一些交易活动转移出去，通过市场进行交易。这意味着国资委成立后的一项重要任务是把大量交易活动外部化，通过市场为一些国有企业的产权寻找买主。

国资委能否对经营者实行恰当的激励与监督呢？从激励方面看，目前国有大企业的总经理、董事长的货币收入约为一般工人的一到两倍，如果把这种收入差距拉大到四至五倍，即大致相当于日本企业的经营者与工人的收入差距水平，社会和工人都能接受。对经营者来说，尽管他的直接收入不太多，但可利用的在职消费如良好的办公设施、旅行等，还是相当多的，因而能够起到较好的激励作用。至于监督，首先是不能实行传统的办法，如财务大检查等，可利用很多手段，譬如信息披露制度，利用中介机构如会计师事务所等，对企业进行财务监督。

由此可以认为，如果所属企业相对较少，国资委是可以运转的。国资委的建立和运作可采取渐进方式，以避免体制变动过大造成各方面关系的不协调，可以设计一些过渡步骤，如国资委先管理一部分中央级国有企业（集团），数量逐渐从行政部门转移过来，转移速度视国资委的管理能力和所管理企业的业绩而定。具体做法一是参照国际上国有企业管理模式，二是可参考深圳、上海等地国资委（国资经营公司）的转轨经验。对于地方国有企业，可仍由地方管理，至少在目前不属于国资委的权力范围。同样重要的是，为了防止经营管理的行政化，应只有一个全国性的国资委，在各省不设分支机构。

2. 关于股权多元化

实行股权多元化，是指将国有产权的中央政府所有、分级管理的格局变为多种机构都代表国家所有者行使所有权职能。可以考虑的方式有：（1）划分中央与地方所有；（2）实行机构持股或法人持股。

划分中央与地方所有，意味着将地方管理的国有资产明确划归地方所有。在经济学意义上，判定谁拥有资产的最重要依据是看谁拥有剩余控制权或／和剩余索取权。从这个角度分析，地方政府目前实际上控制了大部分剩余控制权。它们事实上成为地方国有企业的所有者，有权处置并已经开始处置地方国有企业。上海市政府将一些行业部门变成行业控股公司，行业内国有企业作为子公司装入控股公司内，广东省顺德市和山东省诸城市改组中小型国有企业的经历，以及其他一些关于产权转让的材料（国家体改委课题组，1994），充分说明了这一点。不过，这种方式并没有解决政企不分问题。

对于实行机构持股或法人持股，包括企业间交叉持股，目前有不少人认为这既能使企业摆脱行政控制，又能做到所有权在位，可以比较有效地解决所有者的监督问题。改革开放以来，机构持股式股权多元化得到了较大发展，通过这种形式组建的公司逐渐增多。例如，位于浦东的中国华源集团公司，就是由纺织工业总会、商务部、交通银行倡议，由14家国有公司共同出资创办的。尽管这样组成的企业从终极所有者层次上看仍有可能是国家，股权代表仍可能由行政部门委派，因而仍存在政企不分问题，但从集团公司层次上看，股权多元化使任何行政部门都不能利用自己的股权地位干预企业事务，因而起到了弱化行政干预的作用。

在这方面，日本第二次世界大战后解散财阀、削弱财阀影响的经历可以作为一个很好的参考。日本在第二次世界大战前的企业所有权结构是股权高度集中于财阀家族手中，财阀家族通过控股公司控制企业。日本战败后，美国占领军当局实行反垄断法，拆散财阀，实行股权民主化、分散化。当时，股票主要流向个人，股权结构中个人股占多数（60% 以上）。此后，随着占领军政策的改变和反垄断法的放宽，特别是 60 年代日本实行贸易自由化，实业界人士担心外资大量涌入收购和兼并日本企业，于是企业之间换股或循环换股，交叉持股逐渐发展起来。交叉持股基本上是原财阀控股公司解体后原财阀系统重新加强联系的一种形式。但在这种企业集团中，原财阀已经失去了影响，控制机构不再是战前财阀总公司这种处于统治顶端的控股公司，而是以银行和公司为中心的成员企业相互（交叉）持有股份和互派负责人，并组成经理会。

因此，无论从中国体制转轨的经验还是从国际上由统制经济向市场经济的转轨经验看，发展企业交叉持股是解决控制权过分集中的一个有效途径，可以作为解决政企不分问题的一种尝试办法。可以考虑，在对过去"拉郎配"形成的企业集团进行改制时，有些以一个"龙头"企业为基础，有些则以几个大企业为基础，组成一个企业集团，内部实行交叉持股，集团内的其他众多小企业相应成为这些大企业的子公司或附属企业。考虑到中国目前的国有企业改革与重组格局，构造交叉持股模式可以采取近期与远期两类措施。

近期措施：（1）结合结构调整，在产品结构、技术结构类似的企业首先实行专业化重组，形成单个企业产品结构与技术装备结构专业化，若干企业产品结构与技术结构互相补充的局面，这些若干企业之间交叉持股，形成横向结合的企业集团，同时集团内部是符合《公司法》规范的公司治理结构。所选择的企业规模不宜过大，否则结构调整工作量及难度大；但也不宜过小，否则企业没有发展前途，交叉持股体制难以维持。（2）选择往来密切，交易相对固定的上下游企业，发展交叉持股，实行纵向一体化，组建企业集团。（3）已有的企业集团的母公司之间可交叉持股，一来稳定股权，二来加强协作与沟通，这对一些地区性企业集团可能更为适用。

远期措施：培育大企业、大集团，在企业或集团内部形成若干规模相当的企业之后，总部或母公司的控股与指挥功能逐步取消，取而代之的是下属企业交叉持股。日本战后形成的交叉持股实质是这种方式，这种做法在新兴工业化经济体（如韩国）中也存在。

四、上海市和深圳市国有资产管理体制改革的经验及可能存在的问题

上海和深圳两市近年来积极推进国有资产管理体制改革，走在全国改革的前列，并产生了重大影响。对这两个城市这方面的改革作出评价是有意义的。

两市的国有资产管理体制改革都是按照"三个分离"原则进行的，即政府的社会经济管理职能与国有资产所有者职能分离，政府的国有资产管理职能与经营职能分离，出资者所有权与企业法人财产权分离。两市的做法有一些共同之处。

从基本框架看，都分为三个层次：第一层是市国有资产管理委员会（其常设机构是国资办），由市委、市政府主要领导组成，它

是本市国有资产所有权的总代表，依法拥有本市全部国有资产，并对其行使占有、使用、处分和收益四项权利；第二层为市国有资产运营机构，由职能局、大企业集团（公司）或综合性持股公司构成；第三层为市国有资产运营机构将其运营的国有资产按不同份额分别投入各种类型的企业后形成的国有独资公司、控股公司和参股公司，形成企业法人财产权。

从运行看，都是由作为市国有资产所有权总代表的市国资委对试点企业进行国有资产授权经营，委托授权企业行使所有权，按市国资委要求进行经营管理；授权企业对授权范围内的国有资产，根据生产经营需要，以出资者的身份分别投入各生产经营性企业，使之成为自己的全资、控股和参股公司，形成以资产为纽带的母子公司关系，各自按照国家法律规定行使所有权和企业法人财产权。其中，市国资委负责对授权国资公司或企业集团进行考核，具体由监事会实施，逐步实行管人与管资产相结合。

以上海市为例，原来的主管局承担的行政管理、资产管理、行业管理的职能按政府机构改革的原则一分为三——政府机关，国有资产管理公司是企业，分流出去的一部分人组成的中介机构则属于事业单位。一分为三后，党委机关保留"一对三"，并坚持党管干部的原则。目前作为过渡措施，国有资产经营管理公司的正职经批准可以兼任，但副职一定有侧重，下面的机构和人员严格分开。例如，组建纺织和仪电国资公司后，撤销了系统内原行业性管理公司，在产品、产业和企业组织结构调整的基础上，以资产为纽带，以产品为龙头，出资重新组建了一批符合现代企业制度要求的企业集团或有限公司。同时在领导体制上，实行董事会、监事会和经理制度。纺织国资公司的决策和权力机构是公司管理委员会，既有董事会的职能，也有监事会的职能，由党委书记任管委会主任，局长任副主任兼总经理兼法人代表，管委会成员 10 人，由纺织局正副书记、正副局长、工会主席、干部处长、总会计师组成。仪电国资公司实行总经理负责制，局长担任总经理兼法人代表，设外部监事会，成员10 人。监事会主席由上海市副市长担任，社会知名人士及职工代表，各占 1/3。

这种体制的优点在于，它将过去多部门负责变成由市委、市政府领导挂帅、各部门参与组成的班子，管理企业的"部门"少了，相应地减少了部门间的掣肘，减低了行政组织经济的成本。而且，依托一部分职能部门能够比较自然地剥离其部分权力（利），也为部门内一部分人员找到了出路，从而减少了部门改革的阻力。深圳市从 1997 年起还实行管人与管资产相结合，把企业主要领导的任命权从市委组织部转移到国有资产管理办公室、控股公司，相应减少了政出多门的弊端。但应看到，就政企关系而言，问题的根本不在于有几个部门管企业，而在于谁来管、管什么。在这种体制下，国有资产所有权职能行使主体仍是政府机构，最终管理企业并对企业人事、重大活动做最后裁决。例如，国资办也是市政府管理国有资产的主要职能机构，列入政府序列。因此，这种做法与过去的体制似乎并没有实质性的区别。总的看来，笔者认为这种体制似乎仍未能解决政企分开问题。

值得注意的是，深圳、上海两市都正在积极推进其下属企业的公司制改造，特别是通过职工持股、企业上市等途径实行股权多元化。这是一个很有发展潜力的方向。如果企业交叉持股、股权社会化等发展起来，产生了非政府机构持股的其他大股东，那么，国有资产管理委员会的很大一部分工作就自然消失了。这意味着，国有资产管理委员会可以作为国有制改革过程中的一个中间环节，暂时作为一个"隔离带"。从这个意义上讲，这种改革具有方向性的积极意义，值得各地方借鉴。

既然上海、深圳两市都组织了（地方的）行业性控股公司，那么，有没有可能推而广之，中央行业部门也模仿这种模式建立行业性控股公司呢？目前，有的专业部门、主管部门正力图这样做，把自己从行政部门变成行政主管部门加国有资产经营者或国家授权投资机构，把行业部门内主要企业的权力再度上收，使自己变成投资中心和重大决策者。

笔者以为，这种做法有很大的缺陷。首先，已习惯于传统体制工作方法的原"婆婆"，不太可能会因自己兼职或摇身一变成为"老板"就转变观念变成企业家。在这方面，深圳市的做法似乎很难效仿。深圳市从 20 世纪 80 年代中期开始，就逐渐撤销了一些主管局，翻牌成了公司。但由于深圳市国有企业基础差，底子薄，只有一些小企业，且正值深圳面临一个大的发展机会，翻牌公司直接面临负债经营、直接面对竞争性市场格局，这就使得主管部门从领导向企业家身份转变更容易一些。相比之下，上海市类似转变难度稍大一些，而中央行业主管部门的类似转变更难。如果行业主管部门翻牌，很可能不仅做不到政企分开，反而加重政企不分。其次，如果行业部门把行业内的重要的国有企业（集团）都纳入自己的旗下，组成全国性的控股公司，有可能出现严重的垄断局面。最后，将严重冲击目前企业自主权状况。经过十几年的改革，国有企业自主权已大大增强（尽管仍不尽如人意），"婆婆"的管制已大幅度减弱。如果现在的"婆婆"又做起"老板"，扬起出资人（产权所有者）的大旗，要比单纯的"婆婆"更合理合法，更有分量。结果非但不是把生产经营权切实交给企业，反而很可能使企业重新回到传统计划经济体制中的"车间"地位，不是被"搞活"，而是被"搞死"。

五、政企不分时的企业运作方式

以上分析表明，在两种角色由一个主体承担时，政企分开几乎是不可能的。西方一些国家的情形又是怎样的呢？在美国、英国和法国等主要市场经济国家，出于校正市场失灵的考虑，国家在一些领域也设立国有企业。在这些企业，往往是由政府任免企业领导人，监督其运作，因而政企也是不分的。尽管在这些国家，公共部门的企业较少，比较容易管理，但总的看来，公共企业的运作效率是偏低的。政企不分时，国有企业是不是一定不能运转呢？西方国家对国有企业一般采取以下几种管理方式（曹玉书等，1997；臧跃茹，1997；国家体改委课题组，1994）：

1. **政府机构直接负责国有企业管理**。例如，在法国，政府对国有企业实行双重管理，即由财政部负责国有企业的存量和增量管理，各主管部如工业部、能源部等负责对国有企业行使所有者权利，如任命董事长、总经理。在德国，财政部行使国有资产所有权，负责审批国有企业的成立、解散、合并、股权变动，选聘监事会、理事会中的所有者代表等。在一些发展中国家，如巴西由计划部国有企业特别控制秘书处负责国有企业监管，对国有企业主要收支项目等制定限额，提出关于国有企业股本变动、购并活动及利润分配建议。

2. **通过立法规定国有企业的活动**。典型案例是美国国有企业管理以国会立法为核心，联邦政府每成立一个国有企业就由国会通过一个单行法律，州和市镇政府设立公司也要由同级议会批准。如最大的国有企业田纳西河流域管理局，就是 1933 年经国会同意、罗斯福总统签署法案成立的。它的最高领导层有 3 名董事，由美国总统提名，经国会批准后再由总统任命，任期 9 年。3 名董事负责整个企业的管理和经营，具有高度自主权，并享有电价制定权。

3. 政府机构与企业合一型。例如，美国圣劳伦斯海运开发公司开始时是一家独立的国有企业，后合并到联邦政府运输部以一个司的名义来管理和经营。美国各州的一些州属企业也与之类似。如纽约公共交通管理局实际上是地铁公司和公共汽车公司的联合公司，纽约桥梁隧道管理局则是经营桥梁和隧道的公司。

4. 设立控股公司，在政府专业部门和国有企业之间建立一个"隔离层"。典型的有意大利的伊利公司、新加坡的淡马锡公司等。以追求利润为目标，政府不干预企业的具体经营活动。

从西方国家国有企业管理的实践看，尽管它们只有少量的国有企业，实行上述几种方式管理也仍存在政企不分、机构臃肿、效率低下等严重问题，世界银行的一份研究报告（阿尤布等，1986）和西方国家的私有化浪潮也说明了这一点。自 20 世纪 80 年代以来，西方国家对国有企业实行大规模私有化，一方面通过向公众及企业内部职工出售国有股份，将国有企业变成完全私人持股或私人持股为主的企业；另一方面对于仍属于国有的企业，实行公司化、商业化，以及租赁、责任制、委托私人公司经营管理等。

六、结论

以上对国有企业改革中政企分开可行性的分析表明，在政府作为国有资产产权代表时，解决政企职责不分似乎是不可能的，在此体制下寻找其他方法，如出资人所有权与企业法人财产权分离，是无法解决政企不分问题的。人大常委会下设立国资委并建立相应的层级制在国有企业数量相对较少时是可行的，但更多地应把设立国资委看成是一个建立现代企业制度的过渡措施。西方一些国家的国有企业管理经验和教训说明，即使是少量国有企业，政府作为产权主体也容易产生政府过分干预问题，尽管理论研究表明国有企业有其存在的理由。解决政企分开的方向应是实行产权多元化，特别是将大量国有产权通过种种途径演变成其他公有性质的产权，其中最重要的是机构持股和企业交叉持股。

国有与非国有部门：改革定位和发展政策 [①]

自 1978 年改革开放以来，中国经济逐渐出现了这样一种体制特征，即一方面是体制一直未理顺、缺乏活力的国有部门，另一方面是体制相对正常、充满生机活力的非国有部门。国有部门在工业产出中的份额已从 1978 年的 77.6% 下降到 1994 年的 34.1%，平均每年下降 2—3 个百分点；非国有部门所占份额则从 1978 年的 22.4% 上升到 1994 年的 65.9%。中国经济出现了两大板块，非国有部门成为中国国民经济的一个重要组成部分。对于这样一种制度特征，中外不少经济学家已作了大量分析（如吴敬琏，1992；Norton，1995）。本文的目的不是分析这两部门制度特征本身，而是以此为起点，分析两部门的改革与发展政策。本文认为，无论是经济改革政策，还是经济社会发展政策，都要把非国有部门纳入考虑范围。重要的是，从国民经济改革与发展的全局和动态演进出发，重新审视现有的部门政策，设计一些针对两部门特点的经济政策措施。

一、国有部门的定位和相应的政策考虑

改革开放十几年来，国有企业虽然经历多次重大改革，但仍然

---

① 与董彦彬合著，原载于《经济研究》，1996 年第 3 期。

190

机制不顺。对于这种情况，中国的经济学家和政府部门已达成基本共识，认为国有企业困难的根本原因在于体制不合理，十四届三中全会提出的《决定》明确指出解决国有企业困难的根本出路在于建立现代企业制度。目前比较重要的是如何尽快推动国有部门特别是国有企业转轨。不可否认，国有企业近年来的改革步伐仍然相对缓慢。国有企业改革迟缓有其制度变迁的一般规律性因素、宏观经济环境及历史存量问题等方面的原因，除此之外，一个重要原因在于对国有企业在国民经济中的地位和作用缺乏合理的、逻辑一贯的认识。因此，笔者认为，解决这一问题的关键前提条件是详细分析国有企业困难的原因，并在此基础上合理界定国有企业的地位和作用。

1. 国有企业困难状况的主要原因

首先，国有企业增长相对缓慢、困难加剧是所有制结构成功改革的结果。改革开放以前的体制追求的是"一大二公"的所有制模式，国有企业在国民经济中处于垄断地位，无论是工业还是商业，都用行政命令禁止非公有制成分的进入，即使对允许进入的集体所有制企业也加进了许多的控制。而且，国有企业无所不在，遍及各个行业或领域，包容大、中、小型企业。所以，在传统体制下的几十年中，国有企业在工业产出中的比重一直占80%左右，集体所有制工业占到20%左右，私人、个体经济成分所占比例为零或几乎为零。改革开放以来，国家逐步放宽了对集体经济和其他经济成分的限制。集体经济和其他经济成分的发展对国有经济产生了重大影响，最重要的一条是形成了竞争压力，打破了国有经济的人为垄断局面，从而降低了国有企业在垄断基础上形成的高利润率。从1978年至今，行业平均利润率的下降，基本上可以看成是经济整体改革成功的重要标志之一。[1]

其次，国有企业困难增加是农业改革成功的一个必然结果。50年代中期以来，国家对粮食、油料、棉花等重要农产品实行统购派购制度，对农产品实行低价收购政策。借助于对农产品低价收购，可以对城市工人实行低工资政策，为工业提供廉价农产品原料。改革开放以来，随着家庭联产承包责任制的实行和农民市场主体地位的确立，以及农产品价格的逐步提高和农产品购销体制的改革，农业、农民对工业的补贴大大减少了（参见高小蒙、向宁，1992）。这无疑增加了国有企业的成本，减少了利润。

再次，国有企业困难加剧是国有企业进行产业结构、经济布局调整的结果。国有企业、特别是建厂较早的老企业，所在的行业可能已属于夕阳产业，或者是生产能力过剩的工业企业，有的资源工业企业甚至面临资源枯竭问题。这在一些煤炭、军工企业尤为明显，还有一些国有企业在建厂时纯粹从军事、政治角度出发，没有考虑到经济合理性、企业的合理集聚等，选址不合理，特别明显的就是一些"三线"企业和军工企业。这些企业即使成功地完成了军转民的产业结构调整，也由于所在位置的偏僻，协作不便、交通不便，使产品的生产成本、运输成本较高，一些迁出山沟、进入城市的企业，也往往因搬迁过程中的基本建设、设备重置等因素，使自己伤筋动骨，背上沉重的债务包袱，陷入严重的亏损。

最后，一些国有企业所处行业属于其他经济成分不愿进入的领域，特别是公益事业、基础设施领域。考虑到社会经济环境的安定

---

[1] 烟叶大战、汽车厂家众多的一个重要原因在于该行业利润率太高，以至极高的成本也能赚钱。

和人民生活水平的提高，这些领域的企业往往只能采用导致微利甚至亏本的价格进行经营。许多市场经济国家的这类企业也是亏损的。这是由其行业性质决定了的。

从以上四个方面的大致分析来看，对整个国有企业目前的困境原因应加以分类，简单认为是国有制本身造成的，或把国有企业的问题全部归结为制度因素，都欠公允。结果很可能由于采取了不恰当或不全面的政策，贻误解决问题的时机。

2. 国有企业的定位和改革建议

从 1978 年实行扩大自主权试点以来，国有企业改革已经走过近 20 年的历程。自 1993 年，中国政府宣布企业改革的目标是建立现代企业制度以来，也已经有两年多的时间。其间经济学家们提出了数不胜数的条条款款，中央政府和各地政府也采取了种种措施，但国有企业似乎少有起色。这使经济学家及政府官员陷入尴尬境地。也有人因此对国有企业改革失去了兴趣；有人认为应以非国有部门（发展）之动待国有部门（难发展）之静，对国有企业放任自流即可；鉴于国有企业整体上的改革难以推进，有人主张应着重注意大企业改革，有人则着重强调中小企业改革。

笔者以为，鉴于国有企业在工业产出中的份额直至 1994 年仍占三分之一以上，鉴于国有企业在国家财政收入中的重要地位（1994 年为 65.7%），特别是在直至 2010 年这一中国进行工业化转变的阶段，国有企业仍将在一些初始投资要求和技术水平要求都很高的领域中（如化学、钢铁、汽车等）占据重要位置，不可能被其他经济成分所替代，因此，国有经济、国有企业无论对于社会主义市场经济体制的形成，还是对于中国经济的迅速持续发展及社会环境的安定，都将具有极为重要的意义，必须对其改革和发展给予充分的重视。轻视或忽视国有企业改革，都将带来严重的不良后果。

国有企业改革进展缓慢，有其固有的一些原因。制度变迁往往是一个缓慢的过程，加之长期计划经济的影响，国有经济规模庞大、市场组织和熟悉现代市场经济及现代企业制度的人才比较稀缺，以及通货膨胀等宏观经济因素的制约（参见银温泉，1993，1995），历史存量问题的有待处理（郭树清，1995），都影响着国有企业改革的步伐。除此之外，目前制约国有企业改革的主要因素之一还在于对国有企业地位和作用缺乏清楚的认识，即国有经济（国有企业）究竟在国民经济中应处于什么位置。这是进行国有企业改革的一个重要前提条件。从世界范围来看，国有企业是先于社会主义国家的成立而建立的。对于国有企业存在的必要性及其经营管理，现代经济学已做出了大量的研究。从利于资源最优配置和公平分配，即从经济顺利有效地运行出发，现代经济学认为，在现代市场经济中，国家的作用主要是弥补市场失灵，补充市场的不足之处。市场失灵领域主要表现在：（1）外部性与共用品。（2）收益递增、边际成本递减的领域，倾向于在单一领域单一生产者时，生产成本最低，属于自然垄断领域。（3）市场不完全的领域。（4）分配平等问题。政府可通过转移支付等手段来解决（关于这几种类型的分析，见 Wolf，1988）。除这几种市场失灵情形外，发展经济学还列举了一些欠发达国家需要政府干预的理由：（1）价格不能反映经济的动态效应，或者说，一个国家的动态比较优势难以在市场上表现出来。这在工业发展初期特别明显。这一点可以看成是动态性的市场失灵。政府的作用是采用保护性的关税和创业补贴，并且随着幼稚工业的发展，经济效率的提高，逐步降低关税和补贴（帕金斯等，1987）。新兴工业化经济的成长经验说明，在发挥动态优势方面，政府除进行部门倾斜，帮助幼稚产业成长外，一个重要活动是推动基础设施建设。（2）从欠发达状态起步的国家，缺乏经济发展所必需的适合充当企业家及其他经济活动组织者的人才资源，优秀人才多集中于政府部门。因此，需要政府选择人员，建立公共企业。

总之，无论是在成熟的发达市场经济中，还是在迈向市场经济的欠发达国家的经济发展中，政府的作用都是必需的。但这种作用的方式不是唯一的：既可以充当社会经济活动的监督管理者，通过各种政策手段，创造平等竞争的市场环境和安定的社会环境，也可以在一些基础设施、垄断行业等领域进行投资，或直接建立国有企业，参与经营。但一般而言，国有企业只应存在于有限的几个部门。

从邓小平同志的"三个有利于"标准出发，笔者认为，现代经济理论（包括发展经济学）从资源配置、经济有效运行与发展的角度对国家与国有企业作用的分析是很有启发意义的。总体而言，国有企业应局限于少数领域、少数几个行业，国家的作用主要通过经济法规和政策来体现。

如果设定改革后政府在经济中的作用、国有经济在市场中的优势主要是弥补市场失灵，发挥欠发达国家经济发展中的后发优势，那么在"九五"计划期间直至 2010 年这样一个较长的时期，国有制改革的一项主要任务是对目前为数众多的国有企业（1994 年国有独立核算工业企业为 7.97 万个，其中大中型企业 1.45 万个）在分类基础上实行非国有化。在产业布局上，国有企业将逐步退出竞争性领域，把竞争性领域的国有资产转移到其他领域；在竞争性不强的领域或垄断领域（包括寡头垄断和完全垄断领域）积极引入其他经济成分投资，包括参股形式的投资。在企业类型上，逐步出售或改组中小型企业的国有产权（股权），将国有企业基本局限于大中型企业。具体分为两个方面：一方面将大型国有企业在公司制改制基础上，逐步变成混合持股（所有）的经济形式，包括转归国有金融机构所有，确立地方政府的所有权（伍德，1991），形成企业的股本（所有权）多元化的格局。从剩余索取权控制的角度看（Grossman and Hart，1986），地方政府目前已拥有事实上的地方国有企业所有权，有权处置并已经开始处置地方国有企业。上海市政府将行业局变成控股公司、广东省顺德区和山东省诸城市改组中小型国有企业的经历充分说明了这一点。另一方面通过出租、出售、股份制改造、职工持股、债权拍卖等形式，尽可能将大量中小型国有企业变成非国家所有。

值得说明的是，非国有化工作不能期望迅速完成。制度变革是一个缓慢的过程，加之从计划经济向市场经济的转轨受到思想观念、人力资源及通货膨胀等因素的约束，现代企业制度的建立和有效运转需要相当长的时间。我国十几年的改革及东欧国家、苏联经济转轨的经历说明，不顾条件制约，贪快求全，追求过快的变革速度带来的结果很可能是"新瓶装旧酒"，形变实不变，给经济造成混乱和效率下降。而且，在配套改革没有实施、市场条件未充分形成之前，过快转变有可能将国有垄断变成非国有部门的垄断，或者使产权更加模糊，强化无人负责或内部人控制失控局面，从而对整个经济运行无任何益处可言。

二、对非国有化建议的疑虑的几点说明

对于这种非国有化，也许有人担心出现这样的问题：一是将导致私有化，动摇国有制的主导地位，危及社会主义基础；二是将削弱国家对国民经济的调控能力，出现经济混乱局面。

就第一个担心而言，首先需要明确的是实行非国有化并不是说要不顾后果地迅速消除国有制，否则又将陷入另一种极端。国有企业要不要保留，保留到什么程度，主要在哪些行业保留，完全根据经济运行和发展的需要。在今后一个较长的时期，国有股本在大中型企业特别是大型企业中仍将占有主要地位，与目前不同的可能只在于国有股本具体界定到不同的国有投资主体手中，但最终所有者仍是国家。即使将国有股本转移出去，购买（分配到）国有股本的主要也是其他公有成分，非国有化后形成的格局仍将是公有制占主体地位，并不导致私人资本统治。这与党中央所强调的国家所有和集体所有的资产在社会总产值中占据优势，国有经济控制国家经济命脉、对国民经济发展起导向作用的所有制改革方针并不相冲突。

就第二个担心而言，在市场经济体制中，国有企业是否存在与宏观调控能否顺利进行这两者之间并不能简单地画等号。市场经济国家发展的经验教训、我国近二十年改革开放的经验都说明，随着市场的放开和企业成为市场主体，供给能不能满足需要，关键是价格体系是否合理。向社会主义市场经济体制转轨过程中，主要的宏观调控手段逐渐成为间接性的，通过金融、财政、税收等经济手段影响生产者和消费者，从而影响整个经济运行中的总供给和总需求。把国有企业与宏观调控密切挂钩的认识可能来源于这样两个方面的考虑：其一是认为国家只有把实物生产抓到手里，才能对经济进行调控；其二是认为国家宏观调控的措施如经济计划、信贷限制措施、控制基建规模等，只有具体落实到企业头上，并付诸行动才能取得成效。从第一点考虑看，如上所述，对经济的调控不一定非要手中有实物不可。即使需要实物（如出于平抑物价的需要等方面的考虑），国家也不一定要直接从事生产活动[①]或对生产活动严加干预，这样做并不一定有效率。农产品生产购销体制的改革充分说明了这一点。自 50 年代中期以来，我国的粮棉一直主要由农民而非国营农场来生产，在实行人民公社体制、粮食统购统销制度时期，国家直接插手粮棉生产，[②]宏观管理能力似乎很强大，却造成粮棉长期短缺。这从一个方面说明国家直接插手很可能不仅无效率，还有可能损害整个经济的调控效果。

新兴工业化经济成长的经验对于确定政府在经济中的作用及作用方式提供了很好的参照系。众所周知，日本政府在经济起飞和发展中起到了相当重要的作用，有鉴于此，美国把负责经济总体计划的通产省称为"推动日本奇迹的手"（约翰逊，1988），把整个日本称为"日本公司"，政府和企业都是其中的一员。但日本政府的作用在于确保长期经济增长的基础，推动企业合作和团结，运用信贷资金等手段，支持企业长期投资，扶持具有动态比较优势的产业的发展（Wade，1992）。投资基础设施建设，改善投资环境，运用信贷、担保等手段支持和推动企业进行长期投资。最重要的是，在政府与企业的关系上，"由企业来领导，政府是参与者，决不发号施令。公

---

① 新中国成立初期对恶性通货膨胀的抑制，也不是通过直接控制生产。当时，国营商业控制的棉纱占 35 %，棉布占 50 %，商品粮占 1/3 左右，对投机的抑制主要通过收紧银根、收购并集中调运物资［参见柳随年等：《中国社会主义经济简史》（1949—1983），黑龙江人民出版社 1985 年版，第 21—24 页］。

② 陈云同志在 1981 年底和 1982 年初的谈话从一个侧面说明了传统体制下的做法。他指出"农业搞了生产责任制以后，仍然要坚持上述'以计划经济为主、市场调节为辅'的原则""郊区必须种菜，不种不行。这样就有点国家计划的样子""养猪要规定任务。规定一年交多少头猪""种烟不能超过八百万亩"（参见：《陈云文选》，人民出版社 1986 年版，第 275 和 279 页）。

司可以拒绝接受政府的动议"（瑟罗，1992，第 122 页）。日本产业政策的中心课题就是主要针对在资源配置方面出现的"市场失灵"进行政策性干预，并且因不同发展阶段市场体系完备程度不同、市场失灵的范围与状况的不同，在产业政策的干预力度、实施方式方面都有调整。而且，主要的经济政策都随环境的变动而变动，注意与环境相匹配（佩特里，1993）。

三、非国有部门的现状及发展政策

改革以来，非国有部门发展迅速，特别是"异军突起"的乡镇企业，已成为国民经济增长的主要推动力之一，在 1994 年，非国有部门在工业产出中已占到近三分之二。江苏、山东、浙江、广东等省都是在乡镇企业及其他非国有经济成分发展的带动下取得令人瞩目的发展成就的。1993 年，这四个省份的集体工业企业产值占全国集体工业企业的 55%，乡办工业企业产值占全国乡办工业企业产值的 63%，其他工业企业占全国的 68%，因此，成为这些省份经济增长的主力[1]。鉴于非国有部门在国民经济中的重要地位，作者认为，中国经济能否持续地高速发展，中央提出的"两个转变"能不能顺利实现，与非国有部门能否得到健康发展相关密切。应对非国有部门的发展给予高度重视。对于非国有部门而言，由于基本不存在发展的思想阻力，所以，问题在于能不能保持目前的发展势头。如果难于保持，国家应采取什么样的支持和鼓励政策。限于篇幅，这里仅就乡镇企业作一大致分析。

乡镇企业在 20 世纪 80 年代的发展特点基本上可以归纳为小规

---

[1] 参见《中国经济年鉴》，1994，第 409 页

模、低技术，在 1994 年，乡村工业企业合计达 698.6 万个，但每个企业平均雇工人 9.97 个。主要限于技术素质要求不高、规模经济要求不高的行业。从体制上说，基本上是乡村政府所有，经理层运用多种形式经营。这两个特点实际上是融合一体、相互兼容的。在 20 世纪 90 年代，特别是在"九五"时期甚至 21 世纪初，乡镇企业发展势头能不能保持下去主要取决于这种产业、产品和技术结构能否继续保持竞争优势，目前的体制基础能否为进一步发展提供充分的动力。

作者认为，总体上说，乡镇企业的发展后劲目前来说不容乐观。首先，乡镇企业填补供给"缺口"的阶段已经基本结束。从"拾遗补阙"到机械加工业迅速成长起来的乡镇企业已基本上遍及各竞争性行业，并迅速使该产业达到供给饱和状态。新成长的乡镇企业，面临着与现有生产能力的竞争。乡镇企业相互之间的竞争压力加大，很可能在一些产业或产品品种上出现过度竞争。特别是随着中西部地区乡镇企业的逐渐发展，东部地区的乡镇企业可能面临着在新的比较优势方面寻求发展的问题。其次，乡镇企业对国有企业的"赶超"阶段已基本结束。过去的乡镇企业利用"后发性优势"，尽量采用国有企业过去发展产生的技术资源、管理人才和技术人才资源，甚至包括既有的基础设施，来取得迅速的发展，并且在许多产业的市场竞争中取得了优势。在一些行业冲到前头的乡镇企业在今后的发展中如果想保持龙头地位，就需要进行技术开发、人才培训，乡镇企业即使有动力和能力承担这一任务，初始投资也将是很大的。再次，乡镇企业外部成本内部化的压力会增大，将为此付出更多的成本。乡镇企业，特别是东部和中部部分地区乡镇企业发展所依赖的低劳动成本、社会负担轻及一些成本外部化（特别明显的是环境污染）的比较优势正逐渐丧失，乡镇企业的生产与交易成本也将增大。[①] 最后，乡镇企业对国有企业的组织制度优势正在逐渐丧失。这一问题目前仍未引起人们的注意。这体现在两个方面：从组织形式上说，随着生产规模的扩大、投资的增多和市场占有份额的增加，那种立足于"船小好调头"基础之上的组织形式将发生改变，随之而来的是较为固定的层级制制度；生产和资本规模的扩大将使乡镇企业中的所有权和经营权出现类似国有企业的分离，所有者和经理层的冲突与矛盾将变得比较突出，从而需要建立更加规范化的制衡机制，这不是在短期内能解决的。

从可获得的资金来源上讲，目前国家仍然倾向于国有企业，改革进展迟缓的国有银行距真正的商业经营比较遥远，国家投资、补贴和银行信贷发放的重点也仍是国有企业，再加上乡镇企业普遍规模小，贷款抵押、担保条件差，以及国有商业银行贷款审查能力低，乡镇企业在获取贷款方面的劣势仍将继续下去。在1993年，乡镇企业获得的贷款只占全国贷款总规模的5%（《中国经济年鉴》1994年，第117页），这显然与乡镇企业在国民经济增长中的地位和作用很不相称。

在非国有部门，特别是乡镇企业的地位非常重要的今天，如果国家对它们面临的挑战和遇到的问题不积极主动地予以协助解决，将直接影响到整个国民经济的增长势头。而且，如果不考虑非国有

---

① 乡村企业尽管社会保障方面的支出比较少，但在其他一些方面比国有企业支出多。例如，1993年，乡镇企业以工补农建农资金达全30亿元，支持农村各项事业建设资金290亿元。据农业部乡镇企业局资料，改革开放以来，乡镇企业直接用于补农建农资金达782亿元，用于农村教育、小城镇建设、公益福利事业的资金达1500亿元（农业部乡镇企业局：《中国农村乡镇企业股份合作制教材》，中国统计出版社1995年版）。

部门特别是乡镇企业产业结构升级、技术结构升级和产业组织结构调整，整个经济增长方式的转变很可能受到影响，至少会大大拖延时日。为此，需要彻底转变认识，解放思想，把非国有部门，特别是集体合作经济、乡镇企业提到重要议事日程。如果仍过于偏爱国有企业，对非国有部门实行实际上带有歧视性的信贷政策、财政补贴政策、税收政策，宏观调控的目标就难以实现，或实现起来成本很高，社会主义市场经济体制的建立、"两个转变"的实现都会是一个耗时长久、成本很高的过程。

也许有人认为，乡镇企业自发发展的效果更好，如果国家插手干预，结果将会事与愿违。笔者认为，这虽然注意到了国家干预中的"政府失灵"，特别是中国改革开放实践中政府干预的失误，但对乡镇企业在国民经济中的地位及面临的问题缺乏足够的认识。实际上，问题的关键在于如何进行调控，如何制定和贯彻产业政策。我们认为，最重要的是把乡镇企业与城市企业同等看待，按产业类型和经济规模（如销售收入）划分企业类型，制定一个统一的中小企业法及相关的产业配套法规。在这方面，日本的经验可以给我们很好的启示。日本在战败后的经济恢复时期，在商工省（1946年改为通产省）内设中小企业厅，负责中小企业的政策制定，随后制定了《中小企业基本法》，政府通过采取各种措施，推动中小企业合理化和现代化。这些措施主要包括：从金融等方面支持其设备现代化；通过建立负责咨询、技术开发等项工作的机构，帮助中小企业提高技术水平和经营管理水平；推动企业具备适当的规模，推动业务协作等。为了防止中小企业因过小过多造成过度竞争，日本政府在部门准入及业务调整方面也制定了相关政策。例如，在金融方面的支持政策有：（1）建立使贷款者放心贷款的信用保证制度；（2）由政府系统的金融机构向中小企业贷款；（3）认购中小企业发行的股票和债券等。总的来看，日本政府对中小企业的支持政策收到了较好的效果。

当然，重视非国有部门在经济改革与发展中的作用，并不是说各个部门和地区都是如此。这首先取决于不同地区的两部门现有格局。举例来说，主要靠乡镇企业发展支撑的江苏省，其下一步的工作重点可能应主要在解决乡镇企业发展带来的小而全、小而散、环境污染严重等问题，合理调整乡镇企业的产业结构、企业组织结构及企业布局；而对于国有企业在资本总量中占主要地位的东北地区、三大直辖市，首要的任务将是调整国有企业发展战略，实行包括产权多元化在内的非国有化。就总体而言，两部门发展与改革也是融合在一起的，可以结合进行，如引导非国有部门向国有部门企业投资等。

政府规制与企业融资

—— 关于国有企业高负债的政策性解释及其含义 [①]

一、国家对国有企业资金注入方式的变化

从 1979 年提出试点到 1980 年 8 月底，电力、轻纺、建材、商业、旅游等 10 个行业有 619 个项目实行了"拨改贷"，贷款发放额 15 亿元左右，占当年预算内基建投资的 3.4%。1981 年"拨改贷"投资比重提高到 11.3%，1982—1984 年"拨改贷"规模每年在 30 亿元左右。1985 年宣布实行全面"拨改贷"后，尽管随后对"拨改贷"进行了调整，又规定了 10 大类项目可以恢复拨款，每年的"拨改贷"仍有 100 多亿元，约占预算内基建投资的 1/3。1988 年基本建设基金制取代了"拨改贷"制度。从 1979 年到 1988 年，"拨改贷"的总规模为 780 亿元。截至 1990 年底，全国共发放中央级"拨改贷"资金 1100 亿元。

与整个国有企业部门的基本建设投资规模相比，"拨改贷"部分所占比例是很小的。在 1978—1988 年，全民所有制企业的基本建设投资规模为 8063 亿元，其中"拨改贷"仅占 9.7%。即使在国家预算内投资 3018 亿元中，"拨改贷"也只占 25.8%，"拨改贷"本身对

---

① 原载于《中国工业经济》，1997 年第 7 期。

于企业债务的影响并不显著。由于"拨改贷"项目主要限于基础产业部门如煤炭、港口、矿山、铁路等，竞争性行业很少，在这些行业中又主要限于大型企业，中小型企业的"拨改贷"占比更小，大中型企业的这类贷款在企业负债总额中的比例也不大。从1985年起，"拨改贷"部分的资金开始回收，1985年收回"拨改贷"本金和利息共6亿多元，1986年收回10亿元，1987年收回20亿元。据银行部门对中央级"拨改贷"项目的调查，截至1990年底全国发放的中央级"拨改贷"资金1100亿元中，除前几年已转为拨款和经批准豁免的项目外，已签订合同的贷款数额为700多亿元，其中到期贷款本金为140多亿元，实际回收贷款本金近百亿元，占到期应还款数的68%，1991年实际回收本息为计划回收额的78%。根据银行预测，1991—1994年间贷款本金到期额160亿元，加上1990年前逾期未还的45亿元，共有200多亿元，测算得出能够偿还80亿元。因此，实际未能偿还的"拨改贷"余额并不大，这也意味着"拨改贷"对国有企业的负债影响甚微。另据（原国家经贸委）对70户现代企业制度试点企业的调查显示，上述企业1994年的资产总额为2001亿元，负债总额1338亿元，资产负债比平均为66.9%，而全部"拨改贷"本金余额仅40亿元，分别只占资产总额和负债总额的2.0%和3.0%。因此，即使目前将"拨改贷"本金余额改为国家资本金注入，对改善国有企业的资产负债格局也作用甚微。

值得注意的是，尽管"拨改贷"本身直接涉及的金额不大，但这项政策使政府对国有企业的资本注入方式发生了重大变化，并影响到政府行为。由于政府对国有企业不再以资本金形式提供资金，企业所需外部资金全部来自银行贷款，政府决定的国有企业部门投资规模完全可以脱离财政资金的约束，国有企业的银行贷款迅速增加。特别是在地方国有企业实为地方所有、地方上的国有银行仍为中央所有的局势下，地方政府更倾向于慷中央政府之慨，通过贷款发展地方经济。1985—1994 年，国有企业固定资产原值从 8005 亿元增加到 33006 亿元，增长了 3.1 倍；同期国有工业企业固定资产原值从 5182 亿元增长到 19256 亿元，增长了 2.7 倍。而同期国有经济固定资产投资中国家预算内资金从 403 亿元增长到 478 亿元仅仅增长了 18.0%。中央政府和地方政府的这种信用透支、过分担保使国有企业的贷款规模和利息负担迅速增加。

二、政府对国有企业的税收和留利政策

1978 年前，国有企业的利润主要采取财政上缴形式。1978 年 11 月，财政部、税务总局《关于改革工商税制若干问题汇报提纲》提出"对国营企业的收入改为基本上用税收形式交纳"，此后实行了利改税的第一步和第二步改革。1987—1993 年，国家对国有企业所实现利润实行全额承包，同时实行利税分流，企业税后利润基本留在企业。1994 年开始实行"两则两制"，在此基础上实行 33% 的企业所得税加一定的利润上缴。同时取消了对国有企业征收的能源交通重点建设基金和预算调节基金。

经过一系列改革，企业可支配利润总额有了较大增长，但相对于企业实现的利税总额而言，特别是 1984 年后利润留存变化不大，一直在 18% 左右。这一方面是因为 55% 的所得税较高，加上调节税和利润承包费形式的上缴，使企业向国家缴纳太多；另一方面，企业在纳税后还要从留利中缴纳其他形式的经费。例如，从 1983 年起，国营企事业单位要缴纳国家重点建设基金，规定按所要求的各项资金当年收入的 10% 计征，8 月份规定从下半年起按 15% 计征，

其中国营企业的资金项目包括基本折旧基金（扣除上交财政部分）、按产量提取的更新改造资金、利润留成、企业基金、实行利改税企业的税后利润等，也包括企业科研收入、企业办的招待所和礼堂收入等。国有企业上缴的能源交通基金，也占利润总额的10%。仅这"两金"就拿走企业留利的1/4。而且，从1988年起企业自筹投资安排的基本建设项目，更新改造方面的新建、扩建工程，均按自有投资额的15%认购重点企业债券。自有投资安排的基本建设项目，超过国家计划的那部分投资，还要按30%认购重点企业债券。除这些规定的国家收费外，还有名目繁多的各种摊派和收费等。所有这些，都减少了企业可支配的利润留存数额。按照国家关于企业留利的规定，企业留利的近50%要用于生产发展基金，但实际上用于生产发展基金的部分在30%以下。即使企业严格遵守国家规定，把全部留利用于生产发展，留利在国有企业的固定资产投资中的比例也很小。

三、关于国有企业的融资政策

1. 关于折旧基金的政策规定

企业内部融资的主要来源是折旧基金。国有工业企业的折旧基金在1966年以前全部上缴国家财政，由国家统一使用，从1967年起改为全部留在企业和主管部门。1978年国家规定所有国营工业企业和交通运输企业的基本折旧基金50%留在企业，30%由原国家计委、财政部和各部门掌握，20%由地方掌握。1980年后，又将上缴的50%中的60%上缴国家预算，20%留在地方财政，20%返还给企业主管部门。从1985年起，改为70%由企业留用，30%由主管部门和省市掌握。1986年国务院发布《关于深化企业改革增强企业活力的若干规定》（国发〔1986〕103号），规定折旧基金全部留给企业。另外 1982 年，原国家计委等部门发布《关于进一步实行基本建设拨款改贷款的通知》，要求新投产企业"从 1982 年起，在建成投产后的 3 年内，基本折旧基金 20% 留给企业，80% 归还贷款。从国外引进的大型建设项目，在建成投产后的 3 年内，基本折旧基金 10% 留给企业，90% 归还贷款。3 年以后，所有贷款企业提取的折旧基金，一律以 50% 留给企业，50% 归还贷款"。尽管 1994 年以前，国有企业固定资产折旧率基本上没有变化，平均一直在 5.5% 左右，但由于国有固定资产的逐年增加，国有企业的基本折旧及留在企业部分的规模仍不断增加，折旧基金在固定资产投资中占比也在增长。1994 年企业财务制度改革后，企业折旧水平才有较大提高，折旧年限在原来的基础上平均缩短了 20%—30%，企业折旧率提高到 6.8%—7.8%，其中机器设备的折旧率达到 8.9%—10.2%。同时取消了对折旧征收的"两金"，并不再专款专用。

在企业内部资金的使用上，国家也有比较严格的规定。例如，1986 年，国务院要求企业自有资金重点用于企业的更新改造。经原国家计委批准，生产发展基金可用于基本建设，但其余资金均不得用于基本建设。直到 1988 年，才规定企业"有权自主地筹措资金（包括折旧基金、企业留利和经批准筹措的资金）和物资（包括投产后所需原材料、燃料、动力等）；有权自主地把本企业的生产发展基金、折旧基金和其他自有资金捆起来使用"。

2. 关于银行贷款的政策规定

中国的银行业一直没有形成竞争性格局，国有银行特别是四大专业银行在信贷活动中占据统治地位。这些专业银行实际上一直是执行指令性计划的国有企业。1984 年在决定实行"拨改贷"时，要求"建设银行总行、分行根据国务院各部门和各省、自治区、直辖市计委及实行计划单列的省辖市计委按照国家确定的年度基本建设计划和有关文件核定借款单位的年度贷款指标"。直到 1994 年，国务院在《关于继续加强固定资产投资宏观调控的通知》中仍然规定，国家下达的固定资产投资贷款计划是指令性计划，各级银行必须严格遵守，不得突破。从这些规定看，银行与生产企业的不同之处实质上只在于它是"出纳"机构。银行的"拨改贷"资金来源于财政，财政预算用于基建和技改的资金通过银行以贷款形式交给企业。即使贷款资金不是来自财政，银行也要执行作为指令性计划的基建贷款指标。纳入基建计划和国家信贷计划的建设项目即使无利可图甚至亏本，银行也要贷款；那些有盈利潜力的项目，如不能纳入基建计划和信贷计划，银行也不能提供贷款。

需要说明的是，从国内贷款占固定资产投资的比例来看，国内贷款的作用并没有显著增强，基本上在 25% 左右。但如果考虑到其他方面的一些贷款被挪用（这部分资金是以自筹形式表现出来的），那么国内贷款占固定资产投资中的比重将会高得多。例如，1993 年下半年银行部门对一些企业的调查发现，部分企业盲目扩大基本建设、技术改造规模，挤占流动资金，甚至用流动资金投资房地产、炒股票。

3. 关于债券和股票发行的规定

面对内部金融资源缺乏和间接融资的限制，一些企业早在 20 世纪 80 年代初就尝试直接融资的路子，但总的说来直接融资受到国家有关部门的严格管制。在债券发行方面，1987 年国务院《关于加强股票、债券管理的通知》和《企业债券管理暂行规定》，规定只有全民所有制的企业单位可以向社会发行债券。1993 年，国务院公布《企业债券管理条例》，规定具有法人资格的企业都可以发行债券，但企业债券发行是受到严格控制的。首先，要在国家安排的规模之内。《企业债券管理条例》规定，全国企业债券发行的年度规模和规模内的各项指标由原国家计委会同中国人民银行、财政部、国务院证券委拟定，报国务院批准后，下达各省、自治区、直辖市、计划单列市人民政府和国务院有关部门执行。中央企业发行企业债券，由中国人民银行会同原国家计委审批；地方企业发行企业债券，由中国人民银行省、自治区、直辖市、计划单列市分行会同同级计划主管部门审批。股票发行同样受到较严格的管理。原国家体改委等部门1992年发布的《股份制企业试点办法》要求，股份制试点企业的组建，由原国家体改委或省、自治区、直辖市体改委牵头，会同有关部门审批。股份制企业向社会公开发行股票必须经中国人民银行批准。经国务院批准，进行向社会公开发行股票的股份制试点的省、自治区、直辖市，其股票发行办法和规模必须经中国人民银行和原国家体改委批准，并经原国家计委平衡后，纳入国家证券发行计划。

证券发行的严格管理，使直接融资在企业发展中所起的作用总体而言并不大。例如，1981—1995年，我国累计发行各类有价证券8798亿元，其中国债4824亿元，金融债券1353亿元，企业债券1940亿元，其他债券314亿元。在企业债务中，可用于长期建设的部分也微乎其微。

四、对国有企业债务处理的几点建议

从以上关于国有企业的融资格局的分析可以认为，国有企业的高负债和国有银行的高比例不良资产很大程度上是国家一系列政策，特别是国有资本投资方式、国家税收和企业融资政策的产物，不能简单地归结为预算软约束、内部人控制等制度因素。从国有企业高负债的主要原因考虑，我们认为，解决国有企业高负债问题需要进行一系列相关的政策调整，目前的重点是从以下几个方面着手。

1. 调整国有经济发展战略，有选择地收缩国有经济战线

国有企业高负债的最直接原因是国家对国有企业注资方式的变化，由财政拨款改为银行记账。如果说"拨改贷"只是涉及一种记账方式的改变，银行贷款仍来自国家财政拨款，那么，大范围的国有企业投资贷款则更多地属于国家担保式的借款。因此，在国家注资方式改变等因素造成国有企业高负债的背后，是国有企业外延性扩张过快，国家的借贷和担保超出了财政承受能力。改变国有企业高负债经营的根本措施之一，是调整和规范政府行为，调整国有经济发展战略，不应仅重视国有企业的数量，更重要的是国有经济的质量。可采取的政策措施包括：（1）在存量方面应出售一部分国有企业，从一些地方的有关经验看，应优先出售较好的企业，用出售所得盘整现有其他企业；（2）在增量方面，改变政府作为主要投融资主体的格局，控制政府新建企业上马，减缓数量扩张势头，停建、缓建一批新项目，将部分资金首先由于整理现有企业，尽管这可能意味着牺牲一定的经济增长速度。同时政府尽量不搞"负债建设"，特别是不能靠行政命令负债上项目。

2. 深化国有资产管理体制改革，积极推动国有产权多元化，加快国有企业改制步伐

尽管国有企业高负债不全是体制造成的，但国有企业高负债的解决与企业制度重建相关密切。这一方面是因为产权约束不力造成的内部人控制，加重了国有企业资产质量的恶化和资本结构的不合理；更重要的是，解决债务问题只是建立现代企业制度的一项辅助

性工作，是为现代企业制度的建立和运作创造一个有利条件和新的起点。而只有建立了现代企业制度，债务问题的解决才有意义。现代企业制度是"纲"，债务处理是"目"。不能把债务处理看成是目的，一味"甩包袱"，使债务重组变成新一轮的让利。

3. 政府应担负自己的欠账，使政府经济活动成本内部化

国际比较表明，包括国有企业留利、折旧基金在内的国有企业内部融资在投资规模中的比重并不低。这与国有企业的高负债经营看上去是矛盾的。我们推测，这种矛盾结果的背后是相当一部分留利和折旧被用于福利、养老金发放等。企业自行负责老职工和退休职工的做法，使得企业建立时间越长，承担的成本越高。解决这一问题固然要深化改革，尽快建立社会保障体系，但不仅仅于此。国家必须出资，以减轻企业一部分负担。企业老职工和退休职工过去多年的工资是按当时预期的物价水平和养老制度确定的，国家预扣了一部分养老金。经济改革打破了过去的预期，职工工资也不再由国家统一标准，统一发放，而改由企业自己负责。企业之间职工收入差距很大。老职工特别是前些年退休的职工的现期收入较低，国家应给予相应的补偿。政府不能将自己的成本过分外部化，转嫁给其他经济主体，包括国有企业，应承担自己应负的责任。可设想通过税收减免或拨款等手段建立老职工和退休职工补偿基金，专款用于补贴物价上升带来的退休金减少。这不仅是一个经济问题，也是政府能不能维持自己信用的问题，压缩投资也要支付这一笔钱。

4. 中央政府和地方政府共同承担一部分债务

既然是国家有意识安排国有企业向银行借款，潜在无力还债的国有企业之所以能拿到贷款，完全是国家"指令"和担保的结果，那么银行对于银行不良资产和国有企业的呆账无论如何都不应负责

任，至少不能负主要责任。处理国有企业呆账的最简单做法是在国有银行简单冲销，相应缩小银行规模，或者是维持银行资金主要来自国家拨款（不管是直接还是间接），贷款对象是中央国有企业，这些解决方案无疑是较好的选择。问题是：（1）银行贷款资金主要来自居民存款；（2）众多国有企业实际上属于地方所有，这些企业的借款不少是地方政府对国有银行（分行）施加压力的结果，地方政府应对地方国有企业的高负债率承担一定的责任。因此，如果简单冲销，银行的资本充足率将受到重大影响，银行对居民的负债也将形成威胁；而且，这样做将使中央政府背上地方政府的债务包袱。中央通过发行特种债券替换国有企业负债的设想是可行的，但仅由中央政府承担国有企业的债务也是不公平的。地方政府也应承担一部分呆账的偿还，这一部分对应的是地方政府公债，要限期偿还。

5. 修改现行破产程序和破产安排，同时制定可行的财政政策，清理银行资产负债表

由于企业在破产后可以废除债务，破产清算的收入首先用于职工安置，破产责任又因历史遗留问题往往无法追溯，特别是因为地方国有企业事实上是地方所有，国有银行仍是国家（中央）所有，所以现行破产程序和破产安排对政府（特别是地方政府）、企业经营者和职工看上去有百利而无一害。因此毫不奇怪，目前很多地方把破产作为卸掉企业债务的重要途径。由于国有企业债务问题，总体而言是包括地方政府在内的政府一系列政策和担保造成的，这种用破产废除债务的做法实质上是割断历史、不认旧账，并使地方政府和企业合法地侵蚀中央金融资产。如不有效改变这种安排，国有银行的稳定将成为无本之木，最终甚至影响整个经济大局的稳定。为此，我们建议：（1）改进现行破产程序和破产安排，国有银行作为最大债权人有权介入，而且必须介入破产过程，清算收入应主要归还债权人（主要是银行）；（2）财政出资建立失业救济基金，对破产企业职工安置提供资助；（3）财政支持银行主动清理债务，如用减少银行部门利税上缴的办法鼓励银行折价出售债权；（4）可考虑中央和地方政府通过发债形式向银行融通部分资源，作为启动资金，用于解决国有企业的负债。无论如何，用损害银行利益的办法解决债务问题有很大风险，绝不可取。

6. 加快国有专业银行商业化进程，强化债权人的作用

关于融资结构的一些研究表明，如果企业债务股本太高，股东就愿意冒风险，因为投资项目的损失主要由债权人承担，而成功的收益主要由股东分享。因此，关于企业的所有权或剩余控制权必须是状态随机性的（state-contingent），如果能保证债权人的利益，剩余控制权就掌握在股东手上，如果不能保障债权人利益，剩余控制权就会向债权人手中转移。这种分析隐含的意义是，债务和破产可以起积极作用。但在我国，政府"投资者"不出钱，只是定下一个项目，让银行贷款，这一投资者又对项目完成后的经营业绩和债务偿还不负责任，这样，投资者就会大铺摊子，争取银行多贷款。目前，一些体制性原因如银行归国有，呆账不太影响银行的存在和收益，减弱了银行监督贷款偿还可能性的动力，但同样重要的是，银行并没有权力收回贷给企业的资金，所谓"（企业）未拿到贷款时银行是爷爷，（企业）拿到贷款后银行是孙子"的说法，是银行对贷款权力的典型写照。要改变这种做法，国有专业银行必须实行商业化，银行信贷活动要真正以商业化原则为基础。在国有经济投资中，无论是中央政府还是地方政府，抑或国有企业，都只能真正符合银行正常的贷款要求，才可能拿到贷款。一旦企业不能及时还款，银行就要采取措施。

7. 适当放松金融管制，增大直接融资比例

目前，证券融资的严格管制，使企业只能向银行借款，高度依赖间接融资，导致银行资产风险增加，建议放松金融管制，扩大证券融资比例。从理论上说，股份的作用之一是可以充当保护债权人的缓冲器，如果一个企业长时间地处于低收益或负收益，为了支付债务的利息，它可以推迟股息或干脆宣布不分红。因此，在公司的收益较低或不稳定时，利用股票融资是有利于公司的。债务融资的特点是，收益限于还本付息，与公司收益的高低无关。因此，在企业收益稳定和增长时，利息支付负担是稳定或相对减弱的，融资成本也比股票发行小；在收益不稳定或下降时，企业利息负担增加。鉴于中国国有企业自改革以来收益率一直在下降，股票融资对企业来说可能是一个较好的选择。

中国银企关系的重塑：目标模式与过渡安排 ①

国有企业改革与银行体制改革密切联系在一起，这一点已成为学术界和政府部门以及金融界、产业界的共识。如何建立适应社会主义市场经济要求的银企关系，不仅对当前改革的深入具有重要意义，而且对国民经济未来的长期发展将产生重大影响。笔者试对我国银企关系的目标模式与过渡安排加以分析。

一、体制改革前后的银企关系状况与评价

在传统体制下，我国实行财政统收统支制度，银行和企业都是行政附属物，银行是一个"出纳"机构，企业是一个生产车间，银行对企业的融资所起的作用很小。在"一五"至"四五"时期，国家对国有企业的基本建设所需资金基本实行财政直接拨款。对于生产经营需要的流动资金，实行国家财政拨款供给（定额流动资金部分）和银行贷款供给（非定额流动资金部分）相结合。银行贷款或称信贷资金所占比重很小。1979 年，国家决定改革基本建设管理体制，将基本建设投资由财政预算拨款改为银行贷款。通过试点，国

---

① 原载于《经济改革与发展》，1998 年第 8 期。

家决定从 1985 年起，将国家预算安排的基本建设投资全部由财政拨款改为银行贷款，相应取消原来的国家预算直接安排的投资渠道。这样，银行就成为企业外部资金的主要供应者，国有企业的融资格局就由改革前财政统收统支的"财政主导型"转变为主要靠银行贷款的"金融主导型"。企业固定资本投入很大一部分靠贷款，自有流动资本在 10% 以下，银行贷款的大部分流向国有企业，据估计，国有企业获得的贷款占银行贷款的比重可能在 80% 左右。

从理论上说，债权人对债务人的监督约束从时间顺序上可分为三个阶段：（1）事前监督，债权人与债务人在合同签署前进行谈判，最后通过合同条款详细规定贷款使用方向、还款期限及还款方式等内容。（2）事中监督，即债权人在债务人使用贷款过程中进行监督，如检查进度、审核账目，甚至在债务人企业的董事会、监事会中派驻代表，影响企业的资金配置，保障银行权利。（3）事后监督，即在项目建成后、归还贷款前检查项目完成情况，在债务人无力履行还款要求时，可以直接行使所有者的权利（剩余索取权发生了转移）。但在我国，面对国有企业的大量负债，银行部门尤其是国有银行难有作为。其原因在于：（1）银行实际上仍是执行指令性计划的国有企业。1984 年在决定实行"拨改贷"时，要求建设银行总行、分行根据国务院各部门和地方省级计委确定的年度基本建设计划和有关文件核定借款单位的年度贷款指标。到 1994 年，国务院仍然规定，国家下达的固定资产投资贷款计划是指令性计划，各级银行必须严格遵守，不得突破。从这些规定看，银行与生产企业的不同之处实质上只在于它是"出纳"机构。银行的"拨改贷"资金来源于财政，财政预算中用于基建和技改的资金通过银行以贷款形式交给企业。即使贷款资金不是来自财政，银行也要执行作为指令性计划的基建贷款指标。纳入基建计划和国家信贷计划的建设项目即使无利可图甚至亏本，银行也要贷款；有盈利潜力的项目，如不能纳入基建计划和信贷计划，银行也不能提供贷款。（2）国有企业对银行的高度负债主要是国家对国有企业的资金投入方式、税收和留利政策及融资政策等政策因素造成的，还有相当一部分贷款是政府权威部门定项目、定银行贷款规模的结果，银行在这里只起"出纳"作用，只是一个自主权利很小的"国有企业"。（3）政府行政部门的干预使借款合同条款中的约束内容弱化。这种干预即使在银行法颁布实施后也没有扭转。例如，目前仍可看到，专业银行的一些分（支）行提出要把一定比例的资金投向国有大中型企业，以配合中央"抓大"政策。至于持股，我国的商业银行法则是明文禁止的：商业银行在中国境内不得从事信托投资和股票投资业务，不得向非银行金融机构和企业投资。这样，银行对国有企业就是一个单纯的债权人，而且是被动的债权人。（4）商业银行法规定商业银行不能持有工商企业的股份，公司法也没有对银行在公司治理中的作用加以界定，民法、债权法等只是规定了在债务人无法履行还款义务时所能采取的行动，属于事后性质，而没有规定在负债过程中债权人的作用，即没有关于事中监督的规定。（5）企业破产清算后，资金首先用于保证职工需要，银行的权益往往损失殆尽。这使银行这一最大的债权人无法用事后监督手段约束债务人。由此也就很容易理解为什么银行不赞成企业破产，提出破产申请的往往是债务人企业。

目前，银行与企业关系的格局存在很大问题：（1）无论是事前监督、事中监督还是事后监督，银行的作用都很有限，加上长期的行政干预又使银行缺乏对项目的评估能力，所以，银行或者放松监督，放任自流，贷款使用的效率没有保证；或者过于谨慎，在不知向哪些企业、哪些项目贷款时，干脆不贷。（2）银行资产质量下降，危及经济安全。专业银行也因为历史问题的存在，难以加快商业化步伐。（3）国有资产通过金融渠道流失，大量低效率的国有企业浪费了金融资源，有些国有企业甚至将一些金融资源转手，从中牟利。（4）出现地方和企业侵蚀中央金融资产的现象。企业的内部人控制失控及事实上的地方化，形成了内部人利益和地方利益，而银行仍是中央拥有，处于"共用领域"。企业和地方都极力挤占银行利益。

在这种银行与企业相互缠绕在一起的格局下，银企关系进一步改革的方向很明显，不可能改回到过去的财政出资（尽管少量贷款可以实行"贷改投"），只能加快改革步伐。这要求重审现行的政策，进一步研究改革的目标模式。在研究改革的方向和目前的政策之前，让我们看一下发达市场经济中的银企关系状况。

二、发达市场经济中的银企关系

从银行在企业融资中的这一角度分析，主要市场经济国家的银企关系大致可以划分为三种类型，即美国的银行与企业相互独立式、日本的主银行体制下的银行贷款加限制性持股和德国全能银行下的银企融合式。

1. 美国的银企关系

在美国 1933 年经济危机发生以前，银行与企业是可以持股的，许多家族式企业集团就是通过银行持股公司对集团内的企业进行控制。在经济危机后的新政时期，美国政府认为这种银行与企业联在一体的模式是造成银行业危机的重要原因，因而采取了《格拉斯—斯蒂格尔法》，实行商业银行和投资银行相分离。但进入 20 世纪 90 年代，美国朝野很多人认为，这种认识是错误的，主张恢复银行与企业的持股关系。目前尝试加强商业银行的作用，允许商业银行从事证券交易活动。例如，1989年以后，美国有关当局开始允许商业银行进行有限的证券交易活动（规定这部分收入不能超过总收入的1%）。但总的来说，到目前为止，这种改变对银企关系的影响仍不太大。

2. 日本的银企关系

在日本，银行（含财阀的银行）同企业的关系在第二次世界大战前主要是信贷关系。即使在道奇路线及其后，也主要是通过银行贷款为企业提供资金，成为战后经济恢复和成长的主要资金供应渠道。其中，与这些银行在历史上是一家的旧财阀系统的各公司处于非常有利的地位。例如，三井银行为三井系统、三菱银行为三菱系统通过长期或短期贷款形式提供资金。在提供资金的基础上，又发展了银行与企业的交叉或相互持股（宫崎义一，1985）。值得指出的是，由于企业规模庞大，投资需求巨大，单个银行很难单独满足企业的贷款要求。而且，主要贷款集中于一家企业的风险也太大。所以，一些银行就走上了联合贷款的道路。银行为了自身发展，也向集团外业绩好的企业提供贷款。例如，三井银行是索尼公司的来往银行，但索尼公司并不是三井系统的企业。住友银行也积极扩大银行的外围企业，将松下电器、东洋工业、小松制作所等独立企业组织起来，这些外围企业的销售额比住友的直系企业还要大。企业集团所属企业在借款方面对主银行的依赖程度约为20%。这意味着，这种系统内或集团内银行的提供贷款并拥有股本的体制并不意味着银行完全是企业集团的"内部"银行，因而不同于我国企业集团的财务公司。

日本银行与企业关系的一个重要特点是主银行制度。主银行一般有三个特点：提供较大份额的贷款、拥有一定的股本（5%以下）派出职员任客户企业的经理或董事。在1978—1985年，主银行贷款占企业贷款的比例为21.9%，持有4.1%的股本。整个金融机构拥有的股票占公司公开发行股票总额的比例近年来一直在40%以上，其中银行持有20%左右，保险公司持有18%左右。而且，银行几乎不持有与自己没有交易关系的公司的股份，持股目的基本上是实现和保持企业的系列化和集团化。主银行的重要职责之一是监督公司运转。银行对企业的干预及干预方式是相机性的，即根据具体情况而定。在公司业绩较好、企业运转正常时，主银行不进行干预，但在公司业绩很差时，就显示控制权力。由于主银行对企业的资金流动密切关注，所以能及早发现财务问题，并采取行动，譬如事先通知相关企业采取对策，如果公司业绩仍然恶化，主银行就通过大股东会、董事会更换经理人员（Aoki，1990，1995）。主银行也可以向相关企业派驻人员，包括董事等。借助于这些手段．主银行成为相关公司的一个重要而有效的监督者。

3. 德国的银企关系

德国的银行与企业历史上就有十分密切的联系。相关研究表明（Schneider-Leone，1991），德国在19世纪下半叶开始工业化时，缺乏储蓄，缺乏充分发展的资本市场。直到1871年俾斯麦建立德意志帝国以前，德国也没有统一的货币和中央银行，企业只能向银行融资。但企业也有兴趣发展有效的银行机构，以吸收储蓄，进行投资。例如，德意志银行的前身德意志银行股份公司就是由银行和工业公司共同建立的联合银行（consortium bank），借以推动对外贸的融资。

银企关系的这种密切联系一直延续至今。在德国，绝大部分银行是全能银行，可以持股。银行持股在1984年和1988年分别为 7.6% 和 8.1%，如果加上银行监管的投资基金的持股（同期分别为 2.7% 和 3.5%），则银行持股达 10.3% 和 11.6%。银行的投票权一部分来自所持有的股票，另一部分来自于利用代理投票（Depotstimmrecht）。一些股东将其股票放入一家银行保管和运作（最长 15 个月），由这家银行代表他投票。在保管期间，如开股东会，银行要通知股东参加或征求股东意见，银行代理投票要遵照股东的指示，如没有指示，银行可自行投票，但要事先向股东说明投票内容。由于只有 2%—3% 的个人储蓄股东告诉银行如何投票，许多小股东对于银行投票没有指示，银行就获得了很大的投票权（Monks 等，1995）。据德国垄断委员会 1978 年的研究，在最大 100 家股份有限公司（AGs）中，银行在其中 41 家持有的联合投票权（直接持有加代理投票）超过 25%。银行持有的联合投票权在 5% 以上的有 56 家企业，平均投票份额几乎达 57%。剩下的 44 家股份公司都有一个占支配地位的、持股在 25% 以上的非银行股东，但即使在这些企业，银行也有很大的联合投票权（Prowse，1994）。而且，银行持股的大部分是由三家最大银行持有。据 1987 年 5 月德意志银行月报，三大银行持有的国内股票占所有德国银行持有国内股票的 50% 左右，其中德意志银行影响力最大。

德国银行向企业提供了大量贷款，而且以长期贷款为主，占 2/3 左右。在 1980 年，短期、中期和长期贷款占银行向企业贷款的比例分别为 31%、8% 和 61%，在 1990 年三者分别为 30%、7% 和 63%。另外，公司交叉持股比较普遍，权威部门对持股的管制也比较宽，只有持股超过 25% 才有义务披露，超过 50% 才有进一步的义务通知权威机构。

按照德国的传统做法和有关法律，拥有公司 10% 股权的股东有权在监事会中占有一个席位，有权对股东大会选举的某些审计员提出反对意见，并有权请求法庭指派另外的审计员；如果公司或公司的经理人员有不良行为（如诈骗、严重违法或违反公司章程）或不良行为嫌疑，这些股东也有权要求法庭指定特别调查员。这使大股东在公司绩效下降时有可能影响经理人员的行为，使其按自己的意图行事。这些大股东的持股相对来说也因此比较稳定，不因公司绩效的暂时下降而迅速出售股票。即使在公司理事会主席整顿公司、公司利润出现下降时，这些银行也仍然留在公司中，不出售公司的股票。当公司经营不善时，银行和保险公司往往加以干涉，改组理事会。

在德国，银行向持股或贷款规模大的企业派出监事，以保护自己的利益。据德国垄断委员会统计，1974年100家最大的股份公司的监事会中，在所有的股份公司的监事会中占961人，在所有的股份公司加有限责任公司中占1344人。在100家最大的股份公司中，银行向75家的监事会派驻了179名代表，占全体监事的15%，有些还是监事会主席。其中，在44家中占有的股份低于5%，在至少19家中基本没有什么股份。

三、中国的主办银行制度及评价

近年来，中国银企关系的一项重大改革是实行主办银行制度。1996年，中国人民银行发布了《主办银行管理暂行办法》，决定从1996年7月1日起在国家经贸委提出的300户重点国有大中型企业和北京、天津等七个主要城市国有大中型企业试行。从各地试点情况看，试点银行全部为国有商业银行，其中又主要是工商银行；在300户重点企业中，以工商银行为主办银行的企业达280家。1997

年，试点企业达到 512 家。建立主办银行制度的目的是银行为企业提供信贷、结算、现金支付、信息咨询等金融服务，并与企业建立较稳定的合作关系。试点范围目前局限于产品有市场、资产负债率低、属利税大户、行业排头的国有大中型企业。政府目的在于为较好的大中型企业提供有力的金融支持。主办银行制度试行以来，全国尤其是经济发达地区地级以上城市的骨干企业，大多已与当地签订了银企合作协议，初步建立起主办银行制度。

主办银行制度试点还刚刚开始，目前总结其经验教训似乎为时过早，这里的分析主要是理论性的，部分根据笔者对一些大公司、大型企业集团的调查。从上述内容可以看出，中国主办银行的确定只是明确了银行的义务和责任，而对于银行的权益及其保障则几乎没有涉及。据了解，银行对企业监督仅限于掌握和了解企业经营情况，包括企业的产品销售情况、回款情况、贷款的使用情况；企业要向银行汇报企业的重大经营活动情况。但银行没有任何有效手段影响经营者及其决策过程。笔者认为，如果主办银行不进入企业的董事会会议室，就无法对企业进行强有力的监督控制，没有对企业进行"相机治理"的权力，主办银行制度不过是把过去对国有企业的全面支持变成银行对效益好的国有企业的重点支持，无法有效解决银行债权不能切实维护这一普遍性、根本性的问题，对银企关系没有进行根本性的改革，从而不可能形成适合社会主义市场经济的银企关系模式。

目前主办银行制度中的有关规定与银行的商业化经营相互矛盾。一是主办银行关系的建立带有浓厚的行政色彩，保留着传统的资金供给制痕迹，难以按"自愿、平等、互利、互信"的原则动作。二是主办银行对企业贷款执行基准利率不许上浮的规定，与商业银行追求最大效益的原则相悖。另外，主办银行制度还有其他一些需要完善的方面。例如，主办银行没有建立正常的资金保障机制，对企业的金融服务不规范。在主办银行制度中，关于主办银行对企业提供的金融服务只是提出了一个框架型建议，如积极支持企业生产经营所需的大部分资金，优先办理银行承兑汇票、贴现等业务，对贷款实行适当的利率优惠。但由于商业银行从上到下没有实施主办银行制度的操作细则，许多内容难以具体落实。其次，主办银行对企业金融服务也缺乏规范标准。比如，能否在一定额度内对企业发放信用贷款，减少办理放款、银行承兑汇票的审批手续等，如果这些没有具体的标准，主办银行制度就难以体现政策作用。再次，对企业的一些重大投资项目和资产重组的重大经营决策，主办银行意见如果和企业不一致时应怎样解决？银行对解决企业资金需求不十分主动怎么办？以协议为纽带的银企关系较为松散，即使是企业正常的资金需求，主办银行也可以种种借口推迟，尤其是关系企业转机、发展的重大投资项目和企业产权重组的问题，银行和企业往往产生不同意见，银行会认为企业拿银行的钱冒险，企业则会认为主办银行不支持企业发展。因此，国有商业银行对实施主办银行制度应有具体的金融服务标准。

四、中国银企关系的目标模式及过渡安排

目前，银行已因超额贷款深深卷入企业内部，银行已成为国有企业最大的债权人。设计中国的银企关系模式，必须考虑到这一点。那么，我国银企关系的目标模式是什么？对应于上述发达市场经济中的银企关系模式，中国应选择或应趋向于哪一种？有没有可能变成美国式的银企关系？有没有可能演化成德国或日本的模式，银行

持有工商企业的股票？如果不能或暂时不能持有企业的股票，银行如何行使自己作为债权人，特别是作为最大债权人的权利？笔者以下就试图讨论这些问题。

1. 以美国式的银企关系为目标

美国的银行不持有工商企业的股票，银行与企业之间纯粹是一种债权人和债务人的关系。在银行作为债权人对企业债务的三种监督方式中，侧重于事前监督、事中项目审核和事后破产监督。银行与企业都是独立的市场主体，双方对于事前监督的内容讨价还价，确定合同条款和事中监督的方式与内容。健全的社会保障体系使得事后监督（破产威胁）比较有效。一般而言，银行的权益能够得到很大的补偿，在破产后，企业经理人员的人力资本价值受到很大影响。

我国目前的银行分业管理是接近于美国模式的，但要向这种模式靠拢，有几个问题需要处理。就企业而言，美国企业的融资方式是直接融资加内部积累，银行贷款相对较低。我国的企业则是以间接融资为主，两国企业的融资格局和资本结构大相径庭。要解决企业高负债问题，就需要清理国有企业的资产负债表，采取多种形式注入资本金，最后需要核销的呆账、需要的注资规模可能大大超过银行和国家财力的承受能力。就股票市场而言，美国的股票市场是全球最发达的：交易量大，形成了一套有效的监管机制，而且有一批成熟的机构投资者持有企业的大部分股票。我国的股票市场正处于发展的初级阶段，与美国相距甚远。

总之，如果以美国的银企关系为目标，就需要改革我国企业的公司资本结构，完善我国的股票市场，并大力发展债券市场。具体包括：第一，解决企业负债问题，清理国有企业的资产负债表，采取多种形式注入资本金。第二，发展和完善证券市场。

2. 以德国和日本的银企关系为目标

如上所述，德国的银企关系的基本格局是银行（主要是三大银行）、家族持有企业的股份，对银行持股仅有一些谨慎性的规定。银行向企业提供大量长期贷款。相应地，德国的股票市场欠发达，市值较小。日本银企关系的基本特点是银行持有少量的企业股票（单个企业在5%以下），而主要是提供贷款，包括中长期贷款。

从企业的融资格局来看，我国的银企关系与这两个国家，特别是与日本非常接近。尤其是在改革开放以来，企业对银行的依赖日益加强，银行贷款占企业融资的绝大部分。不过，由于银行基本上一直是行政附属物，银行对企业的监督基本上是不存在的。目前的商业银行法不允许银行持有企业的股份，除了出于银行不是真正的企业，缺乏自我约束能力，因而存在银行监督失控的担心外，最重要的可能是国家仍把国有企业视为国家所有，因而主观上认为不能通过银行控制企业。

鉴于我国银企关系的历史演化与现状，以及我国资本市场的不发达，笔者认为，我国的银企关系应选择以德国、日本的银企关系模式为改革的目标。为此，一是需要改革国有资产管理体系，大力推进政企分离，政银分离，使企业和银行（商业银行）都成为真正的企业，商业银行运转的基础必须商业化，即使可以持股，持股的根本目的也是银行资产的保全和盈利，既不是投机，也不是解困扶贫。二是强化银行对企业的监管作用，银行参与企业的治理过程，并在其中具有重要影响。银行在持股较多或持有债权较多的企业的董事会中派驻代表，参与企业重大决策的制定。同时，通过与企业的资金往来、贷款审查等方式，随时了解与监督企业的日常经营活动和经营状况。可以考虑对于欠银行债务较多但经营状况或经营潜力较好的企业，特别是对一些实力较强、管理素质好的企业集团，鼓励将银行债权转变成股权，形成银行与企业利益共同体。作为过渡措施，也可以暂时不允许银行持股，而采取目前的主办银行制度。从德国的经验看，即使银行不持股，同样也可以进入董事会，参与企业经营决策。无论如何，在公司治理结构的运转中，银行特别是大银行的影响必须从制度上予以保障。三是清理银行和企业的资产负债表，除核销、剥离、折价出售企业的部分债务（银行债权）外，可在部分企业特别是大中型企业尝试债权股权置换，或者在企业发行股票时，允许银行资金进入，并附加以持股时间限制。为了防止银行持股造成的银行业风险加大和银企合谋，需要加快专业银行的商业化步伐，强化和改善中央银行的监督，制定关于商业银行经营谨慎性规定及向参股企业进行贷款和抵押贷款（内部贷款）的限制性办法。譬如说，对单个企业的持股不能超过该企业股本的10%（日本战后很长时期的做法），或不能超过银行资产总额的15%（德国的做法），对工商业的投资不能超过银行资产的60%（德国的做法）等。

以德国、日本的银企关系模式为目标改革我国的银企关系具有十分积极的意义。我国的四大专业银行掌握大部分债权，债权比较集中，如将部分债权转变为股权，银行成为企业的所有者之一，国家也容易通过监管银行来监督、控制企业的活动，无须对企业直接干预。发展银行持股也有利于改善银行的资产质量，减少业务狭窄带来的风险。目前中国的资产重组和兼并工作发展迅速，投资银行的业务很有潜力，让商业银行介入可以增加其收益。由于商业银行与企业长期交往，对企业状况熟悉，商业银行介入还能提高投资经纪业的质量。

五、结论

设计中国的银企关系模式只能立足于中国银企关系的现状，同时参考国际上的经验教训。笔者认为，鉴于中国的国有银行系统持有国有企业的大部分债权，国有企业的高负债无法用其他手段化解，可以尝试将部分债权换成股权，发展银行持股，并首先在业绩好的大公司、大集团尝试。作为大股东和重要债权人的银行直接参与企业的公司治理，对于国有企业改革和银行资产质量的改善都具有积极意义。

国有大中型企业的债务重组：
方案比较和政策建议 ①

  大公司、大集团战略是国有企业改革和发展的一项重要工程，这一战略能否得到顺利实施，与大公司、大集团的债务重组息息相关。目前，国有企业债务负担十分沉重，据国家国有资产管理局数据，我国国有资产总额现有 41370 亿元，负债 31049 亿元，负债率为 75.1%。如果考虑到资产损失和亏损挂账，实际资产负债率将在 83% 以上。国有大中型企业状况也基本如此。据国家经贸委对国务院确定的 100 家试点企业中的 70 家所做的调查，70 家企业的资产负债率平均为 66.9%，其中在 60%—80% 的占 45.7%，80% 以上的占 24.3%，有的企业资产负债率高达 100%。当然，如果考虑到资产方面可能存在的低估，包括土地价值和无形资产，实际资产负债率不一定有这么高。但无论如何，国有企业的负债率偏高是肯定的。笔者将对目前关于债务重组的几种理论方案进行分析，并在此基础上主要针对大公司和企业集团总结和提出一些关于债务重组的政策建议。

---

① 原载于《经济社会体制比较》，1996 年第 1 期。

一、债务重组方案的比较与选择

目前，经济理论界关于企业债务重组的方案大致可分为三类，一类是以银行为主体，通过银行重组企业债务，一类是以财政为主体，通过财政解决；一类是以中介机构为主体，由中介机构发行债券、持股解决。

方案 1：以银行为主体的方案

这一方案的中心思路是发挥银行在债务重组中的作用，通过银行与企业的债权——股权转换，构筑中国的主银行体制（周小川等，1994）。

方案 1 的具体实施分三个步骤。第一步，将属于债务重组范围的企业的过度贷款转变成银行股本。过度贷款包括沉淀性的固定资产贷款和一定比例的流动资产贷款。属于破产范围的企业，其债务应予以核销。第一步重组行动将给银行带来三个问题，（1）银行持股加大了银行的资产风险，资产质量下降；（2）核销使银行资本充足率下降；（3）与中国中央银行设想的分业经营相冲突。为此，需要采取的第二步行动，即重组和调整银行内部机构。把专业银行分为两部分，即商业银行部和投资银行部。其中，投资银行可以经营直接投资业务，发行自己的投资银行债券，以债券收入购买企业股权；商业银行可持有投资银行债券，不再持有企业股权。为了进一步提高商业银行和投资银行的资产质量，还要进行第三步工作，就是国家发给投资银行股权认购券（Voucher），投资银行以之购买部分经营绩效好的企业的股票。这种股权认购券是国家向投资银行注入的资本金即国家对投资银行的注资不采用货币形式。

方案 2：以财政为主体的方案

方案 2 具体可以分为两个方案，为叙述方便，分别记为方案 2.1 和方案 2.2。

方案 2.1 的中心内容是以企业、专业银行、中央银行和财政的账户重整为主体，进行多种方式的债务重组（郭树清，1994）。方案 2.2 是设想财政出面向中央银行借款，然后交给企业，企业归还向商业银行（专业银行）的借款，专业银行再归还向中央银行的借款（吴晓灵、谢平，1994）。

方案 2.1 认为，债务重组主要针对历史形成的包袱，绝大部分债务仍需要企业继续承担偿还责任，即使对于需要债务重组的企业，也要严格逐一审核企业具体状况，以免发生滥减免。方案 2.1 的实施内容包括：第一，调整企业、专业银行、中央银行和财政的账户，核销部分银行呆账（可以是贷款总额的 15%）。专业银行对企业核销呆账（现在是专业银行的资产），中央银行对专业银行核减相同数量的再贷款（现在是中央银行的资产），中央银行资产项中这部分再贷款改记为特种国债。第二，对于债务负担重、但将来有偿还可能的企业，重新安排其还款时间表。第三，企业间的债务可自愿转为股权，银行贷款的一部分也可以转为银行股权。第四，国家的"拨改贷"部分转为"贷改投"。

方案 2.2 把企业负债分为财政性负债和过度负债，财政性负债是指历史遗留下来的债务，由财政解决。这包括因价格管制产生、但财政未予补偿所带来的政策性亏损，社会福利负担；企业经营不善出现亏损、项目经营决策失误和宏观政策变化等引起的企业负债增加。所谓过度负债，是企业新建或更新改造时完全靠贷款产生的债务。方案认为，进入债务重组范围的只是企业的过度负债，而不包括财政性负债。财政性负债的解决办法可以是财政拨钱弥补、冲减银行呆账准备金或把企业债变成财政债。

方案 2.2 的具体实施步骤是：第一，确定国有企业的存在范围，退出某些领域，在剩下来的企业中选择除资产负债结构和经营状况极好或极差的企业之外的部分进行债务重组。把这些企业分成部属（中央）企业和地方企业两类。第二，成立资产经营公司，负责债务重组（不是由财政直接面对企业）。中央的资产经营公司负责中央企业，地方资产经营公司负责地方企业。国家或地方根据抽样调查企业的状况，大致测算出向一个企业的注资额，然后分别向所属资产经营公司注入资金，中央部分的注资来源是国家财政向中央银行的借款，地方部分的注资来源是地方政府的机动财力（不许地方政府发债）。在向资产经营公司注资后，分别形成中央财政和地方政府的股权。第三，资产经营公司会同银行对其针对的国有企业进行资产负债和绩效分析，决定需要债务重组的企业，对需要注资的企业，将其资产负债表分为新旧账户，银行也将资产负债表分为两个账户，让企业和银行在新账的基础上运行，旧账停止收息、计税。在确定企业的旧账形成的性质后，核准一定比例用新账收益弥补，其余由企业所有者按份额核销。

方案 3：以中介机构为主体的债务重组方案

方案 3 的中心思路是设立一种中介机构，由它承担企业债务，负责债务重组。这类方案中有比较详细实施步骤的是刘遵义、钱颖一（1994）提出的建议，所以，以下主要叙述和分析他们提供的方案。

方案建议成立一个专门解决债务问题的信托基金，即"企业银行重建基金"。基金的职能是，作为解决存量问题的第一步，向银行发行债券，以冲减呆账损失；作为解决政策性贷款的办法，将全部政策性贷款从专业银行中转出来，改由基金向困难企业发放财政性债券作为补贴，弥补经营性亏损。

重组过程首先从银行财务重组开始。先解决银行的问题，银行在重组后再帮助企业重组。基金发行的债券虽然可以解决部分存量，但结果会是基金不太可能收回贷款，银行资本也没有实质性增加。为了减少债务重组规模，充实银行资本实力，可以对银行资产负债"按市场价值"重估，由银行向公众发行优先股，也可向重建基金发行部分普通股，以筹集资金。

企业的财务重组分四个步骤。（1）在银行的监督下，重新编报企业年度财务账目。包括对企业资产负债进行市场重估，说明企业核心业务的盈利可能性。（2）根据重新编报的资本净值（存量）和营业净利润（流量）为正或为负的组合把企业分为四类，两项皆为正数及资本净值为负数、营业净利润为正数的企业属于"可正常化的企业"。对于资产净值为正数、营业净利润为负数的企业，应调整投资方向。对于两项皆为负数的企业，政府仍应继续补贴使之生存，但要限制其生产经营活动和借款能力。这类企业并不需要全都实施破产，有些重整后即可成为正常企业。（3）处理资产负债表，银行与企业共同设法解决历史遗留问题。（4）处理年度净亏损，由重建基金提供政策性贷款，进行定期补贴，使之不立即解雇大批人员，并限期改善。

三类方案的共同特点或优点是：第一，都强调债务重组必须纳入企业改革的总体框架，不能独立进行。在企业基本确立现代企业制度框架，有了一个体制性基础以后，为使企业生产经营顺利地正常进行，或企业先拿出转轨改制的方案，才谈得上清理企业的资产负债表，重整财务。债务重组只是企业制度改革的一个后续工作。如果倒置过来，不对企业进行根本改革，就急于着手核销企业债务、利息挂账、注入资本，实际上就与过去的让利政策没有什么差别，结果将很可能是治标不治本，还容易引发过度负债问题，刺激企业的不良行为发生。鉴于目前国有企业欠债主要是欠银行债务，企业债务重组必然涉及银行改革，所以，几种方案都强调将企业改革与其他改革，特别是金融改革密切联系起来。

第二，界定了需要重组的债务规模，但各自的涵盖范围有差异。方案 1 认为债务重组应针对过度贷款，包括沉淀性的固定资产贷款和一定比例的流动资产贷款。方案 2.1 认为债务重组不是豁免全部债务，主要是卸掉历史形成的包袱，绝大部分债务仍需要由企业承担偿还职责。方案 2.2 则认为债务重组主要针对过度负债，这里是指企业新建或更新改造时完全靠贷款产生的债务；历史性债务属于财政负债，不属于债务重组的范围。方案 3 是将企业分类，区别出需要重组的债务，并实行市场评估。除债务分类以外，几种方案还对企业进行了分类；区别出了需要进行债务重组的企业范围。这种区别非常重要，债务重组不能搞成"一刀切"，使企业产生逃债倾向。

第三，三种方案都强调要有一个负责债务重组的机构，区别在于方案 1 主张由银行承担，方案 2 主张由资产经营公司承担，方案 3 主张由一个中介机构承担。对于这一点的意义，后面还会继续论述。

第四，几种方案设计的重组一般不需要再大规模重新注入资金，这就有可能避免通货膨胀压力。

另外，方案 1 和方案 2.1 设计的银行持股比较有积极意义。从世界主要市场经济国家的经验看，银行对企业的关系基本分为三类，一类是银行不参与股票业务，典型国家是美国，一类是银行参与股票业务，没有法律限制，典型的是德国的全能银行体制，还有一类是银行参与股票业务，但有法律限制一个最高额，如日本。银行参与能使银行充分利用自己在贷款、资金往来等方面的便利，及时了解并监督企业的经营活动，并在必要时采取行动。经济发展的实际成就，许多经济学家的研究，都证实了日、德的银企关系更利于企业长期经营，更富有国际竞争力（波特，1993）。美国朝野目前正在酝酿修改银行法（即《格拉斯—斯蒂格尔法》），以鼓励商业银行投资于企业。我们在设计银行模式时，应重视这种历史经验和潮流，为经济的长期可持续发展奠定良好的制度基础。

笔者认为，几种方案还存在一些不足之处。其共性表现在：第一，没有考虑进行债务重组的时间安排和企业优先序列。债务重组不可能在短期内完成，日本战后债务重组的经历说明了这一点（星武雄，1995）。日本战后的债务是由战争造成，是一次性的，政府拒付所涉及的主要是银行与企业，居民作为存款人和债权人的利益在重组中得到了照顾，损失较小。再加上盟军占领这一特殊情况，社会不安定性因素较小。初步重组在银行和企业层面用了3—4年时间，如加上协调账户运作，直至新、旧账户合并，日本共用了13年的时间。而在我国一是因为债务成因复杂，债务不仅仅是资本金和流动资金拨付不足造成的，还要加上政府管制造成的政策性亏损，政府对企业职工的欠债（养老保险等方面）。政府对此不可能一推了之，而要承担下来。这既需政府作出支出承诺，又需改革社会保障体制等。同时还要看到，中日两国的体制基础具有根本性的差异。单单从日本的战时统制经济看，它与中国的传统体制即集中计划经济体制差异不太大。但是，日本的战时统制经济是一暂时的体制。

日本发动侵略战争之前，尽管政府在资源配置中有很大影响，日本的商界，特别是财阀与政府联系密切，但政府绝非干扰微观经济活动，日本经济基本上是一种市场配置资源的市场经济，日本的企业（包括银行）基本上是自主经营、自负盈亏的市场主体。战时统制经济只是暂时干扰了企业与银行的市场经营活动。一旦解除管制，恢复企业与银行的自主活动，企业就能恢复其主动反应于市场的行为，银行也重新回到其商业化经营中去。而中国的计划经济体制是新中国成立就建立的，这是一种按照"社会大工厂"体制模式设立的制度，企业的经理人员从未有过市场行为，体制改革也不可能使其立即产生市场行为。因此毫不奇怪，直到1985年，"中国不存在企业，或者几乎不存在企业"的论断（小宫隆太郎，1985），仍得到中国经济学界的认同。甚至当改革进行到目前阶段，我国已经进行了几轮宏观改革，初步完成了市场化，企业改革也已进入制度创新时期，有关政府部门和经济学术界仍不得不承认，中国的国有企业缺乏一个良性发展机制，国有企业或大多数国有企业的行为仍未有根本性的改变。因此，如果再加上企业制度创新、体制转轨的艰巨任务，债务重组过程将变得更复杂．也势必拉长时间。同时，债务重组也不可能在所有企业同时进行。可以预计，我国的债务重组将是有阶段地分批进行。

第二，几种债务重组方案考虑到避免债务重组对通货膨胀产生不利影响，但没有考虑到对经济发展的影响。债务重组、为企业发展创造一个良好的财务基础，将有利于经济发展。不过，在反通胀政策约束不变时，债务重组过程在短期内有可能延缓经济发展步伐。这是因为：（1）庞大的债务规模、银行与企业资产质量差、注资不足，将需要政府拿出一部分财政资源，作为支持重组工作的资金和补偿。财政现状制约了政府的出资规模，债务重组可能会吸纳政府用于基本建设、技术改造等与经济发展直接相关的资金投入；（2）呆账的部分核销将冲减银行的资本，使银行不得不减少对企业的贷款；（3）债务重组将同时要求严格财经纪律，硬化企业的财政、金融约束，企业投资、消费扩张势头将受到一定程度的抑制。在这种情况下，稍微放慢经济增长速度，腾出部分资源支持债务重组，也许是我们不得不选择的政策。否则，反通货膨胀政策将要受到损害。

另外，方案1设想不用财政注资，只以效益好的企业的股票（通过股权认购证方式）转给投资银行，即可解决投资银行资本不足问题的做法，如果可行，当然非常好。但问题在于，经过债务核销冲击的银行能不能只通过股权认购证注资就达到国际清算银行《巴塞尔协议》所规定的资本充足率和资产质量要求？如果达不到，银行注资由谁来承担？方案2.1没有涉及对银行注资，提高银行资本充足率问题。方案2.2把债务划分为财政性负债和过度负债的做法操作难度将会很大。一是政策亏损和经营亏损将很难区分，二是宏观经济政策变化引起亏损的责任也不应该全在政府，企业经营环境本身就充满不确定性，这要靠企业经营者多谋善断、运筹帷幄，了解和把握市场变化规律。而且，该方案对中央财政和地方财政提出了严峻的挑战。方案认为财政向中央银行的借款可以用中央银行向财政的利润上缴冲抵，因而财政等于一分钱不花。实际上，如果考虑到银行资产的质量和银行的资本充足率，银行本身都可能需要重新注资，结果很可能是财政净负债增加。如果地方政府负责一部分企业的债务重组，虽然会缓解中央财政的压力，却使地方财政面临难以承受的压力。地方财力在改革开放以来状况一直在增强，但能承担多大的出资也是值得商榷的。举例来说，重庆市政府为解决重庆钢铁集团公司的债务，实行了一系列政策措施，包括将"拨改贷"的贷款本息转为国家资本金投入、减税（所得税）让利（增加利润留利、加速折旧及返还折旧资金）等，固然降低了企业的资产负债率，但也使重庆市财政捉襟见肘，难有余力继续做类似的工作。而方案3的设计者似乎把企业重组中的债务重组只看成是一种会计做法，认为应在重组后进行企业改革、企业破产。这种在企业机制尚未理顺时进行的债务重组怎样防止企业与银行再次出现大量呆账，政府如何实现如设计者所强调的重组只此一次的可信承诺等相关问题都值得我们思考。另外，新设立的企业银行重建基金进行债务重组的动力问题似乎也没有解决。

二、关于债务重组的补充意见和政策建议

通过对几种债务重组理论方案的分析，我们认为除以上分析的几种方案的共同特点或优点、特别是强调改制转轨先行值得重视外，还需要考虑到以下方面的问题。

首先，应将债务重组同整个国有经济的发展战略与布局的调整结合起来。国有经济无所不在，这可能使具有有限能力的政府或其他代表机构难以管理，应当调整国有经济发展战略和布局，将国有经济无处不在变为有重点、有选择地存在。在产业分布上，国有经济将主要限于基础产业和基础部门，以及初始投资要求高的高新技术产业；在企业组织结构上，主要限于特大型及大型企业。国家应有意识地逐渐退出某些领域和企业，债务重组提供了一个很好的机会。可以采取的方式包括，（1）所有权多元化，通过公司股票上市或定向募集吸引非国有成分向原国有企业注入资金，同时增强这些非国有当事人在重组后企业中的影响作用；（2）拍卖债权，通过债

权购买者影响企业重整；（3）拍卖、出租国有企业。所有权多元化、非国有成分的介入将不仅能够推动国有资产配置格局的调整，而且能够通过企业重组过程，实现市场化的存量配置，起到调整产业结构的作用。

其次，债务重组过程需要顾及经济发展和反通货膨胀政策。减少上述债务重组对经济发展的消极影响，这里提供两种可供选择的方法：（1）合理确定和选择一定时期或一定阶段内债务重组的规模、范围。一定时期规模不宜过大、范围不宜过宽，这也意味着应有意识地拉长重组时间。（2）深化金融改革，银行发行股票，主要是优先股，同时逐渐开放企业的债券市场，扩大企业融资权限。

第三，债务重组应制定一个比较规范的程序。这包括：（1）建立一个权威的负责机构，全盘负责国有大中型企业的债务重组工作，并为以后长期发展奠定制度基础。目前主要由政府有关部门及地方政府负责债务重组的做法值得改进。政府部门对债务重组企业的选择、实施等，应变成由国有资本投资经营机构（公司），或国有资产管理局或商业银行统一负责或分别负责。这既利于政企分开，又为以后公司治理结构模式的建立和运转创造条件，奠定制度性的基础。鉴于银行作为最大债权人可利用资金往来等手段熟悉企业情况，监督企业活动，我们赞成应主要由银行特别是商业银行负责债务重组过程。（2）划分新、旧账户。在某一时点宣布开始重组，划分新、旧账户。这样做的目的在于区分债务存量和流量，在清理存量时，防止企业趁机"搭车"增加有问题贷款（流量），激励企业在重组过程中继续有效运营。（3）有计划地确定债务重组规模和时间安排，根据需要重组的债务规模，根据国民经济发展和企业具体状况，安排譬如说每年重组 15%—20%。（4）债务重组采取多种方式。在做出上述账户分离和时间安排后，对银行与企业的资产负债进行多种方式的处理，包括债务核销、资产出售、财政重新注资、股票上市、债务股本转换、中介机构持股等。企业之间相互持股、银行企业相互持股都可以考虑。某些债务也可以拍卖处理。

第四，债务重组同大公司、大集团战略的实施密切配合起来，在大公司、大集团首先取得突破。目前，实施大公司、大集团战略，抓住关键的少数，基本属于经济学界和有关政府权威部门的共识。在债务重组中，笔者建议应配合这一战略实施，从大公司、大集团着手解决，探索经验，再寻求全面推进。这一建议的基本考虑是：（1）庞大的债务规模决定了债务重组所需要的财政资源和金融资源是非常巨大的，也不是短期所能解决的。体制转轨的要求更增大了债务重组的复杂程度。这要求应有选择、分阶段地进行重组，"集中兵力打歼灭战"，将有限的财政资源与金融资源集中使用。（2）大公司、大集团数量少、影响大，在国民经济中处于极为重要的位置。而且，大公司、大集团一般拥有为数众多的子公司、关联公司，辐射力强，影响面大，把大公司、大集团搞好了，能影响和带动大量企业。也可以以它们为依托，对相关联的中小企业进行债务重组。（3）债务重组过程将伴随着产业结构调整、国有资产存量调整，因此很可能导致出现一个企业兼并合并浪潮。大公司、大集团由于实力雄厚，也由于政府要有意识地培养产业主力军——大公司、大集团，他们在兼并合并过程中将充当主角。综合这些考虑，可以认为，数量少、地位重要的大公司、大企业集团可以，也应当作为债务重组实施的突破口和首先选择的试点企业。其中与债务重组有关的工作主要是：（1）改革和完善现行投融资体制，逐步使大企业、大集团真正成为投资主体和融资主体；应充分利用证券市场，积极调整国有大公司、企业集团的资本负债结构。大公司、大企业集团一般实力强、信誉好，在充分论证筹资成本的前提下，可考虑允许这些企业优先进入证券市场，包括发行债券，推动定向募股和股票上市，从其他机构、企业和公众那里融资，并在适当条件下向国外发行债券和股票。（2）巩固和发展大公司、大企业集团的财务公司，完善其职能，拓展其业务范围，并将有条件的财务公司逐渐发展成为银行，从而强化企业集团内部企业之间的资产、资金联系，支持企业集团的发展。（3）完善授权经营办法，合理确定被授权企业的资产与负债水平，推进企业集团成为授权投资机构的改革进程。

企业集团在发展过程中将涉及企业收购与兼并，因此需要注意对企业之间因兼并等形式涉及的债务重组做出恰当的债务处理安排。目前的收购和兼并主要是由效益好的企业或外资企业接管效益差的企业。收购可以整体进行，也可以收购一部分（如车间或生产线）。在这种收购中，一方面要对被收购企业的资产进行评估，防止资产流失，另一方面还要注意采取适当的财政税收等方面的政策，鼓励好企业对不良企业的重组，特别是对国有企业之间的收购。政府必须抛弃过去那种平均主义、抽肥补瘦的观念，避免"死"企业把好企业拖垮，国家要把应负担地承担起来，或通过其他形式如税收、贷款等对兼并者给予补偿。如果一味强调收购方承担收购对象的全部负债、职工安置，结果可能使收购方望而却步，延误资产重组工作，或可能使收购方陷入沉重负担，被拖住发展后腿。例如，据报道（华灿，1995），以生产"三枪"牌内衣闻名的上海针织九厂相继兼并了4家亏损企业，为被兼并企业归还了大量债务，安置了数千名职工。这种兼并虽然使"三枪"牌内衣的产量和销售大幅度增加，但针织九厂也因用自己的利润为被兼并企业还债、付息、弥补亏损，在清产核资中用自己的资本金冲抵了被兼并企业的一部分潜亏，使自己的资产负债率高达98%。资本金和自有资金的大量减少，非常不利于企业的进一步发展。

对于资产负债率过高，其核心业务盈利能力差的大公司、企业集团，可以通过化整为零的方式进行处理。一些大公司、企业集团长期以来上缴利税过多，留利太少，国家又未能及时增补资本金，企业目前已失去发展后劲，也没有设备更新改造和资产重置的财力。此时，如果整体上处理债务关系，可能十分困难。比较好的办法可能是把企业拆开，分块处理，各谋生路。一些大公司、企业集团的一个车间、分厂或子公司的实力实际上仍然能达到大中型企业的规模，它们完全可以参照如上所述的各种方式，独立重组债务关系。这种办法对国家和银行的要求是：（1）对历史债务制定一个综合性的处理办法，不宜一概坚持全由企业承担，否则，捆在一起可能死路一条，连一线生机都错过。（2）通过国家的部分补偿和社会保障制度的改革与完善，处理好老龄职工和退休职工的养老保险问题。（3）银行在业务审核基础上，对有盈利潜力或有望改造好的独立出来的企业，增加贷款，给予支持。国家也应在技术改造等方面给予适当的财力支持。

第五，以债务处理为契机，围绕大公司、企业集团，重塑银企关系。国有企业的大部分债务都是欠银行的，银行已经成为国有企业的最大的债权人，在国有企业中拥有很重要的利益。债务重组必须考虑到银行的地位和作用，在银行与企业之间构造正常运转的委托代理关系。在公司治理结构的建立和健全过程中，应积极发挥银行作用。银行在持股较多或持有债权较多的企业的董事会中派驻代表，参与企业重大决策的制定。同时，通过与企业的资金往来、贷款审查等方式，随时了解与监督企业的日常经营活动和经营状况，以防患于未然。考虑到银行的资产质量和资本充足率，在实行债权—股权转换，把一部分债务转换为银行持股时，应首先选择经营状况和资产负债状况较好的企业进行试点，总结经验。由于国有大型企业（集团）一般符合这种条件，所以，我们建议在企业集团首先突破，实行银行参股，建立银行与企业的利益共同体。当然，允许银行参与企业决策、持有企业股票也需要一个条件，就是银行自身必须改革，商业银行真正摆脱政策性贷款，实现公司化、商业化。但也不应因噎废食，以银行未商业化为借口，禁止银行持股。为了防止银行的不良行为，可以采取另外的方式，如加快银行体制改革，加强中央银行对商业银行的监管。在目前，考虑到《商业银行法》已经颁布实施，可考虑在大的商业银行下设立信托部，以及允许一些较小的商业银行和其他非银行金融机构持股，等等。

银行对企业负债的处理除转换成股权等方式以外，还可以考虑成立清算公司之类的机构。银行将债权以一定折扣出售给这种机构，由它（们）处理债务。在这方面，日本提供了一个可以参考的做法。1992年日本银行业的资本充足率为8.3%，略高于《巴塞尔协议》要求的8%，1993年上升到10.1%。1994年，日本银行总裁承认日本的银行呆滞贷款为14万亿日元（当时折合1360亿美元），占银行资产组合总额（Total Portfolio）的3%。但加上潜在呆账，据估计可占6%。为了处理呆账问题，160家银行和保险公司（经大藏省允许）在1993年成立了一家公司——合作信贷购买公司（CCPC）。银行把那些已被取消赎取权的抵押财产或呆账折价出售给这一公司。从1993年3月到1994年1月，银行向CCPC出售的呆账为2.4万亿日元，折价45.2%，银行损失1.1万亿日元。银行用利润冲减损失，纳税相应减少，此间政府税收因此减少5500亿日元。CCPC清算债务的方式是将呆账再出售给私人投资者。另外，政府还鼓励银行将债权折价出售给其他一些非金融公司，鼓励银行发行优先股等。据标准普尔公司当时估计，通过这些方式，日本的银行在5—10年的时间可清理好这些呆账。当然，如果CCPC对持有的财产找不到第三方买主，银行和保险公司最后只能再买回去。日本股票价格和土地价格的持续下跌非常不利于这种销售。到目前为止，CCPC再出售的部分仅为这些贷款的12%。这也说明，用这种方式处理呆账需要一个稳定运转的证券市场。

第六，注资要求和注资手段要求应当视国情而定。这是日本战后债务重组的一个很重要的经验。当时，在注资要求方面，盟军最高统帅部最初命令银行将风险资产比率提到5%，并要求最终提高到10%（风险资产比率指资本与风险资产的比率，风险资产为总资产减去政府债券、现金、在日本银行即日本中央银行的存款）；也为企业制定了关于充实固定资产与流动资本的硬性标准。大藏省考虑到股票销售的困难，就同盟军最高统帅部协商将银行初始目标定为3%，将企业重组标准改为"尽可能重新注入更多的资本"。后来的结果表明，城市银行总体上从未达到最高统帅部设定的5%的目标，更不用说10%了。而且，甚至在日本进入高速增长期，直至1988年《巴塞尔协议》生效后，核心资本充足率也从未成为日本的银行规制的一个重要内容。在注资手段方面，主要是股本筹资，盟军最高统帅部出于抑制日本军国主义复活的目的，也出于将美国银行法植根于日本的目的，最初不允许日本企业相互持股和银行与企业相互持股（包括债务股本转换），但1949年年中股市的崩溃使日本政府看到公开上市筹资的困难，于是力图与最高统帅部协商，使之放松了限制。这说明，如果证券市场特别是股票市场的状况不利于银行与企业融资，那么，执行过分严格的金融规制就不可行，硬性实施很可能妨碍经济发展。

三、结论

国有企业债务重组是企业改革的一项配套的后续工作，不能独立进行。由于需要重组的债务规模庞大，原因复杂，受到财政资源和金融资源的约束，需要银行和企业都进行体制改革，所以，中国国有企业的债务重组很可能是一个长期的过程。应实行规范化、局部性、有重点的突破，在银行体制改革的同时，以大公司、大企业集团为重点，发展银行持股，或发挥银行在公司治理结构中的参与作用，重构银企关系。解决债务问题时还要充分考虑国家（财政）、地方政府、银行、企业各个方面的利益与承受能力，实行负担分担，并将部分债务负担分流到社会，也就是调整国有资产配置战略，收缩国有经济战线，实行所有权多元化。债务问题的处理规范化，有助于形成一个长期可持续发展的制度基础，形成一个健康的制度框架。债务重组不仅要顾及改革的方方面面，还要考虑到经济发展、社会安定等方面，应制定相互较为逻辑一贯的配套政策，减少不利影响。

国有企业改革再出发

　　党的十八大特别是十八届三中全会以来，我国进入全面深化改革的新时代。在以供给侧结构性改革为主线，积极推动国有资产管理体制改革、推动国有资本布局结构调整优化的同时，以混合所有制改革为突破口，加快国企改革步伐。本篇强调指出要加快国企改革，塑造发展新动力，构建公平竞争的市场经济体制，实践竞争中性政策，推动国企改革和规范发展。笔者还针对国企改革以及东北经济全面振兴面临的严峻挑战，建议在东北设立国企改革试验区，借此焕发老工业基地经济主体的内生动力和活力。

加快国企改革　塑造发展新动力 [1]

供给侧结构性改革的重要任务之一是国企改革。这不仅是建立社会主义市场经济体制的需要，也是贯彻五大发展理念，塑造发展新动力，推动经济社会可持续发展的需要。《关于 2016 年深化经济体制改革重点工作的意见》（国发〔2016〕21 号，以下简称《意见》）进一步明确了国企改革的路线图，具有很强的实践意义。

产权制度改革是国企改革的核心。历经多年改革，国企产权制度改革取得了重大进展，一大批国有企业通过上市、职工持股、混合所有制改革等方式，实现了股权多元化，取得了积极成效。但是，在不少企业特别是大型国有企业，一股独大、公司治理结构不健全等现象非常突出，严重影响了企业发展的活力和动力。《意见》明确要求，要"推进股权多元化改革"，抓住了国企改革的关键。同时，《意见》提出了一系列具体措施，精准发力，可操作性很强。《意见》提出，要"推进国有企业混合所有制改革。在电力、石油、天然气、铁路、民航、电信等重点领域，选择一批国有企业开展混合所有制改革试点示范"，并明确要"研究提出公有制经济之间股权多元化改革方案。在混合所有制企业实行企业员工持股试点。支持地方国有

---

① 原载于《中国经贸导刊》，2016 年 4 月下。

企业因地制宜地开展混合所有制改革试点"。《意见》还提出，要"制定划转部分国有资本充实社保基金实施方案"。这就为国企改革明确了改革的关键环节，明确了路线图。

打破垄断，推动市场竞争，是国企改革的一个重要内容。国企垄断行为是造成国企经营效率低下、市场秩序不规范、消费者福利受损的重要原因。《意见》提出，要"加快推进重点行业改革。深化电力体制改革，全面开展可再生能源就近消纳、售电侧改革、交易机构组建及电力市场建设等专项试点和综合试点"，并明确在2016年出台深化石油天然气体制改革的若干意见及配套政策，出台盐业体制改革方案。在电价、天然气价格、医疗服务价格、铁路运价等方面推进价格改革。《意见》还提出，要"研究制定公平竞争审查制度，完善产业政策与竞争政策的协调机制，打破地域分割和行业垄断"。所有这些，都有力地推动竞争，推动形成公平竞争的市场秩序，也有助于消除社会资本准入环节的"玻璃门""弹簧门"现象，激发非公有制经济的活力和创造力，推动非公经济迅速发展。

解决好历史遗留问题，是国企改革的一个重要环节。国有企业特别是东北等老工业基地的国有企业，目前仍存在很多历史遗留问题，这些问题不解决，改革就无法顺利推进。《意见》提出，要"加快剥离国有企业办社会职能和解决历史遗留问题"。从一些老工业基地的国有企业看，要解决"三供一业"（供水、供电、供暖、物业）等企业办社会、冗员、大集体等历史遗留问题，仍需要各级政府付出艰苦努力。这是通过改革，推动国企轻装上阵、提高市场竞争力的重要一环，有许多工作要做。

建立一支稳定的职业企业家队伍，是国企改革的重要内容之一。企业市场经营的成败、竞争力的强弱，在很大程度上取决于企业家的能力。要搞好国有企业，就必须有一支稳定的企业家队伍。《意见》明确提出，要"健全保护企业家精神的体制机制。研究制定进一步激发和保护企业家精神的指导意见，健全相关体制机制和政策体系，充分发挥企业家精神在创新驱动和产业转型升级等方面的重要作用"。国有企业要"开展落实企业董事会职权、市场化选聘经营管理者、职业经理人制度试点"，"探索建立与市场化选任方式相适应的高层次人才和企业经营管理者薪酬制度"。这都有利于为培养和造就企业家队伍、激发企业家的活力与创造力提供良好的制度环境。

推进科研制度改革，是企业转型升级的迫切需要。《意见》提出，要"实施支持科技成果转移转化的政策措施，启动促进科技成果转移转化行动。落实国有科技型企业股权激励和分红激励实施办法，深入开展科技人才分类评价试点"，"实行以增加知识价值为导向的分配政策，提高科研人员成果转化收益分享比例"。这些措施有助于提高科技创新能力，提高科技成果转化率，激发万众创新热情，推动知识资本转化为现实的生产力，释放知识资本红利，激发创新活力。

《意见》对政府管理体制改革在很多方面都提出了有力措施，这既是政府管理体制的改革，也是国企改革成功的重要保障。《意见》提出，要"深入推进简政放权、放管结合、优化服务改革。继续取消和下放一批行政审批事项，进一步简化审批程序"，"制定国务院部门行政审批基本流程、标准指引及规范办法"，"全面公布地方政府权力和责任清单，开展国务院部门权责清单编制试点"。《意见》还提出，要进一步推动财税制度改革，深化商事制度改革，试点负面清单制度。

转变发展方式，必须改变政府主导经济的发展模式，推动政府管理体制改革，建设与市场经济体制和现代社会治理要求相匹配的人民满意型现代政府。通过建立"权力清单""责任清单"管理制度，探索建立"负面清单"，深化审批制度改革，强化行政行为的法律授权，有力推动责任政府和法治政府构建。通过优化政府工作流程，提高政府效率，有助于形成全社会对政府履职情况的有效监督。通过财税制度改革，全面推进政务公开，进一步推动政府行为透明化、阳光化。

改革工作，必须狠抓落实。《意见》明确要求，要明确责任主体，狠抓贯彻落实。要"加强改革督查评估和宣传引导。对已出台实施的重要改革方案，要加强对落实情况的督促检查，发现问题的要列出清单、明确责任、限定时间、挂账整改"。《意见》还提出，要"采取第三方评估等方式，对改革举措执行情况、实施效果、群众感受等进行综合评估"。这些工作安排，有利于不断提高改革质量，使改革不断见到实效，让广大干部群众积极参与改革，增强改革获得感，为改革创造良好的社会氛围。

竞争中性视角下的国企改革①

李克强总理在 2019 年政府工作报告中提出，要"按照竞争中性原则，在要素获取、准入许可、经营运行、政府采购和招投标等方面，对各类所有制企业平等对待"。央行行长易纲在 2018 年 G30 国际银行业研讨会上发言提出，中国将考虑以竞争中性原则对待国有企业，以解决中国经济中存在的结构性问题。践行竞争中性原则，推动国企改革和规范发展，已经成为当前和今后长期内一项重要政策选择。

一、概念及影响因素

竞争中性（Competitive Neutrality，又译竞争中立）概念的提出与政策的实施，是从澳洲开始的。从 20 世纪 90 年代初开始，澳大利亚对其国有企业进行公司化改造。但在公司化后，国有企业仍然可以通过政府税收减免、补贴等方式，享有对私人企业的行政性的竞争优势，从而扭曲市场，不利于公平竞争。为了健全市场公平竞争，消除市场竞争扭曲，澳大利亚政府提出并制定竞争中性政策。1995 年，澳洲联邦政府和各州政府发布了《竞争原则协定 1995》，

---

① 原载于《宏观经济管理》，2019 年第 10 期。

提出实施竞争中性原则。1996 年 6 月，联邦政府发布了《竞争中性声明》，制定了实施竞争中性原则的具体措施。该《声明》明确指出："竞争中性是指政府的商业活动不能因为其公共所有权地位而享有私人部门竞争者所不能享有的任何竞争优势。"显而易见，这一定义涵盖的是公共所有制企业或国有企业。澳洲政府认为，实行竞争中性原则，有助于推动公共资源达到最优配置，有助于通过比较公共部门与私人部门的成本收益而提高国有企业的透明度，进一步明确责任，并由此选择某种商业活动是由公共部门提供还是由私人部门提供。澳洲政府还在生产力委员会下专门成立了联邦竞争中性投诉办公室（CCNCO），处理政府商业活动涉嫌违背竞争中性原则的有关投诉调查。

经济合作与发展组织（OECD）研究报告认为，竞争中性原则意味着任何商业实体都不会仅仅因为其所有制成分而受益或受损（Capobianco and Christiansen，2011）。"当经济市场中经营的实体不存在任何不当竞争优势或劣势时，便能实现竞争中立。"（OECD，2012）所谓"经济市场"，是指国有企业和私有企业可以同时进入，或者给定现有的规则可能同时进入的市场。所谓"过度的"，是指某些经营实体特别是国有企业，其竞争优势可能来自政府对其承担社会责任的过度补偿。经合组织报告对竞争中性的定义比澳洲政府文件所定义的范围更宽泛一些，在澳洲政府文件中，对政府商业活动的定义只针对国有企业，经合组织的报告则涉及所有经营实体，针对的是与政府直接有关的商业活动，与政府相关的私有企业也涵盖其中。

美国前副国务卿罗伯特·霍马茨（Robert D.Hormats）关于"竞争中性"的言论产生了广泛的影响。他认为，"竞争中性是指政府支持的商业活动不因其与政府的联系而享受私营部门竞争者所不能享受的人为竞争优势"。所谓"政府支持的商业活动"，是与政府有联系的市场商业活动。这一定义比经合组织定义中"政府直接有关的商业活动"更为宽泛，但也较难判定，斟酌决定空间较大，为贸易保护主义埋下了伏笔。

对于如何实现竞争中性，经合组织研究报告在总结各国奉行竞争中立原则对待国有和私有企业的基础上，提出了八个方面的政策建议（八个优先领域或"八大基石"）。一是合理化政府企业的经营模式。对国有企业实现公司化改造，或在结构上将商业活动与非商业活动分离。二是确定直接成本。在非公司实体从事商业活动时，制定合理的成本分摊机制非常重要。三是获得商业回报率。从事商业活动的国有企业获得的回报率能够与同行业类似企业相等，与市场水平一致。四是核算公共服务义务。在国有企业从事商业活动的同时，如果也要求它从事以公共利益为目的的非商业活动，该企业就应获得合理透明的财政补贴，但过度补贴就会扭曲市场。五是税收中性。国有企业与私人竞争者的税收负担应该大致相当。六是监管中性。国有企业与私人企业应尽可能在同样的监管环境中运营。七是债务中性和直接补贴。国有企业与私人企业的贷款利率同等条件下应当相同，政府不能对国有企业的融资进行直接或间接的补贴。八是政府采购。满足竞争中性的公共采购应该是竞争性、非歧视性的。

目前，许多国家在实践竞争中性原则。经合组织曾经对 32 个国家就竞争中性问题进行问卷调查，其中 27 个国家提交了本国现行的关于竞争中性规则的做法，对竞争中性普遍认可。在澳大利亚，"联邦竞争委员会"和"生产力委员会"负责执行和监督竞争中性政策的实施，具体措施包括税收中性、信贷中性、政策中性、合理的商业回报率、价格真实地反映成本等。对于政府的公共项目，要求严格列明并且对资金有较为严格的管理，"联邦竞争委员会"负责监督此类项目的实施。欧盟成员国运用欧盟法的第 106 条（ Article 106 EC ），落实竞争中性政策实施。该条款要求国有企业和私人企业的经营活动都受欧盟条约中的竞争条款约束，成员国不得以任何理由或措施对抗这条规则。欧盟委员会还实施"透明度审查"措施，作为保障竞争中性的重要措施，要求国有企业对其公共项目和商业行为承担独立的责任。如果国有企业在能源、交通、邮政等领域承担了非商业活动，就要设立不同的账户，说明在商业活动与非商业项目上其预算如何区分。一些发展中国家也探索实行竞争中性政策，如印度，印度竞争委员会（Competition Commission of India）与联合国贸易和发展会议（UNCTAD）在 2012 年成立了工作组，开展"竞争中性在印度"的研究项目，探讨印度国有企业的市场竞争问题、现有司法体系以及更好的做法。

在国际贸易和投资领域，美欧近年来积极寻求在具有约束力的双边和多边贸易投资协定中植入竞争中性条款。美国与欧盟在 2012 年共同发布的《关于国际投资共同原则的声明》（ *Statement of the European Union and the United States on Shared Principles for International Investment* ）第二条公平竞争原则中，明确提出"政府应该更加重视国家对于商业企业的影响"，"欧盟和美国支持经合组织在'竞争中性'领域的工作，强调国有企业和私有商业企业在既定市场上享有同样外部环境，并进行公平竞争的重要性"。在跨太平洋伙伴关系协定（TPP）的第十七章，专门对国有企业"竞争中性"进行了规定，要求取消对国有企业的大量补贴，推行严格的知识产权保护、劳工标准、环境标准、增强透明度等措施。美国目前在全球大搞贸易保护主义，其基础依据就是认为中国等国的国有企业或者政府背景企业得到政府支持，违反竞争中性原则。事实上，美国特朗普政府挑起贸易摩擦的一个基本理由，就是霍马茨对竞争中性的定义。如上所述，这一定义与经合组织、欧盟以及一些国家的定义是不同的，没有坚实的理由。

二、竞争中性原则在中国的实践

在我国党和政府高度重视公平市场体系建设。早在 20 世纪 90 年代，党的十五大就把"公有制为主体、多种所有制经济共同发展"确立为中国的基本经济制度，中共十五届四中全会决议《中共中央关于国有企业改革和发展若干重大问题的决定》明确提出，要"促进各种所有制经济公平竞争，共同发展"。2005 年，国务院出台《关于鼓励支持和引导个体私营等非公有制经济发展的若干意见》（一般称为"非公 36 条"），明确要求"放宽非公有制经济市场准入"，"贯彻平等准入、公平待遇原则"，要求"在投资核准、融资服务、财税政策、土地使用、对外贸易和经济技术合作等方面，对非公有制企业与其他所有制企业一视同仁，实行同等待遇"。允许非公有资本进入垄断行业和领域，如电力、电信、铁路、民航、石油等行业和领域。允许非公有资本进入公用事业和基础设施领域，如城镇供水、供气、供热、公共交通、污水垃圾处理等。允许非公有资本进入社会事业领域，如教育、科研、卫生、文化、体育等。允许非公有资本进入金融服务业、国防科技工业建设领域。同时鼓励非公有制经济参与国有经济结构调整和国有企业重组，参与西部大开发、东北地区等老工业基地振兴和中部地区崛起。文件还要求加大对非公有制经济的财税金融支持，包括加大信贷支持力度、拓宽直接融资渠道、鼓励金融服务创新、建立健全信用担保体系等一系列政策措施。2010年，国务院又出台《关于鼓励和引导民间投资健康发展的若干意见》（一般称为"新非公36条"），要求"推动各种所有制经济平等竞争、共同发展"，"建立公平竞争的市场环境"，明确提出进一步拓宽民间投资的领域和范围，鼓励和引导民间资本进入基础产业和基础设施领域、市政公用事业和政策性住房建设领域、社会事业领域、商贸流通领域以及国防科技工业领域，鼓励和引导民间资本重组联合和参与国有企业改革。相关政府部门也出台了支持非公经济发展的一系列政策举措，如国家发展改革委出台《关于鼓励和引导民营企业发展战略性新兴产业的实施意见》等政策措施。

党的十八大以来，对公平竞争市场机制的地位、民营经济的地位更加重视。党的十八大提出，要"毫不动摇鼓励、支持、引导非公有制经济发展，保证各种所有制经济依法平等使用生产要素、公平参与市场竞争、同等受到法律保护"。习近平总书记在2018年还专门召开民营企业座谈会，发表了重要讲话，充分肯定了民营经济在我国的重要地位和作用，从六个方面提出了支持民营企业发展壮大的政策举措，包括减轻企业税费负担，解决民营企业融资难融资贵问题，营造公平竞争环境，完善政策执行方式，构建亲清新型政商关系，保护企业家人身和财产安全等。

改革开放以来，随着市场化改革的逐步深入和社会主义市场经济体制的逐步完善，中国政府一直高度重视各种所有制经济公平竞争，并制定了一系列政策措施。特别是党的十八大以来，围绕产权保护、激发企业家精神、发挥民间投资活力，政策出台力度更是前所未有。中国民营经济之所以能够发展到现在在国有经济中具有举足轻重的地位，与政府的公平竞争实践是分不开的。从这个意义上说，我国一直在实践中践行竞争中性原则。同时应当看到，由于长期的教条主义思维，在政策落实上，确实存在违背国有经济和非公经济公平竞争的种种现象。

首先，普遍存在"玻璃门""弹簧门"现象。尽管诸多文件提出鼓励民企进入多个领域，但实际上民企进入很难，与国企相比处于劣势。例如，在基础设施项目建设和公共服务提供方面，中国近年来积极推动 PPP 模式，关注公共部门和私人部门建立合作关系，吸引私人资本（社会资本）进入，提高项目效率。在实际操作中，一些地方政府之所以推动 PPP 模式，目的是获得中央政府财政资金支持和国家有关优惠政策，不仅不是吸引私人资本投资，反而对私人资本产生挤出效应。目前参与 PPP 项目投资的社会资本方主要是国有企业，中央企业和地方大型国有企业成为大型基础设施项目的参与主体。结果，中国目前的 PPP 模式主要是政府与国有企业合作、政府与其所属平台公司合作、政府与其自身的代理机构合作，民营经济真正参与大型基础设施 PPP 项目的比例不足 20%。近年来一个引人注目的现象是尽管鼓励民营企业参与国企改革，但民企兼并国有企业的案例少有发生，石油、电信、军工等行业基本处于国有部门垄断状态，很多民企只有通过与国企合作或组建混合所有制企业，借助于国有企业才能进入垄断性行业，"国有资本兼并民企的案例却比比皆是"（参见国家发改委投资司，2019）。

其次，在要素获得上，仍存在所有制差异。这突出表现在资金、土地等方面。以资金为例，尽管一些国有大型银行设立了中小企业客户部门，专门针对民企占绝大多数的中小企业，但民企融资难、融资贵的问题一直没有得到很好的解决。一项研究表明，长期以来，国企的资产负债率显著高于民企（2015 年以来，国企稳定在 60% 以上，私营企业在 52% 左右）。银行贷款主要流向国企，2010—2016年，金融机构投向大型国企的贷款比例占 70% 左右（见图 1）。只是随着供给侧结构性改革的推进，最近两年国企加速去杠杆，国企资产负债率从 60.4% 下降至 58.3%，私营企业则从 2017 年底的 51.6%上升至 2019 年 5 月的 58.1%（参见刘翔峰，2019）。

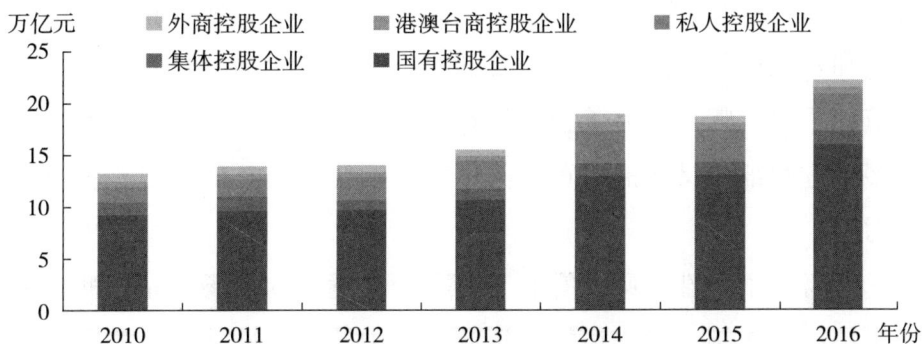

图 1　中国金融机构贷款大部分流向国有企业

行政性垄断现象，民企不公平待遇仍存在。行政性垄断主要指政府限制竞争的行为，突出表现为行政性市场垄断、强制交易、政府部门干预企业经营、行政性公司享有优势地位等。有关部门及地方政府通过干预市场、干预企业运转，使其所属国有企业或经营实体享有垄断地位，赢得对民营企业的竞争优势。典型表现为地方市场分割，从 20 世纪 80 年代至今一直存在，只是不同时期表现为不同的形式。地方政府通过限制外地产品进入当地市场、设置有利于当地国企的技术壁垒等，在市场竞争、项目获取等方面，限制外地企业进入市场。

三、实施竞争中性政策的重要意义

践行竞争中性原则，有利于推动国企改革走向深入。中国国企改革的方向是明确的，就是建立现代企业制度，让企业成为真正的市场主体。实行竞争中性政策，有利于使国有企业摆脱对政府的依赖，在市场经济的汪洋大海中遨游，推动提高国有企业市场竞争力。推动国企改革走向深入，要做深入细致的工作，不能"一混了之"。应将竞争中性原则作为下一步供给侧结构性改革的重点，以制定和实施竞争中性政策为重要抓手，进一步明确国企改革的关键环节和重要步骤，从完善公司治理、明确财政责任、加强成本核算等多个方面细化具体的改革方案，深化国企改革，激发国有企业的活力。

践行竞争中性原则，有利于形成公平竞争的市场。完善社会主义市场经济体制，确立市场在资源配置中的决定性地位，发挥竞争政策在市场中的基础性作用，关键是建立一个公平竞争的市场体系。实施竞争中性政策，让各种所有制经济在市场上公平参与商业活动，在要素获得方面处于同等条件，是建立公平健全协调高效的市场体制的重要内容和基础。

践行竞争中性原则，有利于推动政府改革，划清政府与企业的边界，厘清企业的社会责任，减少或消除政府"越位""错位""缺位"。深化经济体制改革的关键是正确处理好政府与市场的关系，在发挥市场配置资源的决定性作用的同时，更好地发挥市场作用。实行竞争中性政策，有利于推动政企分开、政资分开，明晰政府管理企业的方式，隔断政府支持企业的"脐带"，消除国有企业预算软约束现象，推动国有企业提高效率。

践行竞争中性原则，有利于为世界提供中国方案。当今世界处于百年未有之大变局，世界经济增长乏力，国际贸易保护主义阴云密布，右翼势力泛滥，自由贸易和经济全球化趋势受到严重挑战。中国推动"一带一路"倡议，高举自由贸易和经济全球化大旗，为建设人类命运共同体提供中国方案，受到世界的普遍关注。竞争中性原则为多个发达经济体和发展中国家所采纳，我国政府工作报告也明确提出应用。目前个别国家别有用心地诠释竞争中性原则，并挥舞贸易保护主义大棒，肆意干预我国国有企业乃至民营企业投资经营，我国应高调扛起并利用竞争中性原则大旗，与个别国家政府过度干预企业正常的商业活动的行为做斗争，同时加快国企改革，为全球国有企业良性治理提供中国方案。

四、实施竞争中性政策的建议

制定和实施竞争中性政策，深化国有企业改革，构建公平健全高效协调的市场体制，是一个系统工程，需要从多个领域做深入细致的工作。

第一，要进一步解放思想，把民营经济发展放到更加突出的位置。改革开放以来，民营经济发展迅速，遍布国民经济各个行业，在吸纳就业、创造税收、推动经济发展等方面，地位越来越重要。正如习近平总书记在民营企业座谈会上的讲话所指出的，民营经济"贡献了 50% 以上的税收，60% 以上的国内生产总值，70% 以上的技术创新成果，80% 以上的城镇劳动就业，90% 以上的企业数量"。民营经济已经成为中国经济发展的重要推动力量，是我们党和国家依赖的重要物质基础，是"自己人"。在实现"两个一百年"奋斗目标、建设社会主义现代化强国、实现中华民族伟大复兴中国梦的征程中，民营经济将发挥越来越重要的作用。实施竞争中性政策，规范招商引资政策，规范土地、园区投资补贴、电力燃气补贴等，为民营经济发展创造更好的营商环境，进一步激发民营经济的活力和创新精神。

第二，大力推动以混合所有制改革为重点的国企产权制度改革。有效的产权制度是市场经济有效运转的基石，也是深化国有企业改革的中心内容。要把混合所有制改革作为深化国企改革的重中之重，明晰产权和产权履行机制。实际上，混合所有制改革在我国已经经历了多年的实践，不宜再采取逐步试点的办法，应当加快国企混合所有制改革步伐。同时，加快国资管理体制改革，恰当界定政府的作用。切实推动向管资本模式转变，把资本长期回报率作为核心指标。改变政府对企业的监管模式，对企业生产经营充分放权，建立重大投资、重大资本经营活动备案制度。完善国有资本授权经营制度，探索国有资本投资、经营公司商业化运作模式。

第三，加快国企分类改革。将商业类和公益类划分贯彻于改革全过程。对于在公共事业领域需要保持国有控股的企业，要在其运营过程中贯彻商业原则。对于需要承担公共服务职能的国有企业，明确区分商业类业务和公益类业务，明晰政府财政责任，明晰企业责任，强化企业经营的财务独立，要求国有企业资产有合理的回报率。完善会计制度，强化成本透明，财政补助透明。加强提供公共服务的经营实体的价格监管，更多地采用使用者付费方法，同时利用税收或补贴等办法兼顾困难群体。建立服务承诺制度，建设人民满意型国有企业。

第四，完善公司治理结构。现代企业制度的核心是公司治理机制。要完善董事会制度，构建合理的国有股东及其代表的所有权行使机制，在政府与企业之间构建一道"屏障"，保持合理的距离，防止政府过分干预。完善企业信息披露机制，按照竞争中性的要求，建立政府项目公开制度，实施国有企业透明度审查机制，推动信息清晰透明。

第五，强化监管中性，夯实竞争政策的基础性地位。切实推动实施公平竞争审查机制，清理各地、各部门违反公平、开放、透明市场规则的政策文件和做法，规范地方政府招商引资行为，消除贸易和投资的行政性壁垒。推动反垄断、反不正当竞争执法，重点关注能源、交通、电信、金融等领域，以及互联网等新兴产业。明确产业政策的适用领域、实施过程，压缩斟酌决定权空间，提高政策实施透明度。

加大改革力度　构建东北经济振兴的体制基础 ①

东北经济近年的滑坡现象，让人们再度聚焦东北。研究东北现象，剖析、破解东北经济问题实质，实现东北经济的全面振兴，不仅事关东北经济社会发展，更关系到我国的经济转型发展，关系到实现全面小康和中华民族伟大复兴的中国梦。

一、东北经济存在的突出问题与根本原因

东北经济存在的突出问题，从现象上看是一目了然的，那就是结构性问题。主要表现一是过度依赖资源型产业，包括以煤炭、石油为代表的能源产业，以钢铁、石化为代表的原材料加工业。二是过度依赖重工业，以飞机、特钢等为代表的军工产业，以电站成套设备、船舶和汽车制造为代表的装备工业，以重型机械、机床为代表的机械工业。普遍认为重化工业偏重，转型困难。以沈阳经济区新型工业化综合配套改革试点、辽宁沿海经济区发展为代表，新时期发展转型的结构调整成效不尽如人意。这种顺周期的产业结构，

---

① 原载于《黑龙江史志》，2016 年 3 月总第 362 期。

在经济出现波动时受影响较大。这是东北经济近年出现滑坡的重要因素。

东北经济之所以转型缓慢、经济滑坡，笔者认为主要有以下原因。

一是重化工业沉淀成本高，难以快速转型。重化工业一直是东北地区的支柱产业，其特点是投资大，技术含量高，具有规模经济性质。产业发展的路径依赖性，包括技术工人等人力资本的路径依赖性非常强，难以快速转型升级。

二是经济发展的政府主导模式，难以适应创新发展。无论是中央政府的资金支持，还是地方政府对经济的管控，在东北地区都表现突出。这种政府主导经济发展的模式，在实施赶超型发展战略时，优势是非常明显的。但在摆脱了短缺经济、建立了工业体系、产业需要转型升级时，其弱点也同样明显。根据市场需求、实行创新发展时，政府主导模式就不太有效。

三是国有企业改革步伐缓慢，体制机制没有根本转变。国有经济比重大，民营经济占比低。国有企业的公司化改制、产权制度改革、企业家队伍建设、激励制度构建，进展不大，国有企业受到的束缚仍较严重，没有成为真正的市场主体，自身活力远远没有发挥出来。

四是产业政策主导，产业发展"软骨病"比较突出。无论是计划经济时期的产业选择，还是改革开放时期的企业升级改造、新兴产业选择，都主要靠政府推动。即使不是直接投资，也在信用贷款、财政补贴、税收优惠、土地使用等方面，给予定向、定点支持。国有企业"软骨病"、产业发展"软骨病"现象突出，遇到市场冲击就摇摇晃晃，甚至跌倒。

五是缺乏良好营商环境，非公有制经济发展迟缓。非公有制经济一直是东北经济发展的短板，无论是在政策较为宽松的国民经济恢复时期，还是在鼓励民营经济发展的改革开放时期，都是如此。创业难、投资难、运营难，是东北民营企业遇到的普遍问题。

总而言之，东北经济结构性和体制性问题交织，结构性问题是表象，体制性问题是根源。改革开放以来，特别是国家实施东北老工业基地振兴战略以来，东北经济发生了积极的重大的变化。整体上看，社会主义市场经济取向改革趋势确立，国有企业活力增强，民营经济得到较大发展，产业结构优化升级步伐加快，棚户区改造等重大民生工程成效显现。但结构性和体制性问题的存在也表明，东北经济的路径依赖性很强，根本的变化没有发生，导致东北振兴出现反复。

二、东北经济的根本出路在于市场化改革

要彻底解决东北经济问题，必须深入贯彻落实党的十八届三中全会精神，全面深化改革，充分发挥市场在资源配置中的决定性作用。要全面实施东北振兴战略，不能一手硬一手软，不能"在发展上硬，在改革开放上软"。要着眼于经济结构优化升级，从体制上下大力气，重塑市场主体发展动力机制，培育激发市场活力，推动结构变化和经济发展。

第一，进一步解放思想。坚持实事求是的思想路线，不拘泥于框框，不受教条束缚，以生产力发展为标准，以满足人民美好生活需要为目标，改革一切不利于生产力发展的体制机制，消除一切不

利于实现中国梦的体制机制桎梏^①。要明确和坚持市场化改革方向，东北经济在市场化改革时期发展慢，不是因为市场化改革本身，而是因为国家减少投资的同时，市场化步伐没有跟上，新的动力机制没有有效形成。

第二，推动政府管理体制改革。核心是打造人民满意型现代政府。要围绕国家治理体系和治理能力现代化，以合理界定政府职能为主线，以建立健全政府责任体系和权力清单为重点，以政府职能行使市场化社会化及服务承诺制度建立为突破口，全面深化政府管理体制改革，建设人民满意型现代政府。

第三，实施竞争政策优先的经济政策体系。东北经济当前总体上处于工业化的中后期阶段，要改变过去经济赶超发展时期以产业政策为主的经济政策，适应经济全球化和新一轮科技革命浪潮的要求，把竞争政策摆在经济政策体系的优先位置。重点是加快清理和废除妨碍统一市场和公平竞争的各种规定和做法，维护市场秩序，保护和促进市场竞争，充分发挥市场在资源配置中的决定性作用，推动人力资本、知识资本等生产要素合理自由流动，提高资源配置效率。

第四，大踏步推进国有企业改革。在东北地区设立国企改革试验区，推动国有经济战略性布局调整，加大力度推动股权多元化，重塑市场主体，激发企业活力和动力。

---

① 习近平（2012）强调："只有解放思想，才能真正做到实事求是；只有实事求是，才能真正解放思想。"这充分论证了解放思想和实事求是的辩证统一关系，对东北振兴具有特别的指导意义。《坚持实事求是的思想路线》，《习近平党校十九讲》，中央党校出版社。

第五，推动民营经济大发展。创新体制机制，推动构建民营经济发展试验区，营造公平竞争环境，破除一切不利于民营经济发展的体制机制障碍。实施负面清单制度，鼓励社会资本投资，鼓励民营企业参与国有企业改革，全方位参与东北经济振兴大业。打造良好的"双创"环境，释放全社会创新创业活力。

解决体制机制问题，是一个系统工程，是一个较长时期的过程，非朝夕之功。以上几个方面还要重中选重，建议把政府管理体制改革和国有企业改革作为重中之重，作为解决东北经济发展体制性问题的突破口，作为改革试验区，力争取得较快突破。

三、推动构建政府管理体制改革试验区

推动政府管理体制改革，改变政府主导的经济发展模式，消除政府公司化现象，建设与市场经济体制和现代社会治理体系相匹配的人民满意型现代政府。通过推动政府职能界定合理化、政府组织结构科学化、政府职能行使高效化、政府治理方式民主化、政府管理体系法制化，建设法治政府、责任政府、服务政府、高效政府、廉洁政府。

加快出台"三个清单"。围绕构建责任政府、法治政府，建立"负面清单""责任清单""权力清单"管理体制，深化行政审批制度改革，强化行政行为的法律授权，推动和保障政府管理的主体合法、内容合法、程序合法、执行依法，建立行政决策咨询论证专家库，规范公权力运用。

继续推动政府服务创新。围绕构建服务型政府，建立政府服务承诺制度，构建"以结果为中心"的绩效评估标准体系。优化政府工作流程，制定服务标准、服务措施、服务投诉制度，完善问责制

度和奖惩办法。健全地方行政投诉中心以及独立问责机构，形成全
社会对政府履职情况的有效监督。

推动政府职能行使市场化社会化。围绕构建高效政府，推进政
府服务的技术创新。启动"互联网＋政府"行动计划，加强电子政
务建设，打造政府移动公共服务平台。推动政务数据向全社会开放，
提高服务效率和水平，增强发展动力。在政府履责、行政过程、政
策行动影响后果评估等环节以及公共服务提供等方面，着力于扩大
政府购买公共服务、实施特许经营制度等，并公开政府购买公共服
务的目录，积极引入市场机制，运用市场化手段，调动社会力量积
极参与。

推动政务建设阳光化。围绕构建廉洁政府，突出体现让人民满
意的底线条件。强化制度建设，推动政府行为透明化、阳光化。全
面推行政务公开，完善社会监督和舆论监督机制。加强干部队伍作
风建设，打造健康的行政生态和官场文化，构建有效的选人用人机
制和激励机制。

四、推动构建国有企业改革试验区

贫穷不是社会主义，低效率也不是社会主义[①]。要围绕经济社会
可持续发展，以效率提高为标准，以培育市场竞争主体为目标，加
快国企改革。

解放思想，明确国有经济定位。东北地区国有经济占据重要地

[①] 邓小平（1984）指出，"贫穷不是社会主义"，"社会主义初级阶段的最根本任务
是发展生产力，社会主义的优越性归根到底要体现在它的生产力比资本主义发展得
更快一些、更高一些"。《建设有中国特色的社会主义》，《邓小平文选》（第三
卷），人民出版社 1993 年版。

位，不改革国有企业，焕发企业活力，东北经济就不可能实现振兴。要深入推动东北国企改革，首先就需要明确国有经济的定位。马克思曾经设想，未来社会是自由人的联合体，取代资本主义私有制的是公共的、集体的所有制，其实质是，"在资本主义时代的成就的基础上，重新建立个人所有制"[①]。对于未来社会所有制的具体形式，马恩并没有（也不应强求他们）明确描述。列宁曾经对社会主义下了一个经典的定义，"共产主义就是苏维埃政权加全国电气化"，社会主义就是"苏维埃政权＋普鲁士的铁路管理秩序＋美国的技术和托拉斯组织＋美国的国民教育等等等等＋＋总和＝社会主义"[②]。把国有制、计划经济作为社会主义基本特征的则是斯大林经济学。中国共产党人坚持实事求是的思想路线，已经明确否定了计划经济特征。我们应当从社会主义初级阶段实际出发，从东北地区实际出发，进一步解放思想，把国有经济作为改革重点，不设框框，建立容错机制，允许地方大胆试验、试点乃至试错。

加大国有经济战略性布局调整力度。加快推进国有企业分类改革，竞争类国有企业要培育市场竞争主体，公益类国有企业要构建服务标准。加快国有经济布局调整步伐，将国有经济集中在军工、公共产品提供等少数领域。通过股权转让、资产变现等方式，推动国企股权多元化，部分解决地方政府债务问题。同时，推动部分国有股权划转社会保障基金管理机构持有。通过基金委托管理，提高公司治理质量，推动企业提高效益、增强活力，借以部分解决养老金不足问题。

---

① 马克思：《资本论》第一卷第24章，人民出版社2004年版。
② 列宁：《〈苏维埃政权的当前任务〉一文的几个提纲》（1918年3—4月），《列宁全集》第34卷，人民出版社1985年版。

加快推进混合所有制改革。推动国有大型企业实现整体上市，不具备上市条件的要积极引入社会资本，推动混合所有制改革，完善公司治理机制。重视企业家队伍建设，积极推进混合所有制企业管理层和员工持股制度，建立市场化的人事制度和考核激励机制，激发全体员工的积极性和创造性。

加快垄断行业改革。加快能源、电信等行业体制改革，放宽准入，鼓励社会资本进入。将部分中央企业或中央企业股权划归地方，增强改革动力，推动央企与地方经济对接。积极运用价格上限等激励性监管手段，促进垄断行业提高运营效率，增进消费者福利。加大反垄断、反不正当竞争力度，强化竞争政策在经济政策"工具箱"中的优先地位，落实公平竞争审查制度，健全特许经营领域监督管理体制。

积极推进科研制度改革。围绕提高科技创新能力，提高科技成果转化率，加快国有科研院所管理体制改革，加大知识产权保护力度，优化科研人员股权激励、成果转让分成，推动知识资本转化为现实的生产力，释放知识资本红利，激发东北地区创新活力，扭转人才"东南飞"趋势。

以建立国企改革试验区为重点
推动东北地区国企改革[①]

近年来，东北振兴受到普遍关注。在东北经济结构中，国有企业占据非常重要的战略地位，深化国有企业改革有助于加快东北振兴步伐。2016 年出台的《中共中央、国务院关于全面振兴东北地区等老工业基地的若干意见》，明确把进一步推进国资国企改革，作为新一轮振兴东北的战略重点。振兴东北，必须改革国企，让国企在东北老工业基地振兴中充分发挥积极作用。因此，建议在东北地区设立国企改革试验区，以混合所有制改革为突破口，以公司治理机制为重点，重塑市场主体，激发国企活力和创造力。

一、国企改革是解决东北经济问题的关键

东北地区是我国实行计划经济体制最早的地区，无论是苏联援建的"156 项工程"之类的大项目，还是地方经济的发展，国有企业都占有举足轻重的地位。时至今日，虽然历经多次改革，东北经济中国企比重仍然很大。辽宁、吉林和黑龙江三省国有资产在工业企业中的占比分别达 45.8%、54.1% 和 64.7%，远高于福建、广东等

---

① 原载于《经济纵横》，2018 年第 9 期。

东南沿海省份。重点装备制造业企业大多是国有绝对控股。

受长期计划经济体制影响，东北地区国有企业弊端凸显，主要表现在：一是国有独资、一股独大现象突出，公司治理结构不健全。如，辽宁省地方国企达（不含中央在辽企业）1812户，在集团公司层面，国有独资企业占比达80%以上，已进行股份制改革的企业，大部分也是国有股占比过高，真正的混合所有制企业较少。二是公司治理制度不健全。企业权力制衡机制没有充分形成，内部人控制问题比较严重。三是预算软约束，过度投资、盲目投资问题严重，贪大图快现象突出。债务高企、高杠杆严重。四是资产质量不高，效益低下。例如鞍山钢铁和本溪钢铁人均年产量分别只有220吨和180吨，而江苏沙钢为800吨。一重、哈汽和哈锅2015年每1元资产创造的年收入只有0.12—0.4元，远低于全国同行业0.7元的平均水平。五是产能过剩严重。例如辽宁省装备制造、石化、冶金三大产业占规模以上工业增加值比重达64.2%，这些产业多以国企为主，"原""初"字号产品比重大、产业链短、附加值低，难以有效适应市场需求，产能过剩问题突出，统筹推动转型升级和去产能任务十分艰巨。

鉴于国企在东北地区经济中的重要地位以及国企自身的种种突出问题，在新一轮东北振兴过程中，必须突出供给侧结构性改革，把国企改革放到更加突出的地位。东北国企问题不解决，活力不增强，东北经济就很难实现振兴。目前，东北地区国企分量之所以还那么重，固然有历史原因，还有一些现实问题如负担重等，但更重要的是思想和认识问题。改革已进入"深水区"，要啃"硬骨头"，深化国企改革必须破除利益和思想的樊篱。因此，有必要在东北地区设立国企改革试验区，允许地方大胆探索，中央给予配套政策支持。

二、加快建立东北地区国企改革试验区有助于深化国有企业改革

东北地区建立国企改革试验区，深化国有企业改革，主要目的在于提升企业活力和经营效率，打造符合市场经济要求的、高效率的市场主体，培育发展新动能。

（一）有助于国企以改革推动转型

东北地区有两个显著特点，一是老工业基地的特点突出，二是资源型地区的特点鲜明。新中国成立初期，我国选择了重工业优先发展的工业化发展道路，优先在东北发展。"一五"时期，全国156项重点工程中，安排在东北的就有56项。以这些重点工程为核心，扩建和改建了原有的一批重工业企业，兴建了一批以重型机械为主的大型机械制造企业。因此，东北地区形成了完备的工业体系，成为我国最早、最大的重工业基地。东北地区资源总量大、种类多、质量好。例如石油储量占全国1/2，铁矿石储量占全国1/4，油页岩储量占全国近70%，森林蓄积量占全国1/3，大兴安岭地区有色金属等资源储量也非常丰富。由此形成的资源型地区也很多，如鸡西、鹤岗、双鸭山、七台河、阜新、大庆等。东北经济既有老工业基地的特点，也有资源型地区的特点。只有通过国企改革试验区的建立，打破国有企业原有的僵化体制机制，建立现代企业制度，转换发展动能，才能推动产业结构转变，进而推动现代化经济体系建设，打破资源依赖，走出"资源陷阱"。

（二）有助于探索混合所有制的改革方向和关键环节

产权改革是国企改革的突破口，混合所有制是国企改革的方向。建立国企改革试验区，有助于按照党的十八届三中全会精神要求，加大国企改革步伐。在国企改革试验区内，实施更为优惠的政策，可切实有效推进混合所有制改革，解决国有独资、一股独大问题。使混合所有制改革不再是形式上对国有企业的股份制改造，而是让民营资本、社会资本进入国有企业，推动大型国企实现整体上市，推进企业管理层和员工持股制度，改变企业产权结构，推动企业打造符合市场经济要求的现代企业制度，激发全体员工的积极性和创造性，促使企业转变经营机制。对不具备条件上市的国企，也要积极引入民间战略投资者，促进国有资本与民营资本联合发展，实现互利共赢。

在东北地区国企改革试验区的国企混合所有制改革中，应不设股权比例限制，不坚持国有控股地位。要以激发企业活力、提高盈利能力为目标，积极探索多种经营形式，包括官办民营、设立特殊法人等，并从财务监督等方面加强对国企的考核监管。对在公共事业领域需要保持国有控股的企业，也要在其运营过程中贯彻商业原则，明晰企业责任，强化财务独立。推动部分国有股权划转社会保障基金管理机构持有，通过基金委托管理，提高公司治理质量，推动企业提高效益，增强活力。同时，借以部分解决养老金不足问题。在知识资本依赖性强的企业包括中小企业在内，积极推进管理层和员工持股制度，不设股权比例限制，对于包括管理人员在内的职工个人持股，也不设股权比例限制。在国企改革试验区，还可探索建立国有资本收益分配制度，健全覆盖全部国有资本的经营预算和收益分享制度，国有资本盈利不能转为财政收入，而要转为国有资本再投入和全民共享的社保资金来源，体现国有资本全民所有、全民共享的公有制属性。

（三）有助于强化公司治理机制改革

现代企业制度的核心是公司治理机制。在国企改革试验区，国有企业要严格按照公司法要求，构造有效运作、权责规范的股东会、董事会、经理层和监事会，实现企业决策权与经营权的分离；提高外部董事比例，强化独立董事、外部董事的作用，试点外部董事担任董事长，强化中小股东的利益保护。对于国有股独大的格局，可采取部分股权转变为优先股的方式，防止"一股独大"带来的种种弊端。保护所有股东的利益，在经理层享有董事会授权、做出经营决策的同时，通过强化决策民主，发挥党委会、监事会监督作用，防止出现内部人控制问题。

在东北国企改革试验区，可深化以企业人事、劳动、分配三项制度改革为重点的企业内部改革，形成职工能进能出、管理人员能上能下、收入能增能减的机制。可深化国企领导人员管理体制改革，加强企业家队伍建设。通过强化政治忠诚、事业忠诚，按照市场规律，深入推动国有企业去行政化步伐，建立健全职业经理人制度，建立职业经理人市场，构建长短期结合、多种报酬方式或补偿方式融合的激励机制。推进国有企业管理人才市场化改革，引入竞争上岗机制，建立有进有出、能上能下的人员流动和配置机制。

良好的公司治理机制的形成与有效运转，需要恰当界定政府的作用。在东北，政企不分、政府干预企业运转的问题严重。在国有股"一股独大"的情况下，很难割断政府与国企之间的联系，因此，可将国有股权大部分转化为优先股，限制公权力干预。无论是地方国企还是央企，在一些关键领域，特别是涉及军工的战略性、核心性技术，涉及重大民生的领域，还可设立政府特殊管理股（"金股"），在外资并购或有不良行动人并购时，政府保留最后的决定权。

（四）有助于切实解决历史负担问题

改革需要环境，东北地区国企历史悠久，历史负担重、冗员多，目前又面临人口老龄化、社保负担重等诸多问题。虽然国家从2003年启动振兴东北战略之初就在解决企业办社会、厂办大集体、独立工矿区、棚户区改造、"拨改贷"等问题。但第一个十年振兴期间很多企业没有很好地规划发展战略，盲目扩张规模，产能严重过剩，债务负担尤为沉重。加之相关配套改革跟不上，特别是社会保障制度不健全、历史欠账太多，致使一些历史遗留问题没有得到彻底解决。以辽宁省为例，调查显示，国企解决"三供一业"问题约需107.8亿元，解决厂办大集体问题约需473.6亿元，解决离退休人员管理问题约需183.1亿元，解决"壳企业"负债问题约需426亿元，承担职工安置成本约需50.9亿元；其他诸如企业办社会、独立工矿区、棚户区改造、"拨改贷"后的债务包袱等问题都需要大量资金；养老保险资金缺口还在加大，参保职工与离退休人员比例为1.79∶1，远低于全国平均水平的2.88∶1。

解决历史遗留问题不但所需资金非常庞大，而且情况非常复杂，经常在解决旧问题的同时，又不断出现新问题，解决历史遗留问题的难度远大于预期。而大部分国有企业本身缺乏效率，经济效益低下，单靠企业自身根本没有能力彻底解决这些问题。但如果历史遗留问题不能解决，企业带着沉重的历史包袱，就很难深化国企改革，企业也很难打造成为符合市场经济要求的真正的市场主体，市场机制也很难完善。解决历史遗留问题是东北地区转型发展必须攻克的一道难关，解决这些问题，固然需要政府支持，如去产能过程中人员安置需要财政适当倾斜，但同时更需构建改革成本分担机制，由中央政府、地方政府、企业、职工共同分担改革成本。如，让社会资本参与国企改制，金融行业实施债务展期，在部分行业和企业开展融资租赁等。但必须明确的是，问题解决是有决定性前提的，那就是推动制度变革，推动现代企业制度建立，使问题的解决变成一次性的，不再循环往复出现。

东北地区国企改革试验区的建立，使政府的支持不再是单纯给钱、给物，而是更为根本的深化养老、医疗、教育等社会领域配套改革，特别是完善社会保障制度，解除企业职工的后顾之忧，提供解决历史遗留问题的制度保障。很多企业自身难以解决负担问题，主要是由于社会配套改革跟不上，本该由社会承担的职能，却留给了企业。深化社会领域改革，才是解决历史遗留问题的根本途径。

（五）有助于合理界定政府在国资管理中的角色定位

国有资产管理的难点是处理好政府与企业的关系，做到政府职能不越位、不缺位、不错位。推进国资管理体制改革，合理界定政府在国资管理中的角色定位，收缩和控制行政干预，以管资本为主加强国有资产监管。

东北地区国企改革试验区的建立，可加快政府在国资管理中的角色转换，使政府不再过多干预企业微观市场行为，不再充当国企经营管理者，而逐步向规则制定者、行业监管者转变，为所有市场主体创造公平竞争的市场环境。政府作用体现在：按照投资份额，依法对全资、控股及参股企业行使出资人职责，享有资本收益、重大决策和选聘经营管理者等权利，但不介入企业日常经营活动；彻底改革垄断行业国企领导的任命和管理方式，建立新型委托代理关系，缩短委托代理链条；加强对垄断行业收入分配的监管，改革工资收入分配制度，推进职工收入分配的工资化、货币化和公开化，规范职工收入结构；加强监督，防止过度竞争或竞争不充分。

东北地区国企改革试验区的建立，有助于完善国有资产监管体制。一是有助于完善国有资产管理方式，由"管资产为主"向"管资本为主"转变，弱化企业的"国有"特征，使国有企业与民营企业平等使用劳动、管理、技术、人才、资本等生产要素。二是有助于创新国有资产监管方式，理顺国有资产监督管理机构与国有企业的关系，推进政府公共管理职能、国有企业出资人职能与国有企业经营管理职能分开。三是有助于以管资本为主推进经营性国有资产集中统一监管，逐步将党政机关、事业单位所属企业的国有资本纳入经营性国有资产集中统一监管体系。

东北地区国企改革试验区的建立，有助于改革国有资本授权经营体制，这是改革和完善国有资产管理体制的另一个关键所在。通过对国有资本投资、运营公司进行改组，由国有资产监管机构授权国有资本投资、运营公司对授权范围内的国有资本履行出资人职责，在政府与市场间设立一个"隔离带"，让国资监管机构以"监"为主，国有资本投资、运营公司以"管"为主，企业本身以经营为主。

三、建立国企改革试验区要把握三个关键问题

东北地区国企分量较重，受传统计划经济影响较深，与政府关系最为密切。目前，改革已进入攻坚期和"深水区"，建立国企改革试验区，就是要突破以前的体制机制束缚，切实解决那些阻碍改革

的复杂性、敏感性矛盾和问题。建立国企改革试验区，既要小心谨慎，又要大胆突破；既要加快推进，又要循序渐进；既要加强顶层设计，又要充分发挥地方的积极性和创新精神。具体而言，要注意把握三个关键问题。

（一）必须充分认识改革的根本在于解放思想

解放思想，实事求是，一切从实际出发，是中国共产党战胜一切困难的制胜法宝。任何教条主义，都是对党的事业、改革事业的损害。贫穷不是社会主义，低效率也不是社会主义。[①] 没有效益的国企，再大也是泥足巨人，经不起风吹浪打。建立东北地区国企改革试验区，深入推动东北地区国企改革，首先要明确国有经济的战略定位。中国共产党人坚持实事求是的思想路线，已对社会主义与计划经济的关系作了更为深入的阐释。早在 20 多年前，邓小平就指出"计划多一点还是市场多一点，不是社会主义与资本主义的本质区别"，"计划和市场都是经济手段"。[②] 多年来，中国特色社会主义市场经济体制不断完善，与计划经济相对应的纯粹"公有制"也在发生深刻变化。党的十八大报告明确指出，我国的基本经济制度是公有制为主体、多种所有制经济共同发展。那些具有市场活力和创新力的非公经济，也是社会主义市场经济的重要组成部分。

为推动东北振兴，应从社会主义初级阶段的实际出发，从东北

---

① 邓小平指出，"贫穷不是社会主义"，"社会主义初级阶段的最根本任务是发展生产力，社会主义的优越性归根到底要体现在它的生产力比资本主义发展得更快一些、更高一些"。《贫穷不是社会主义，更不是共产主义》，中国共产党新闻网，http://cpc.people.com.cn/n1/2017/1114/c69113 — 29644275.Html。

② 《邓小平文选》第三卷，人民出版社 1994 年版。

地区的实际出发，进一步解放思想，在改革国有企业时不设框框，不机械地把公有制作为社会主义特征，国有企业只是社会主义的物质基础之一，是发展社会主义生产力的手段之一。

对于推进国有企业改革，习近平总书记在吉林省调研时提出三个"有利于"，即"推进国有企业改革，要有利于国有资本保值增值，有利于提高国有经济竞争力，有利于放大国有资本功能"①，为当前的国企改革明确了方向。目前，应特别注意防止畏首畏尾、不敢触碰国企改革这个"硬骨头"的思想。要树立战略理念，根据集聚主业和企业长远发展需要，"瘦身健体"，或并购或出售，不计较"一城一地"得失。要树立市场理念，根据市场的不断变化，及时调整资源配置格局。要树立风险理念，不能保守观望。改革就是生产力，不改革就是不作为，就是将国有资产置于更大的风险之中。

（二）必须加强党对深化国企改革的领导

国企改革是在"深水区"探索，是"硬骨头"，是利益冲突的一个焦点。因此，东北地区国企改革试验区的建立和运行，必须加强党的领导，做好顶层设计和方案实施工作。要建立改革督察制度，建立改革责任追究制度，让改革者上，不改革者下。

要发挥地方积极性，激发其创新精神，各级党委和政府要牢记搞好国有企业、搞好国有经济的重大责任，加强对国有企业改革的组织领导，不等待、不观望，下大决心，尽快在国有企业改革重要领域和关键环节取得新成效。

---

① 《习近平吉林调研：国有企业改革怎么搞？》，中国共产党新闻网，http://cpc.people.com.cn/xuexi/n/2015/0720/c385474—27330659.html。

要完善党委在企业运行中的职能行使机制，对重要人事任免，党委在职能范围内发挥作用，在选人用人上把好政治关、廉洁关，党委对企业的领导重在发挥政治核心作用，主要体现在思想上和组织上，党委主要管方向，管中央决策落实，不参与日常经营决策。对于一些期望回到传统体制下党委一统企业各种决策活动的想法，应明确反对。同时，党委要积极结合国企改革，结合去产能工作，做好全体职工的思想工作。

（三）必须紧紧围绕国有经济战略性布局

国企改革并非孤立，与国有经济战略性布局必须相辅相成、同步推进，缺乏战略性布局的国企改革很可能迷失改革的方向。在东北地区国企改革试验区，要继续按照"有进有退、有所为有所不为""进而有为、退而有序"的原则，沿着商业竞争类和公益类两条线，加快推进国有企业分类改革，推动国有经济布局和结构调整。

从经济社会发展的方向出发，从国有资本总体长期回报出发，优化国有资本布局，增强国有资本流动性。在具体行业，到底应做多大，有多大规模国有资本，视行业发展情况而定，视经济社会发展需要而定，不预设条条框框。加快推进国有企业分类改革，商业竞争类国有企业要成为真正的市场竞争主体，公益类国有企业要构建服务标准、财务标准。加快国有经济布局调整步伐，将国有经济集中在军工、重要基础设施、重要公共产品提供等关键领域。通过股权转让、资产变现等方式，推动国企股权多元化，部分解决地方政府债务问题。鼓励地方政府根据当地经济社会发展需要，自主选择地方国企改革方式和国有资本配置格局，建立容错机制，允许地方大胆试验、试点乃至试错。

　　在东北地区国企改革试验区，要特别重视东北地区的中央企业改革。吉林省国有企业中央企占比80%，黑龙江省央企占比一半以上，辽宁省的钢铁石化企业都是以央企为主。当地央企的改革与发展都是由集团公司层面决定，地方政府话语权很小。对东北地区央企的改革，需要中央下决心。建议在集团层面加大改革力度的同时，结合打破垄断相关举措，推进能源、电信等行业体制改革，放宽准入，鼓励社会资本进入。同时，将部分当地中央企业分立、分拆，或将其部分股权划归地方，或充实地方社保基金，有助于增强改革动力，推动央企与地方经济对接。

参考文献

1. 阿巴尔金等：《俄罗斯的社会经济形势：结果、问题和稳定的办法（分析报告）》，中译文载《中欧东亚问题译丛》1994 年第 5 期。

2. 阿尤布：《公有制工业企业：成功的决定因素》，中国财政经济出版社 1987 年中文版。

3. 艾伯哲伦，J．C 和乔治·斯陶克：《企业巨子：日本企业如何称雄于世界》，张延爱 译，北京经济学院 1990 年中文版。

4. 奥村宏：《日本的股份公司》，中国展望出版社 1988 年中文版；

5. 奥村宏：《法人资本主义》，三联书店 1990 年中文版。

6. 奥村宏：《法人资本主义结构开始动摇》，中译文见《经济社会体制比较》1993 年第 2 期。

7. 彼特里：《亚洲成功的共同基础》，中译文载《经济工作者学习资料》1994 年第 33 期。

8. 伯利，A 和 G.G.米恩斯：《现代股份公司与私人财产》，台湾银行出版社 1981 年中文版。

9. 波特，M．：《资本选择：改变美国产业的投资方式》，中译文载周小川等：《企业改革：模式选择与配套设计》，中国经济出版社 1994 年版。

10. 陈汉、彭岳,《TPP 关于国有企业的规则研究》,《北京化工大学学报》(社会科学版),2018 年第 1 期。

11. 曹玉书、李群:《美国的国有企业及其管理》,载国家计委宏观经济研究院课题组编《大型企业集团发展政策研究》,中国经济出版社 1997 年版。

12. 德姆塞茨,H.:《关于产权的理论》,中译文载《经济社会体制比较》1990 年第 6 期。

13. 邓小平:《建设有中国特色的社会主义》,载《邓小平文选》(第三卷),人民出版社 1993 年版。

14. 丁茂中,《竞争中立政策研究》,法律出版社 2018 年版。

15. 杜德峰:《匈牙利经济情况》,载《国际资料息》1992 年第 4 期。

16. 杜海燕:《承包制,国有企业体制改革的初始选择》,《经济研究》1987 年第 10 期。

17. 杜海燕、郑红亮:《承包制下的国有企业制度分析》,《管理世界》1991 年第 1 期。

18. 都留重人:《现代日本经济》,马成三译、周德林校,北京出版社 1980 年版。

19. 范茂发、荀大志等:《股份制不是全民所有制企业的方向》,《经济研究》1986 第 1 期。

20. 费希尔、斯坦利和鲁迪格·唐布什:《经济学》,中国财政经济出版社 1989 年中文版。

21. 高鸿业:《抓住提高国有企业效率的关键》,《经济日报》1994 年 9 月 9 日。

22. 高小蒙、向宁:《中国农业价格政策分析》,浙江人民出版社

1992 年版。

23. 格罗塞尔、迪特尔：《德意志联邦共和国经济政策及实践》，上海翻译出版公司 1992 年中文版。

24. 郭树清：《债务重组是解开企业、银行转轨死结的关键步骤》（打印稿），1994 年 3 月。

25. 郭树清：《经济体制转轨需要处理好各种存量问题》，《中华工商时报》，1995 年 9 月 11 日。

26. 国家发改委投资司 2019：《基础设施 PPP 模式可持续发展路径研究》（打印稿）。

27. 国家体改委课题组：《市场经济：国有企业改革走向》，中国经济出版社 1994 年版。

28. 国务院六部委局联合调查组：《关于国有企业产权交易情况的调查报告》，《改革》1994 年 5 期。

29. 韩志国：《论法人所有制》，《光明日报》1987 年 11 月 16 日。

30. 汉克，S.：《私有化与发展》，管维立等译，中国社会科学出版社 1989 年版。

31. 华灿：《上海现代企业制度试点追踪调查》，《改革内参》1995 年第 7 期。

32. 华生等：《微观经济基础的重新构造》，《经济研究》1986 年第 3 期。

33. 加尔布雷思：《经济学和公共目标》，商务印书馆 1980 年中文版。

34. 江一帆：《大力抢救国有企业》，《真理的追求》1994 年第 6 期。

35. 蒋文军、石成：《甘肃省支柱工业绩效及供给侧改革》，《青海金融》2018 年第 3 期。

36. 金斯堡 ,H.J. :《原经互会国家经济复苏迹象明显》,《经济社会体制比较》1993 年第 2 期。

37. 经济合作与发展组织（2012),《竞争中立：经合组织建议、指引与最佳实践纲要》,谢晖译，经济科学出版社 2015 年中文版。

38. 考恩:《从全球观点看私有化》,载汉克主编《私有化与发展》,中国社会科学出版社 1989 年版。

39. 克拉夫，S. 和 T.F. 马伯格:《美国文化的经济基础》,三联书店 1989 年中文版。

40. 科斯 ,R. :《企业、市场与法律》,上海三联书店 1990 年版。

41. 劳什，J.W. 和 E.A. 麦克福:《公司治理与投资的时间标度》,中译文载周小川等 ;《企业改革：模式选择与配套设计》,中国经济出版社 1994 年版。

42. 厉以宁:《经济体制改革的探索》,人民日报出版社 1987 年版。

43. 利普顿，D 和 J. 赛克斯:《东欧的私有化：波兰案例》,载 Brookings Papers on Economic Activities，No.2，1990.

44. 列宁:《〈苏维埃政权的当前任务 〉一文的几个提纲》（1918 年 3–4 月),《列宁全集》,人民出版社 1985 年版。

45. 刘遵义、钱颖一:《关于中国的银行与企业财务改革的建议》,《改革》1994 年第 6 期。

46. 刘翔峰:《要素市场化配置改革研究》（打印稿),2019 年。

47. 内森·罗森堡 ,L.E. 小伯泽尔:《西方致富之路》,周兴宝等译校，三联书店 1989 年版。

48. 麦金农:《改革社会主义经济的宏观控制》,中译文载《改革》

1993 年第 1 期。

49. 麦克弗森：《私有化的前景》，载汉克主编《私有化与发展》，中国社会科学出版社 1989 年版。

50. 梅因哈特：《欧洲十二国公司法》，兰州大学出版社 1988 年中文版。

51. 马克思：《资本论》第 1 卷，人民出版社 2004 年版

52.《资本论》第 3 卷，人民出版社 1975 年版。

53. 诺斯，D. C. 和罗伯斯·托马斯：《西方世界的兴起：新经济史》，厉以平，蔡磊译，华夏出版社 1989 年中文版。

54. 帕金斯等：《发展经济学》，经济科学出版社 1990 年版。

55. 钱德勒：《看得见的手：美国企业的管理革命》，重武译，王铁生校，商务印书馆 1987 年中文版。

56. 钱允宁：《捷克斯洛伐克经济情况》，《国际资料信息》1992 年第 4 期。

57. 瑞侠威 (Xavier Richet)：《东欧趋向市场的体制转换：私有化、产业重组和企业家精神》，中译文载《经济社会体制比较》1992 年第 6 期。

58. 瑟罗：《二十一世纪的角逐——行将到来的日欧美经济战》，社会科学文献出版社 1992 年中文版。

59. 世界银行：《中国：长期发展的问题和方案（主报告）》，中国财政经济出版社 1985 年中文版。

60. 斯塔克：《路径依赖和东中欧的私有化策略》，载 Eastern Political and Societies，Vol.6，No.1，1992.

61. 青木昌彦：《关于中国公司治理的几点思考》，中译文载《经济社会体制比较》1994 年第 6 期。

62. 青木昌彦、钱颖一：《转轨经济中的公司治理结构：内部人控制和银行的作用》，中国经济出版社 1995 年版。

63. 史泰利（Terry Sicular）：《依靠救济：为什么中国企业选择亏损》，中译文见，1994 年 8 月 23-25 日在北京召开的"中国经济体制的下一步改革"国际研讨会文件之十九。

64. 孙冶方：《关于全民所有胁经济内部的财经体制问题》，见孙冶方《社会主义经济的若干理论问题》，人民出版社 1979 年版。

65. 王红茹：《从"玻璃门"、"弹簧门"、"旋转门"到"没门"：民间投资比例近 10 年罕见下滑》，《中国经济周刊》，2016（20）。

66. 阿·伍德：《重组所有权的公有股份公司：搞活中国国有企业的进一步思考》，载《经济社会体制比较》1991 年第 5、6 期。

67. 阿·伍德：《重组公共所有权的合股公司》，中译文载《经济社会体制比较》1994 年第 4 期。

68. 吴敬琏：《经济改革问题探索》，中国展望出版社 1987 年版。

69. 吴敬琏：《中国经济改革的整体设计》，中国展望出版社 1990 年版。

70. 吴敬琏：《产权制度和大中型企业改革》，《经济社会体制比较》1989 年第 6 期。

71. 吴敬琏：《论作为配置方式的计划和市场》，《中国社会科学》1991 年第 6 期。

72. 吴敬琏：《通向市场经济之路》，北京工业大学出版社 1992 年版。

73. 吴敬琏等：《大中型企业改革：建立现代企业制度》，天津人民出版社 1993 年版。

74. 吴敬琏：《现代公司与企业改革》，天津人民出版社 1994

年版。

75. 吴晓灵：《中国国有企业——银行债务重组问题》，《经济社会体制比较》1995 年第 3 期。

76. 吴晓灵：《中国国有企业——银行债务重组对策研究》(打印稿)，《在北京召开的 "中国国有企业改革政策选择" 国际研讨会专题文件》，1995 年 6 月。

77. 吴晓灵，谢平：《中国国有企业——银行债务重组的设想》(打印稿)，《在北京召开的 "中国经济的下一步改革" 国际研讨会文件》1994 年 8 月。

78. 习近平：《坚持实事求是的思想路线》，载《习近平党校十九讲》，中央党校出版社。

79. 《习近平谈治国理政》，外文出版社 2014 年版；《习近平谈治国理政》(第二卷)，外文出版社 2017 年版。

80. 小宫隆太郎：《竞争的市场机制和企业的作用》，中译文载吴家骏、汪海波主编《经济理论与经济政策》，经济管理出版社 1986 年版。

81. 肖梦：《东欧正跨过眼泪之谷：专访东欧改革顾问赛克斯教授》，载《经济社会体制比较》1992 年第 4 期。

82. 星武雄：《清理资产负债表：日本在战后重建时期的经验》，载青木昌彦、钱颖一主编《转轨经济中的公司治理结构：内部人控制和银行的作用》，中国经济出版社 1995 年版。

83. 薛暮桥：《社会主义制度下的商品生产和价值规律》，见薛暮桥《社会主义经济理论问题》，人民出版社 1979 年版。

84. 薛暮桥：《关于经济体制改革的一些意见》，载《人民日报》1980 年 6 月 10 日。

85. 银温泉：《国有企业改革与通货膨胀：两难境地与政策选择》，《经济研究》1995 年第 7 期。

86. 银温泉等：《我国地方市场分割的成因和治理》，《经济研究》2001 年第 6 期。

87. 约翰逊：《通产省——推动日本奇迹的手》，中共中央党校出版社 1994 年中文版。

88. 臧跃茹：《西方国有企业管理模式比较研究》，载国家计委宏观经济研究院课题组编《大型企业集团发展政策研究》，中国经济出版社 1997 年版。

89. 张仲福：《联邦德国企业制度》，中国法制出版社 1990 年版。

90. "中国经济体制改革的总体设计"课题组：《对近中期经济体制改革的一个整体性设计》，《改革》1993 年第 6 期。

91. "中国经济体制改革的总体设计"课题组：《企业与银行关系的重建》，《改革》1993 年第 6 期。

92. 周小川：《企业体制改革与中国式的承包制》，载《经济社会体制比较》1988 年第 1 期。

93. 周小川等：《企业与银行关系的重建》(打印稿)，《在北京召开的 "中国经济的下一步改革" 国际研讨会文件》1994 年 8 月。

94. 周小川等：《企业改革：模式选择与配套设计》，中国经济出版社 1994 年版。

95. 周小川、银温泉：《经济改革的不同道路》，载《改革》1993 年第 2 期

96. 朱荣等：《当代中国的农业》，当代中国出版社 1992 年版。

97. Alchian, A.A., Uncertainty, Evolution and Economic Theory, *Journal of Political Economy*, vol.58 (1950).

98. Alchian,A.A., Some Economics of Property Rights,*Il Politico,* *vol.*30 (1965).

99. Alchian,A.A.,and Demsets,H., Production, Information Costs, and Economic Organization, *American Economic Review.* vol.62(1972).

100. Aoki, Masahiko, Toward an Economic Model of the Japanese Firm, *Journal of Economic Literature*, American Economic Association,.vol. 28 (March1990).

101. Barzel B.Y, *Economic Analysis of Property Rights*, Cambridge University Press , 1989.

102. Brus,W. and K. Laski, *From Marx to Market :Socialism in Search of an Economic System*, Oxford: Clarendon Press,1989.

103. Capobianco,A. and Hans Christiansen, Competitive Neutrality and State−Owned Enterprises: Challenges and Policy Options, *OECD Corporate Governance Working Papers 1*, OECD Publishing,2011.

104. Chandler, A.jr., *Scale and Scope :the Dynamics of Industrial Capitalism*, Cambridge :Harvard University Press,1990.

105. Colvin, Geoffrey, "How to Pay the CEO Rights", *Fortune*, No.6,（April 1992）.

106. Commonwealth Competitive Neutrality Guidelines for *Managers.* Commonwealth of Australia 1998.

107. Demsets,H.,Towards a Theory of Property Rights, *American Economic Review.* vol.57(1967)

108.Grossman S.J. and O.D. Hart, "The Costs and Benefits of Ownership: A Theory of Vertical and Lateral Integration", *Journal of Political Economy*, vol.94（1986）.

109. Hart, Oliver. *Firms, Contracts, and Financial Structure*. New York: Oxford University Press, USA1995.

110. Hart, Oliver, and D. Kreps.. Price Destabilizing Speculation. *Journal of Political Economy*, vol.94（1986）.

111. Hart, Oliver, P. Aghion, and J. Moore.. "Improving Bankruptcy Procedure." Washington *University Law Quarterly* ,vol.72 (1994).

112. Hormats, Robert D., *Ensuring a Sound Basis for Global Competition: Competitive Neutrality*.

113. Jensen，Michael C. and William H. Meckling ，"Theory of the Firm: Managerial Behavior, Agency Costs，and Capital Structure"，*Journal of Financial Economics*, No.3（1976）.

114. Kester W.C., Banks in the Board Room: The American Versus Japanese and German Experience, *Global Finance Journal*, Vol.5,No.2（1992）.

115. Lorsch,Jay W. and Elizabeth Maclver,（mimeo）*Corporate Governance and Investment Time Horizon*, 1991.

116. Naughton, B., *Growing out of Plan: Chinese Economic Reform, 1978–1993*, Cambridge University Press, 1995.

117. North, D.C. *Structure and Change in Economic History*. W.W. Norton, New York,1981.

118. North,D.C., *Institutions, Institutional Change and Economic Performance*, Cambridge University Press,1990.

119. Poznanski, K.Z.,（mimeo）The Mechanics of Economic Recession in Post–communist Eastern Europe, 1994.

120. Shiller，R., Do Stock Prices Move Too Much to be Justified by

Changes in Dividends? *American Economic Review*, Vol.71, No.3,1981.

121. Shleifer，A.and L.H. Summers,Breach of Trust In Hostile Takeover，in A.J.Auerbach eds. *Corporate Takeover: Causes and Consequences.* The University of Chicago Press, Chicago, London, 1988.

122. Stark.D.1992, Path Dependence and strategies of Privatization in Central Eastern Europe, E*astern Political and Societies*, Vol. 6, No.1, 1992。

123. Stewart，Thomas A., "The King is Dead"，*Fortune*, No.11 （January1993）.

124. Tirole, J., *The Theory of Industrial Organization.* The MIT Press, 1988.

125. Wade, R., *Governing the Market :Economic Theory and the Role of Government in East Asian Industrialization*, Princeton University Press, 1990.

126. Williamson, O.E., M*arket and Hierarchies*, New York: Free Press. 1975.

127. Williamson, O.E., Transaction cost economics: The governance of contractual relations. *Journal of Law and Economics*, vol.22 (1979) .

128. Williamson，O.E.,*The Institutions of Capitalism Economy*, New York:Free Press, 1985.

129. Williamson, O.E., Comparative economic organization: The analysis of discrete structural alternatives, *Administrative Science Quarterly*, vol.36(1991).

130. Williamson OE. *The mechanisms of governance.* New York : Oxford University Press , 1996.

131. Wolf，C.Jr.，*Markets or Governments: Choosing between Imperfect Alternatives*, The MIT Press,1988.

责任编辑：高晓璐

图书在版编目（CIP）数据

中国国有企业改革：基本思路与宏观效应/银温泉 著. —北京：人民出版社，
　2021.1
ISBN 978-7-01-022794-8

Ⅰ.①中…　Ⅱ.①银…　Ⅲ.①国有企业-企业改革-研究-中国
　Ⅳ.①F279.241

中国版本图书馆 CIP 数据核字（2020）第 265750 号

中国国有企业改革：基本思路与宏观效应

ZHONGGUO GUOYOU QIYE GAIGE：JIBEN SILU YU HONGGUAN XIAOYING

银温泉　著

人民出版社 出版发行

（100706　北京市东城区隆福寺街 99 号）

环球东方（北京）印务有限公司印刷　新华书店经销

2021 年 1 月第 1 版　2021 年 1 月北京第 1 次印刷
开本：710 毫米×1000 毫米 1/16　印张：19
字数：311 千字

ISBN 978-7-01-022794-8　定价：66.00 元

邮购地址 100706　北京市东城区隆福寺街 99 号
人民东方图书销售中心　电话（010）65250042　65289539